JN025861

はしがき

　所有者不明土地問題の解決に向けて，2019年2月に法務大臣から諮問を受けて法制審議会に設置された民法・不動産登記法部会（部会長：山野目章夫早稲田大学大学院教授）では，同年3月から，民法・不動産登記法の見直しに向けた調査審議が行われている。

　同部会では，2019年12月3日に開催された第11回会議において，「民法・不動産登記法（所有者不明土地関係）等の改正に関する中間試案」が取りまとめられた。この中間試案は，2020年1月10日に，事務当局である法務省民事局（参事官室及び民事第二課）の責任において作成された「民法・不動産登記法（所有者不明土地関係）等の改正に関する中間試案の補足説明」とともに公表され，同日から同年3月10日まで，広く国民一般からの意見を募集するため，パブリック・コメントの手続が実施されている。

　そこで，本書は，公表された「民法・不動産登記法（所有者不明土地関係）等の改正に関する中間試案」及び「民法・不動産登記法（所有者不明土地関係）等の改正に関する中間試案の補足説明」を，その概要とあわせて掲載することとした。

　本書が，上記中間試案の内容をより多くの方に理解していただく契機の一つとなれば幸いである。

　令和2年3月

月刊登記情報編集室

目　　次

「民法・不動産登記法（所有者不明土地関係）等の改正に関する中間試案」の概要

月刊登記情報編集室

　所有者不明土地問題の解決に向けて，2019年2月に法制審議会に設置された民法・不動産登記法部会（部会長：山野目章夫早稲田大学大学院教授）は，同年3月から，1か月に1～2回のペースで会議が開催され，同年12月3日に開催された第11回会議において，「民法・不動産登記法（所有者不明土地関係）等の改正に関する中間試案」（以下「試案」という。）が取りまとめられた。以下は，その概要である。

1　民法等の見直し

第1　共有制度

1　通常の共有における共有物の管理

(1)　共有物の管理行為

　試案では，共有物の管理に関する規律（民法252条）に関して，持分の価格に従い過半数で決するという現行法の規律を維持した上で，共有者全員の同意が必要かについて解釈が分かれている行為の解釈の明確化や，共有者全員の同意が必要と解されている行為の取扱いの見直しが提案されている。

　具体的には，①共有物を使用する共有者（共有物の管理に関する事項の定めに従って共有物を使用する共有者を除く。）の同意を得ることなく，過半数で共有物の管理に関する事項を定めることができるとすること，②共有物の管理に関する事項の定めを過半数で変更することができるとした上で，当該定めに従って共有物を使用する共有者がいる場合に，当該変更により当該

共有者に特別の影響を及ぼすべきときは当該共有者の承諾を得なければならないとすること，③共有物につき第三者に対して賃借権その他の使用又は収益を目的とする権利（以下「使用権」という。）を過半数で設定することができるが，㋐樹木の植栽又は伐採を目的とする山林の使用権については10年，㋑㋐の使用権以外の土地の使用権については5年，㋒建物の使用権については3年，㋓動産の使用権については6か月を超えることができず，契約でこれより長い期間を定めたときであっても，その存続期間は㋐㋑㋒㋓に定める期間とすることが提案されている。

(2) 共有物の管理に関する手続

　試案では，共有物の管理に関する事項を決する際の手続を明確にすることについて，共有者に対する意思表明の機会の保障や共有者の負担等を踏まえ，引き続き検討することが提案されている。

(3) 共有物の管理に関する行為についての同意取得の方法

　試案では，共有物の管理に関する行為（共有者が共有持分を喪失する行為は含まない。）に関し，共有者が，一定の要件の下で，他の共有者に対し，同意するかどうかを確答すべき旨の催告や公告をしたが，他の共有者が確答をしないときは，確答をしない共有者以外の共有者全員の同意を得て変更又は処分をすることができるとすることや，変更又は処分以外の管理に関する事項については，確答をしない共有者の持分以外の持分の価格に従ってその過半数で決することができるとすることが提案されている。

(4) 共有物を使用する共有者と他の共有者の関係等

　試案では，共有物を使用する共有者の他の共有者に対する義務として，①共有物使用の対価を償還する義務，②善良な管理者の注意をもって共有物を保存する義務を明記することが提案されている。

(5) 共有者が選任する管理者

　試案では，共有者が選任する管理者に関し，その選任は各共有者の持分の価格に従いその過半数で決することができるとすることや，管理者は，総共有者のために，共有物の管理に関する行為をすることができるが，共有物の変更又は処分をするには，共有者全員の同意を得なければならないとすることが提案されている。

(6) 裁判所が選任する共有物の管理者

　試案では，第三者の申立てにより裁判所が管理者を選任することを認めることについては，後記第2の1及び2の土地管理制度等の検討を踏まえながら，引き続き検討することや，共有者の申立てにより裁判所が管理者を選任することを認めるかどうかについては，共有物の管理について裁判所が必要な処分をすることを認めるかどうかと併せて慎重に検討することが提案されている。

(7) 裁判所による必要な処分

　試案では，共有者間に共有物の利用に関し意見の対立がある場合において，共有物分割をすることが難しいときは，裁判所は，共有者の申立てによって，共有物の管理に関し，必要な処分を命ずることができるものとすることについては，慎重に検討することが提案されている。

2　通常の共有関係の解消方法

(1) 裁判による共有物分割

　試案では，裁判による共有物分割に関する規律（民法258条）について，判例で認められている価格賠償による分割に関する規律を明記した上で，所要の整備を行うことが提案されている。

　具体的には，①裁判所は，共有物を特定の共有者に取得させることが相当

であり，かつ，共有者間の実質的公平を害するおそれがないときに，価格賠償による分割を命ずることができるとすること，②現物分割及び価格賠償による分割を命ずることができないときに，裁判所は，競売を命ずることができるとすること，③裁判所は，共有物の分割を命ずる場合において，当事者に対して，金銭の支払，物の引渡し，登記義務の履行等を命ずることができるとすることが提案されている。

(2) 所在不明共有者又は不特定共有者の不動産の共有持分の取得等

試案では，不動産が共有物である場合に，共有者の所在を知ることができないときや，その氏名等を知ることができないときは，それ以外の共有者は，所在等が不明な共有者の持分の時価等に相当する金銭を供託した上で，その持分を取得することや，所在等が不明な共有者以外の共有者全員の同意を得て不動産の所有権を第三者に譲渡することができるようにすることについて検討することが提案されている。

第2 財産管理制度

1 所有者不明土地管理制度等

(1) 所有者が不明である場合の土地の管理命令

試案では，所有者不明土地を管理するための新たな財産管理制度についての規律を設けることが提案されている。

具体的には，裁判所は，所有者（土地が数人の共有に属する場合にあっては，共有持分を有する者）を知ることができず，又はその所在を知ることができない土地（土地が数人の共有に属する場合において，共有持分の一部について所有者を知ることができず，又はその所在を知ることができないときにあっては，その共有持分）について，必要があると認めるときは，利害関係人の申立てにより，その申立てに係る土地又は共有持分を対象として，土地管理人による管理を命ずる処分をすることができるとすることが提案され

ている。

　また，土地管理人の選任・権限・義務に関する規律のほか，土地管理人の
受ける報酬，土地管理人による供託，土地管理命令の取消し，土地上の動産
の取扱い等についても併せて提案されている。

(2)　所有者が不明である場合の建物の管理命令

　試案では，所有者不明建物の管理に関する制度の創設の是非に関して，裁
判所は，所有者を知ることができず，又はその所在を知ることができないな
ど一定の要件を満たすときは，利害関係人の申立てにより，その申立てに係
る建物又は共有持分を対象として，建物管理人又は土地管理人による管理を
命ずる処分をすることができるとする案や，建物の管理に関する特別の規律
は設けないとする案などについて，引き続き検討することが提案されてい
る。

2　管理不全土地管理制度等

(1)　所有者が土地を管理していない場合の土地の管理命令

　試案では，所有者が土地を現に管理していない場合において，所有者が土
地を管理していないことによって他人の権利又は法律上の利益が侵害され，
又は侵害されるおそれがあるときであって，必要があると認めるときは，裁
判所は，利害関係人の申立てにより，当該土地について，土地管理人による
管理を命ずる処分をし，土地管理人に保存行為をさせることができるとする
ことについて，引き続き検討することが提案されている。

(2)　所有者が建物を管理していない場合の建物の管理命令

　試案では，所有者が建物を管理していない建物の管理に関する制度の創設
の是非に関して，所有者が建物を現に管理していない場合において，所有者
が建物を管理していないことによって他人の権利又は法律上の利益が侵害さ

れ，又は侵害されるおそれがあるなど一定の要件を満たすときは，裁判所は，利害関係人の申立てにより，当該建物について，建物管理人又は土地管理人による管理を命ずる処分をし，建物管理人又は土地管理人に保存行為をさせることができるとする案や，管理不全建物の管理に関する特別の規律は設けないとする案などについて，引き続き検討することが提案されている。

3　不在者財産管理制度の見直し

　試案では，現行の不在者財産管理制度（民法25条以下）を見直し，不在者財産管理人は，不在者の財産の管理，処分その他の事由により金銭が生じたときは，不在者のために，当該金銭を供託することができるとすることが提案されている。

4　相続財産管理制度の見直し

⑴　相続人が数人ある場合における遺産分割前の相続財産管理制度

　試案では，現行の相続財産管理制度を見直し，熟慮期間の経過後も，相続財産を保存するための新たな相続財産管理制度についての規律を設けることについて，引き続き検討することが提案されている。

　具体的には，相続人が数人ある場合において，必要があると認めるときは，家庭裁判所は，遺産分割がされるまでは，利害関係人又は検察官の請求によって，相続財産管理人の選任その他の相続財産の保存に必要な処分を命ずることができるとすることが提案されている。

⑵　相続人のあることが明らかでない場合における相続財産の保存のための相続財産管理制度

　試案では，現行の相続財産管理の制度を見直し，清算を目的とする民法952条の相続財産管理人の選任の申立てをすることができる場合であっても，清算を目的としない相続財産の保存のための相続財産管理制度を利用するこ

とができるようにするための規律を設けることについて，引き続き検討することが提案されている。

　具体的には，相続人のあることが明らかでない場合において，必要があると認めるときは，家庭裁判所は，利害関係人又は検察官の請求によって，相続財産管理人の選任その他の相続財産の保存に必要な処分を命ずることができるとすること，ただし，民法952条の相続財産管理人が選任されている場合には，この限りではないとすることが提案されている。

(3) 民法952条以下の清算手続の合理化

　試案では，現行の民法952条2項，957条1項及び958条に関し，現行法では3回の公告を最低10か月かけて行うこととされている公告手続を合理化することについて，引き続き検討することが提案されている。

　具体的には，①民法952条1項の規定により相続財産管理人を選任したときは，家庭裁判所は，遅滞なく，その旨及び相続人があるならば一定の期間内（3か月案，6か月案，10か月案が示されている）にその権利を主張すべき旨を公告しなければならないとすること，②①の公告があったときは，相続財産管理人は，遅滞なく，全ての相続債権者及び受遺者に対し，一定の期間内（2か月案，4か月案が示されている）にその請求の申出をすべき旨を公告しなければならないとすることが提案されている。

(4) 相続放棄をした放棄者の義務

　試案では，現行の民法940条1項の規律を改めることが提案されている。

　具体的には，相続の放棄をした者がその放棄の時に相続財産に属する財産を現に占有している場合には，相続人又は相続財産法人に対して当該財産を引き渡すまでの間，その財産を保存する義務を負うものとし，この場合には，相続の放棄をした者は，自己の財産におけるのと同一の注意をもって，その財産を保存すれば足りるとすることが提案されている。

第3 相隣関係

1 隣地使用権

試案では，現行の隣地使用権の規律（民法209条）を見直し，①境界付近における工作物の築造又は修繕，②越境した枝の切除，③境界標の調査等のために，隣地使用について承諾を求めることができるとすることが提案されている。また，隣地の使用目的，場所，方法及び時期等を通知又は公告し，相当の期間内に異議がないときや急迫の事情があるときに隣地使用を認めることが提案されている。

2 越境した枝の切除

試案では，現行の竹木の枝の切除の規律（民法233条）を見直し，隣地の竹木の枝が境界線を越える場合に，①土地所有者は自ら枝を切り取ることができるとする案，②土地所有者は，竹木の所有者に対して枝の切除を催告したが，相当の期間内に切除されないとき等に，枝を切り取ることができるとする案が提案されている。

3 導管等設置権等

試案では，土地所有者が，電気，ガス若しくは水道水の供給又は下水の排出その他の継続的給付（いわゆるライフラインの給付）を受けるため，①その土地を囲んでいる他の土地に導管等を設置できるなどとする案，②他の土地の所有者に導管等の設置について承諾を求めることができるとした上で，導管等の設置場所等を通知又は公告し，相当の期間内に異議がないときに導管等を設置できるなどとする案が提案されている。また，導管等の設置場所等は，他の土地のために損害が最も少ないものを選ばなければならないことが提案されている。

併せて，導管等の設置場所等の変更について当事者間に協議が調わないと

きには，裁判所が変更を命ずることができるとする規律や，導管等を設置した者が他の土地に生じた損害に対して償金を支払わなければならないとする規律を設けることが提案されている。

4 管理措置請求制度

試案では，土地の所有者は，隣地における崖崩れ等の事由によって土地に損害が及び，又は及ぶおそれがある場合には，隣地所有者に，その原因の除去又は予防工事（以下「管理措置」という。）をさせることができるとすることが提案されている。

また，隣地が現に使用されていない場合に，土地の所有者が隣地の所有者に対して管理措置をすべき旨を通知又は公告し，相当の期間内に異議がないときなどに，管理措置を行うことができるとする規律を設けることが提案されている。

併せて，管理措置の費用について，①原則として，隣地所有者が負担し，天災等により不相当と認められるときは，隣地所有者がその負担の減額を求めることができるとする案，②原則として，土地所有者と隣地所有者が等しい割合で負担し，一方に責めに帰すべき事由があるときはその者の負担とする案が提案されている。

第4 遺産の管理と遺産分割

1 遺産共有における遺産の管理

(1) 遺産共有と共有物の管理行為等

試案では，遺産共有されている遺産の管理に関し，通常の共有における共有物の管理行為，共有物の管理に関する手続及び共有物を利用する者と他の共有者の関係等（前記第1の1(1)・(2)・(4)）と同様の規律を設けることが提案されている。

⑵　遺産の管理に関する行為についての同意取得の方法

　試案では，遺産の管理に関する行為についての同意取得の方法に関し，通常の共有における共有物の管理に関する行為についての同意取得の方法（前記第１の１⑶）と同様の規律を設けることが提案されている。

⑶　相続人が選任する遺産の管理者

　試案では，相続人が選任する遺産の管理者に関し，相続人は，遺産又は遺産に属する個々の財産に管理者を選任することができるとすることや，その選任は，各相続人の法定相続分（相続分の指定があるときは，指定相続分）の価格に従い，その過半数で決するものとすることが提案されている。

2　遺産分割の期間制限

　試案では，遺産分割の合意又は遺産分割手続の申立てについて期間の制限を設けることの是非については，期間を経過した場合にどのような効果を生じさせるかについての検討を踏まえながら，引き続き検討することが提案されている。

3　遺産分割手続の申立て等がされないまま長期間が経過した場合における遺産を合理的に分割する制度

　試案では，遺産分割手続の申立て等がされないまま長期間が経過した場合における遺産を合理的に分割する制度について引き続き検討することが提案されている。

　具体的に検討すべき制度としては，①遺産分割の合意がされない場合において，遺産分割手続の申立てがないまま相続開始時から10年を経過したときは，共同相続人は，具体的相続分の主張（具体的相続分の算定の基礎となる特別受益及び寄与分等の主張）をすることができないとすることや，②①の規律を前提に，その期間の経過後は，遺産に属する財産の分割は，各相続人

の法定相続分(指定相続分がある場合にあっては，指定相続分）の割合に応じて分割し，その手続については，イ）原則として遺産分割手続により行うが，一定の事由があるときは，特定の財産の分割を共有物分割（準共有物分割）の手続により行うことができるとする案，又は，ロ）その期間経過後は，遺産の分割は，遺産分割手続ではなく，遺産に属する特定の財産ごとに共有物分割（準共有物分割）の手続により行うとする案や，③この①の規律を前提にその期間を経過した場合において，相続人の一部の所在を知ることができないとき（又は相続人の一部を知ることができないとき）は，他の相続人は，所在不明共有者又は不特定共有者の不動産の共有持分の取得等の方法をとることができるとすること等が提案されている。

4　共同相続人による取得時効

　試案では，共同相続人が遺産に属する物を占有していたとしても，原則として取得時効が成立しないことを前提に，他の共同相続人が存在しないと信ずるに足りる相当な理由又は他の共同相続人が当該物につき相続人としての権利を主張しないと信ずるに足りる相当な理由がある場合には，共同相続人が，時効により当該物の所有権を取得することができるとすることについて引き続き検討することが提案されている。

第5　土地所有権の放棄

1　土地所有権の放棄を認める制度の創設

　試案では，土地の所有者（自然人に限る。）が，法律で定めるところによりその所有権を放棄し，土地を所有者のないものとすることができるとする規律を設け，民法239条2項により，放棄された土地は最終的に国庫に帰属するとすることについて引き続き検討することが提案されている。

2　土地所有権の放棄の要件及び手続

　試案では，土地所有権の放棄の要件として，①土地の権利の帰属に争いがなく筆界が特定されていること，②土地について第三者の使用収益権や担保権が設定されておらず，所有者以外に土地を占有する者がいないこと，③現状のままで土地を管理することが将来的にも容易な状態であること，④土地所有者が審査手数料及び土地の管理に係る一定の費用を負担すること，⑤土地所有者が，相当な努力が払われたと認められる方法により土地の譲渡等をしようとしてもなお譲渡等をすることができないことを要求することが提案されている。また，国の行政機関がこれらの要件の有無を事前に審査し，放棄を認可することにより国庫帰属の効果が発生するものとすることが提案されている。

3　関連する民事法上の諸課題

　試案では，民法255条の規律を見直し，共有持分を放棄するためには，他の共有者の同意を必要とすることについて引き続き検討することが提案されている。

2　不動産登記法等の見直し

第1　相続の発生を不動産登記に反映させるための仕組み

1　登記所における他の公的機関からの死亡情報の入手及び活用

　試案では，相続の発生を不動産登記に反映させるための方策の前提として，登記所が不動産の所有権の登記名義人（以下「登記名義人」という。）から氏名，住所及び生年月日等の情報の事前申出を受け，当該情報を用いて，連携先システム（戸籍副本データ管理システムや住民基本台帳ネットワークシステム等が想定される。）に定期的に照会を行うなどして登記名義人の死亡の事実を把握するものとした上で，登記名義人の最後の住所宛てに

相続登記を促す通知を送付したり，相続開始の旨を登記するなどする仕組みについて，連携先システムの制度趣旨等に留意しつつ，引き続き検討することが提案されている。

2　相続登記の申請の義務付け（相続人申告登記（仮称）の創設を含む）

　試案では，登記名義人が死亡し，不動産を相続（特定財産承継遺言を含む。）又は遺贈により取得した相続人は，自己のために相続の開始があったことを知り，かつ，不動産の取得の事実を知った日から一定の期間内に，相続又は遺贈による所有権の移転の登記を申請しなければならないとする規律を設けるとともに，その違反の効果として，正当な理由なく所定の期間内に義務を履行しなかったときは，過料に処する旨の規律を設けること（ただし，過料に関する規律を設けないとの考え方が注記されている。）が提案されている。

　もっとも，義務化の実効性を確保するために手続的な負担を軽減する観点等から，法定相続分での相続登記（民法900条及び901条の規定により算定した相続分に応じてする相続による所有権の移転の登記をいう。以下同じ。）とは別に，登記名義人の法定相続人の申出に基づき，当該相続人の氏名及び住所を登記し，持分は登記しない報告的な登記とすることにより必要とする添付情報を削減する相続人申告登記（仮称）を創設することが提案されている。そのほか，義務を履行した者に利益を付与する方策や，各種の法制度において所有者の特定を不動産登記の記録に基づいて行うものとすることなどについて，引き続き検討することが提案されている。

3　相続等に関する登記手続の簡略化

　試案では，その他の相続等に関する登記手続の簡略化として，相続人を受遺者とする遺贈による所有権の移転の登記について登記権利者の単独申請を可能とすることについて，引き続き検討することが提案されている。

4 所有不動産目録証明制度（仮称）の創設

　試案では，相続人による相続登記の申請を促進する観点も踏まえ，自己（法人を含む。）又は被相続人が登記名義人である不動産の目録を証明した書面の交付を請求することができるとする所有不動産目録証明制度（仮称）を設けることが提案されている。

第2　登記名義人の氏名又は名称及び住所の情報の更新を図るための仕組み

　試案では，登記名義人の氏名又は名称及び住所の情報の更新を図るため，これらが変更された場合には，一定の期間内にその変更の登記を申請しなければならないとする規律を設けることについて，引き続き検討することが提案されている。その上で，あらかじめ，登記名義人が自然人の場合には氏名，住所及び生年月日の情報の申出を，法人の場合には会社法人等番号の申出を受けることで，登記所が他の公的機関（住民基本台帳ネットワークシステム又は商業・法人登記のシステム）から住所等の情報を入手し，これを登記に簡易に反映させる仕組みを設けることについて，引き続き検討することが提案されている。併せて，DV被害者等保護のため，本人の申出により，現住所を公開せず，それに代わる連絡先（例えば，法務局の住所等）を公開する規律を設けることが提案されている。

第3　相続以外の登記原因による所有権の移転の登記申請の義務付け

　試案では，前記第1の2のとおり相続登記の申請の義務付けがされる場合以外の原因による所有権の移転が生じた場合に必要な登記の申請を義務付ける規律は設けないことが提案されている（ただし，このような場合にも登記申請の努力義務を設けるとの別案が注記されている。）。

第4　登記義務者の所在が知れない場合等における登記手続の簡略化

　試案では，登記義務者の所在が知れない場合等における登記手続の簡略化として，不動産登記法70条1項及び2項に関し，登記された存続期間の満了した地上権等の登記の抹消について，相当な調査が行われたと認められるものとして法務省令で定める方法により調査を行ってもなお登記義務者の所在が不明なときは，公示催告及び除権決定の手続を経て，単独申請を可能とすることについて，引き続き検討することが提案されている。また，登記義務者が解散した法人である担保権に関する登記の抹消について，被担保債権の弁済期及び当該法人の解散の日から30年を経過したときは，単独申請を可能とする規律を設けることが提案されている。

第5　その他の見直し事項

　以上のほか，試案では，登記名義人の特定に係る登記事項として，会社法人等番号を追加することとし，その他に登記事項を追加することについては引き続き検討することが提案されている。

　また，外国に住所を有する登記名義人の所在把握方策の充実のため，国内の連絡先を登記することを可能とすることや，外国に住所を有する外国人（法人を含む。）が登記名義人となる場合に必要な住所証明情報を外国政府等の発行したものに限定するなどの見直しについて，引き続き検討することが提案されている。

　さらに，登記簿の附属書類の閲覧制度に関し，閲覧の可否の基準を合理化する観点等から，何人も自己を申請人とする登記に係る附属書類を閲覧できることとし，これ以外の場合においては，特定の不動産の附属書類を利用する正当な理由がある者は，必要と認められる部分に限り閲覧できることとする規律を設けることについて，引き続き検討することが提案されている。

民法・不動産登記法（所有者不明土地関係）等の改正に関する中間試案

民法・不動産登記法（所有者不明土地関係）等の改正に関する中間試案

第1部　民法等の見直しの目次

19

民法・不動産登記法（所有者不明土地関係）等の改正に関する中間試案

第2部　不動産登記法等の見直しの目次

第1部　民法等の見直し

第1　共有制度
1　通常の共有における共有物の管理

（前注）第1の規律は，遺産共有（民法第898条の共有）を除く共有（民法第2編第3章第3節）に関するものである。

(1)　共有物の管理行為

民法第252条の規律（共有物の管理に関する事項に関する規律）を次のように改める。

① 共有物の管理に関する事項を定めるときは，民法第251条の場合を除き，各共有者の持分の価格に従い，その過半数で決する。ただし，保存行為は，各共有者がすることができる。

② 共有物を使用する共有者（①本文の規律に基づき決定された共有物の管理に関する事項の定めに従って共有物を使用する共有者を除く。）がいる場合であっても，その者の同意を得ることなく，①本文の規律に基づき共有物の管理に関する事項を定めることができる。

③ ①本文の規律に基づき決定された共有物の管理に関する事項の定めを変更するときも，①本文と同様とする。ただし，その定めに従って共有物を使用する共有者がいる場合において，その定めが変更されることによってその共有者に特別の影響を及ぼすべきときは，その定めを変更することについてその共有者の承諾を得なければならない。

④ ①本文の規律に基づき共有物につき第三者に対して賃借権その他の使用又は収益を目的とする権利（以下「使用権」という。）を設定した場合には，次の各号に掲げる使用権は，それぞれ当該各号に定める期間を超えて存続することができない。契約でこれより長い期間を定めたときであっても，その期間は当該各号に定める期間とする。

　a　樹木の植栽又は伐採を目的とする山林の使用権　　10年
　b　aの使用権以外の土地の使用権　　5年
　c　建物の使用権　　3年
　d　動産の使用権　　6か月

（注1）共有物の「変更又は処分」をするには共有者全員の同意を要するものとし，「管理に関する事項」は持分の価格に従ってその過半数で決するものとするなどの民法の規律（民法第251条及び第252条）は，基本的に維持することを前提としている。

　　なお，講学上共有物の処分行為とされている行為について，共有者全員の同意を得なければすることができないことを明確にするため，共有物の変更（民法第251条）とは別に規定を設けることについては，その必要性を踏まえ，引き続き検討する。

（注2）②とは別に，共有物の管理に関する事項を定めることによって，共有者（共有物を使用する共有者）に特別の影響を及ぼすべきときは，その定めを決定することについ

てその共有者の承諾を得なければならないとの考え方がある。
（注３）④とは別に，次のような考え方もある。

　　①本文の規律に基づき共有物につき第三者に対して賃借権その他の使用又は収益を目的とする権利（以下「使用権」という。）を設定することができる。この場合において，次の各号に掲げる使用権につきそれぞれ当該各号に定める期間が経過したときは，共有者は，当該使用権の消滅を請求することができる。

　　a　樹木の植栽又は伐採を目的とする山林の使用権　　１０年

　　b　aの使用権以外の土地の使用権　　５年

　　c　建物の使用権　　３年

　　d　動産の使用権　　６か月

（注４）④及び（注３）に関し，借地借家法が適用される借地権の取扱いについては，①本文の規律に基づき設定することができるとの考え方と，①本文の規律では設定することができない（共有者全員の同意を得なければならない）との考え方がある。

　　また，①本文の規律に基づき借地権を設定することができるとの考え方をとる場合には，④（又は（注３））に従って所定の期間（樹木の植栽又は伐採を目的とする山林の使用権以外の使用権であれば，５年）を存続期間とするとの考え方をとることが考えられる。

（注５）物理的な変更を伴う場合であっても，一定のケース（例えば，共有物の改良を目的とし，かつ，著しく多額の費用を要しない行為）では，各共有者の持分の価格の過半数で決することができるものとすることについては，引き続き検討する。

（注６）共有者全員の合意により民法が定める共有に関する規律を変更することの可否については，その合意の第三者や共有者の特定承継人に対する効力（（注７）参照）と併せて引き続き検討する。

（注７）共有者間の合意が共有者の特定承継人に対しても効力を有することについては，民法第２５４条を改正して規律の内容を明確にすることも含めて引き続き検討する。

（注８）②及び③に関し，共有者が第三者に当該共有物を使用させている場合には，共有者が共有物を使用していると評価する。

(2)　共有物の管理に関する手続

　　共有物の管理に関する事項の定め等につき各共有持分の過半数で決する際の手続を明確にすることについて，共有者に対する意思表明の機会の保障や共有者の負担等を踏まえ，引き続き検討する。

(3)　共有物の管理に関する行為についての同意取得の方法

　　共有物の管理に関する行為（共有者が共有持分を喪失する行為は含まない。①及び②において同じ。）についての同意取得の方法に関し，次のような規律を設ける。

①　共有者は，他の共有者に対し，相当の期間を定めて，その期間内に共有物の管理に関する行為について同意するかどうかを確答すべき旨の催告をすることができる。

② 共有者は，他の共有者を知ることができず，又はその所在を知ることが
できないときは，一定の期間を定めて，他の共有者に対してその期間内に
共有物の管理に関する行為について同意するかどうかを確答すべき旨の公
告をすることができる。
③ 変更又は処分（共有者が共有持分を喪失する行為は含まない。）につき
①の催告又は②の公告がされた場合において，他の共有者が，その期間内
に催告又は公告をした共有者に対して確答をしないときは，催告又は公告
をした共有者は，確答をしない共有者以外の共有者全員の同意を得て，当
該変更又は処分をすることができる。
④ 変更又は処分以外の管理に関する事項につき①の催告又は②の公告がさ
れた場合において，他の共有者が，その期間内に催告又は公告をした共有
者に対して確答をしないときは，当該管理に関する事項については，確答
をしない共有者の持分以外の持分の価格に従ってその過半数で決すること
ができる。
（注１）「共有物の管理に関する行為」には，共有物の変更行為及び処分行為（民法第２
５１条参照）並びに管理行為（同法第２５２条本文参照）のいずれもが含まれる。ただ
し，本文のとおり，共有者が共有持分を喪失する行為には，①から④までの規律は適用
しない。
（注２）②の「他の共有者を知ることができず，又はその所在を知ることができないと
き」が認められるためには，必要な調査を尽くしても，共有者の氏名又は名称やその所
在を知ることができないときをいう。また，共有者が法人である場合には，その本店及
び主たる事務所が判明せず，かつ，代表者が存在しない又はその所在を知ることができ
ないときに，「共有者の所在を知ることができない」ときに該当することを想定してい
る。
（注３）法的構成については，①から④までの要件を充たせば当然に効果が生ずるとの案
と，①から④までの要件を充たした上で，裁判所が③の確答をしない共有者以外の共有
者全員の同意を得て当該変更又は処分をすることができる旨の決定，又は④の確答をし
ない共有者の持分以外の持分の価格に従ってその過半数で決することができる旨の決定
をしなければその旨の効果が生じないとの案がある。
なお，①から④までの要件を充たせば当然に効果が生ずるとする案をとる場合におい
て，紛争を防止する観点から，①から④までの要件を充たしたことを公的機関が証明す
る制度を設けることの是非については，引き続き検討する。

(4) 共有物を使用する共有者と他の共有者の関係等
共有物を使用する共有者と他の共有者の関係等に関し，次のような規律を
設ける。
① 共有物を使用する共有者（(1)の規律に基づき決せられた共有物の管理に
関する事項についての定めに従って共有物を使用する共有者を含む。②に
おいても同じ。）は，その使用によって使用が妨げられた他の共有者に対
し，共有持分の価格の割合に応じて，その使用の対価を償還する義務を負

3

う。
②　共有物を使用する共有者は，善良な管理者の注意をもって，共有物を保存しなければならない。共有者は，自己の責めに帰すべき事由によって共有物を滅失し，又は損傷したときは，他の共有者に対し，共有持分の価格の割合に応じて，その損害の賠償をする義務を負う。

(5) 共有者が選任する管理者
　　共有者が選任する管理者に関し，次のような規律を設ける。
　ア　選任の要件等
　　①　共有者は，共有物の管理者を選任することができる。
　　②　①の管理者の選任は，各共有者の持分の価格に従い，その過半数で決するものとする。この選任については，共有物の管理に関する行為についての同意取得の方法と同様の制度を設ける。
　イ　管理者の職務等
　　　管理者は，共有者が共有物の管理に関する事項についての定めをした場合には，その定めに従い，職務を行うものとする。
　　（注1）共有物の管理に関する事項についての定めがない場合には，管理者が自己の判断で共有物の管理に関する事項を定めることができる。
　　（注2）管理者を選任する際に共有者が共有物の管理に関する事項についての定めをする場合には，共有物の管理に関する事項についての通常のルール（民法第251条・第252条，第1の1参照）に従う。
　ウ　管理者の権限等
　　①　管理者は，総共有者のために，共有物の管理に関する行為をすることができる。
　　②　管理者が共有物の変更又は処分をするには，①の規律にかかわらず，共有者全員の同意を得なければならない。この同意（共有者が共有持分を喪失する行為についての同意を除く。）については，共有物の管理に関する行為についての同意取得の方法と同様の制度を設ける。
　　（注）共有者の持分の価格の過半数の決定で，①の管理者の権限を制限することができるものとすることについても，引き続き検討する。
　エ　管理者の解任
　　　管理者の解任は，各共有者の持分の価格に従い，その過半数で決する。
　　（注）裁判所に対する解任請求権を認めるかについては，共有物の管理に関する事項を決することにつき裁判所が関与しないことを踏まえ，慎重に検討する。
　オ　委任に関する規定の準用等
　　①　アからエまでのほか，管理者の権利義務は，委任に関する規定（善管注意義務を定める民法第644条など）に従う。
　　②　管理者は，共有者のために，誠実かつ公平にその権限を行使しなければならない。
（後注1）管理者の資格に関しては，共有者に限らず，第三者を選任することも認める。

（後注2）管理者の任期については，法律で一律に定めるのではなく，選任等の際の共有者の判断に委ねる。

（後注3）管理者を置くことができる共有物については，不動産に限定しない方向で引き続き検討する。また，準共有の対象財産権についても，引き続き検討する。

（後注4）共有物が不動産である場合に，管理者の選任を証明する方法については，登記事項とすることも含めて引き続き検討する。

（後注5）訴訟の追行については，共有者全員の同意を得なければすることができないものとすることについて，引き続き検討する。

(6) 裁判所が選任する共有物の管理者
　ア　第三者の申立てによる選任
　　　第三者の申立てにより裁判所が管理者を選任することを認めることについては，所有者不明土地管理制度等（第2の1）及び管理不全土地管理制度等（第2の2）の検討を踏まえながら，所有者不明土地管理制度及び管理不全土地管理制度とは別に制度を設ける必要性の有無の観点から，引き続き検討する。
　イ　共有者の申立てによる選任
　　　共有者の申立てにより裁判所が管理者を選任することを認めるかどうかについては，共有者間で意見の対立があり，共有者の合意等によって管理者を選任することができないケースを念頭に，共有物の管理について裁判所が必要な処分をすることを認めるかどうか（後記(7)）と併せて慎重に検討する。

(7) 裁判所による必要な処分
　　共有者間に共有物の利用に関し意見の対立がある場合において，共有物分割をすることが難しいとき（共有物の分割をしない旨の契約がある場合を含む。）は，裁判所は，共有者の申立てによって，共有物の管理に関し，必要な処分を命ずることができるものとすることについては，慎重に検討する。
　（注）共有物分割を行うまでの間に共有者間に共有物の利用に関し意見の対立があり共有物を維持・管理することができないときは，裁判所は，共有物の管理に関し必要な処分を命ずることができるものとすることについては，私的自治との関係を踏まえながら，共有者間に意見の対立がある中で，裁判所が介入することが正当化されるかという観点，共有物分割請求を本案とする民事保全としてどのようなことが可能かを踏まえながら，民事保全とは別に制度を設ける必要性の有無の観点等から，慎重に検討する。

2　通常の共有関係の解消方法
　(1) 裁判による共有物分割
　　　裁判による共有物分割に関する規律（民法第258条）を次のように改める。

①　共有物の分割について協議が調わないとき，又は協議をすることができないときは，共有者は，その分割を裁判所に請求することができる。

②　裁判所は，次に掲げる方法により，共有物の分割を命ずることができる。

　ア　共有物の現物を分割する方法

　イ　共有物を一人又は複数の共有者に取得させ，この者から他の共有者に対して持分の価格を賠償させる方法

　ウ　共有物を競売して換価する方法

③　裁判所は，共有物を一人又は複数の共有者に取得させることが相当であり，かつ，その者に取得させることとしても共有者間の実質的公平を害するおそれがないときには，②イで定める方法による分割を命ずることができる。

④　共有物の現物を分割することができない場合，又はその分割によってその価格を著しく減少させるおそれがある場合において，②イで定める方法による分割を命ずることができないときは，裁判所は，②ウで定める方法による分割を命ずることができる。

⑤　裁判所は，共有物の分割を命ずる場合において，当事者に対して，金銭の支払，物の引渡し，登記義務の履行その他の給付を命ずることができる。

（注1）共有物の分割方法の検討順序については，これを改める必要性を踏まえて引き続き検討する。

（注2）共有物分割に関する紛争に関して，民事調停を前置する規律を設けることについて，引き続き検討する。

（注3）裁判所は，換価のための管理者を選任した上で，当該管理者に対して共有物を任意売却することによって換価を命ずることができるとする規律について慎重に検討する。

（注4）複数の共有物を一括して分割する場合においても，①から⑤までの規律が適用されることを前提としている。

（注5）複数の共有物を一括して分割する請求がされた場合に，裁判所が，一部の共有物について先行して競売を命ずることができる規律を設けることについては，引き続き検討する。

(2)　所在不明共有者又は不特定共有者の不動産の共有持分の取得等

（前注）ア及びイの「不動産が数人の共有に属する場合」には，不動産が遺産共有の状態にある場合及び不動産につき通常の共有と遺産共有が併存している場合は，含まれない。これらの場合については，第4の3(3)で検討している。

　ア　所在不明共有者の不動産の共有持分の取得等

　　　所在不明共有者の不動産の共有持分の取得等に関し，次のような規律を設けることについて，引き続き検討する。

　　【甲案】①　不動産が数人の共有に属する場合において，共有者の所在を

知ることができないときは，当該共有者（以下「所在不明共有
者」という。）以外の共有者の一人は，所在不明共有者の持分
の時価（ｂの請求をする場合にあっては，不動産の時価相当額
を所在不明共有者の持分に応じて按分して得た額）として相当
と認められる金額を供託して，所在不明共有者に対し，次の請
求をすることができる。

  a　所在不明共有者の持分を自己に譲り渡すべきこと
  b　所在不明共有者以外の共有者全員の同意を得て不動産の所
　　有権を第三者に譲渡することができる権限を自己に付与すべ
　　きこと

②　①ａの請求により，請求をした共有者が所在不明共有者の持
　分を取得したときは，所在不明共有者は，請求をした共有者に
　対し，所在不明共有者の持分の時価相当額の支払を請求するこ
　とができる。

③　①ｂの請求により権限が付与された共有者が不動産の所有権
　を第三者に譲渡した場合には，所在不明共有者は，権限が付与
　された共有者に対し，不動産の時価相当額を所在不明共有者の
　持分に応じて按分して得た額の支払を請求することができる。

（注１）【甲案】は，①及び②の要件並びに（後注）で検討する要件を充たして，共
有者が請求をすれば，当然に持分の取得等の効果が生ずるとするものである。

（注２）【甲案】において，①ａによる持分の取得等の効果が生じた場合に，請求を
した共有者が所在不明共有者の持分について移転登記を備える方法として，請求を
した共有者による単独申請とし，登記官において，添付情報として提供された①の
要件及び（後注）で検討する要件を充たすことを証する情報（その内容について
は，政令等で定めることが考えられる。）を審査して，請求をした共有者への所在
不明共有者の持分の移転の登記をすることができるものとすることについて，引き
続き検討する。

（注３）【甲案】において，①ｂによる権限付与等の効果が生じた場合に，第三者に
所在不明共有者の持分を含めて共有者全員の持分について移転登記を備えさせる方
法として，①及び（後注）で検討する要件を充たす場合には，請求をした共有者が
所在不明共有者の持分の移転に係る登記を備えるために必要な行為をする権限を有
するものとし，請求をした共有者及び第三者（他の共有者がある場合にあっては，
請求をした共有者及び他の共有者並びに第三者）との共同申請により，登記官にお
いて，添付情報として提供された①の要件及び（後注）で検討する要件を充たすこ
とを証する情報（その内容については，政令等で定めることが考えられる。）を審
査して，第三者への共有者全員の持分の全部移転の登記をすることができるものと
することについて，引き続き検討する。

（注４）【甲案】①の請求権を行使する方法をどのような方式とするのかについては，
　（注２）及び（注３）において，所有権移転登記手続請求訴訟において請求認容判
決を得る方法以外の方法による登記手続を認めることの是非を踏まえながら，引き

続き検討する。

【乙案】① 不動産が数人の共有に属する場合において，共有者の所在を知ることができないときであって，当該共有者（以下「所在不明共有者」という。）以外の共有者の一人から請求があるときは，裁判所は，請求をした共有者に所在不明共有者の持分の時価（ｂの処分をする場合にあっては，不動産の時価相当額を所在不明共有者の持分に応じて按分して得た額）として相当と認められる金額を供託させて，次の各処分を命ずることができる。

　　　ａ　所在不明共有者の持分を請求をした共有者に取得させること

　　　ｂ　所在不明共有者以外の共有者全員の同意を得て不動産の所有権を第三者に譲渡することができる権限を請求をした共有者に付与すること

② ①ａの処分により請求をした共有者が所在不明共有者の持分を取得したときは，所在不明共有者は，請求をした共有者に対し，所在不明共有者の持分の時価相当額の支払を請求することができる。

③ ①ｂの処分により権限が付与された共有者が不動産の所有権を第三者に移転させたときは，所在不明共有者は，権限が付与された共有者に対し，不動産の時価相当額を所在不明共有者の持分に応じて按分して得た額の支払を請求することができる。

（注5）【乙案】は，裁判所による決定があって初めて持分の取得等の効果が生ずることを前提とし，この裁判所による決定は，性質上，訴訟事件ではなく，非訟事件とするものである。

（注6）【乙案】において，裁判所が①ａの決定をした場合に，請求をした共有者が所在不明共有者の持分について移転登記を備える方法として，裁判所が①ａの決定をする際に請求をした共有者に所在不明共有者の持分の移転に係る登記を備えるために必要な行為をする権限を付与することとし，その権限が付与されたことを証する情報を添付情報として提供することにより，請求をした共有者の単独申請で所在不明共有者の持分の移転の登記をすることができるとの案について，引き続き検討する。

（注7）【乙案】において，裁判所が①ｂの決定をした場合に，請求をした共有者が第三者に所在不明共有者の持分を含めて共有者全員の持分について移転の登記を備えさせる方法として，裁判所が①ｂの決定をする際に，請求をした共有者に所在不明共有者の持分に係る登記を備えるために必要な行為をする権限も付与することとし，裁判所においてその権限を付与する処分がされたことを証する情報を添付情報として提供することにより，請求をした共有者及び第三者（他の共有者がある場合にあっては，請求をした共有者及び他の共有者並びに第三者）との共同申請で，第三者への共有者全員持分の全部移転の登記をすることができるものとすることについて，引き続き検討する。

イ　不特定共有者の不動産の共有持分の取得等

　　共有者を知ることができない場合に，アの【乙案】と同様の規律を設けることについては，引き続き検討する。

（後注１）共有者を知ることができず，又はその所在を知ることができないときとは，必要な調査を尽くしても，共有者の氏名又は名称やその所在を知ることができないときをいう。また，共有者が法人である場合には，その本店及び主たる事務所が判明せず，かつ，代表者が存在しない又はその所在を知ることができないときに，「所有者の所在を知ることができない」ときに該当することを想定している。

　　所在を知ることができないかどうかの調査方法については，少なくとも，①所有者が自然人である場合には，登記簿上及び住民票上の住所に居住していないかどうかを調査する（所有者が死亡している場合には，戸籍を調査して，その戸籍の調査で判明した相続人の住民票を調査する）ことや，②所有者が法人である場合には，イ）法人の登記簿上の所在地に本店又は主たる事務所がないことに加え，ロ）代表者が法人の登記簿上及び住民票上の住所に居住していないか，法人の登記簿上の代表者が死亡して存在しないことを調査することが想定されるが，その他にどのような調査を行うのかや，その在り方については，その判断をどの機関が行うことになるのかを含め，引き続き検討する。

　　また，自然人である共有者が死亡しているが，戸籍を調査しても相続人が判明しない場合と戸籍の調査によって判明した相続人が全て相続放棄をした場合について，民法第９５１条以下の手続（この手続を経れば，特別縁故者がいない限り，他の共有者は持分を無償で取得することができる。民法第２５５条）を経ずに，ア及びイの制度を利用して有償で他の共有者の持分を取得することが可能とすることについては，特別縁故者が存在し得ることを念頭に，慎重に検討する。

（後注２）供託金の法的性質は，所在不明共有者又は不特定共有者の時価請求権又は按分額請求権についての一種の弁済供託と位置付ける。時価請求権又は按分額請求権の額につき争いがある場合には，最終的には，訴訟でその額を確定する。所在不明共有者又は不特定共有者は，請求することができる額が供託金額を超えると判断した場合には，訴訟でその差額を請求することができる。

（後注３）持分の取得等の効果が生ずるためには，その旨の公告をしなければならないものとするとともに，その公告から一定の期間（例えば，３か月）を経ても，異議の申出がないことを，効果が生じるための要件とする方向で検討する。

　　なお，具体的な公告の手続については，アの【甲案】と【乙案】の採否を踏まえて検討する。

（後注４）他の共有者が同様に請求権を行使する機会を保障する観点から，他の共有者が公告から一定の期間内に同様に請求権を行使した場合には，請求した共有者らは，その持分の価格に応じて，所在不明共有者又は不特定共有者の持分を按分して取得するものとすることについて，引き続き検討する。

　　また，請求をした共有者以外の共有者の上記の機会を保障する観点から，①請求をした共有者以外の者も所在不明共有者又は不特定共有者の持分の取得を希望する場合には，一定の期間内に申出をすべき旨を公告すること，②登記がされている共有者には，

公告とは別に，その登記上の住所に宛てて通知をすることについて，引き続き検討する。

　　なお，具体的な公告の手続については，アの【甲案】と【乙案】の採否を踏まえて検討する。

（後注5）この制度の対象を不動産（土地及び建物）の所有権又は共有権以外の権利又は不動産以外の財産にも広げるものとするかどうかについては，アの【甲案】と【乙案】の採否を踏まえて引き続き検討する。

第2　財産管理制度

1　所有者不明土地管理制度等

（1）所有者が不明である場合の土地の管理命令

　　所有者不明土地を管理するための新たな財産管理制度として，次のような規律を設ける。

ア　土地管理人による管理を命ずる処分

　　裁判所は，所有者（土地が数人の共有に属する場合にあっては，共有持分を有する者）を知ることができず，又はその所在を知ることができない土地（土地が数人の共有に属する場合において，共有持分の一部について所有者を知ることができず，又はその所在を知ることができないときにあっては，その共有持分）について，必要があると認めるときは，利害関係人の申立てにより，その申立てに係る土地又は共有持分を対象として，土地管理人による管理を命ずる処分（以下「土地管理命令」という。）をすることができる。

（注1）所有者を知ることができず，又はその所在を知ることができないときとは，必要な調査を尽くしても，所有者の氏名又は名称やその所在を知ることができないときをいう。また，所有者が法人である場合には，その本店及び主たる事務所が判明せず，かつ，代表者が存在しない又はその所在を知ることができないときに，「所有者の所在を知ることができない」ときに該当することを想定している。

　　所在を知ることができないかどうかの調査方法については，少なくとも，①所有者が自然人である場合には，登記簿上及び住民票上の住所に居住していないかどうかを調査する（所有者が死亡している場合には，戸籍を調査して，その戸籍の調査で判明した相続人の住民票を調査する）ことや，②所有者が法人である場合には，イ）法人の登記簿上の所在地に本店又は主たる事務所がないことに加え，ロ）代表者が法人の登記簿上及び住民票上の住所に居住していないか，法人の登記簿上の代表者が死亡して存在しないことを調査することが想定されるが，その他にどのような調査を行うのかは，定められた要件を前提に，最終的には，裁判所において適切に判断されることを想定している。

　　なお，所有者が死亡して戸籍等を調査しても相続人が判明しないときや，判明した相続人全員が相続の放棄をした場合には，所有者を知ることができないときに当たるとすることを想定している。

（注2）土地の所有者が法人でない社団又は財団である場合には，その代表者が存在

しない，又はその所在を知ることができず，かつ，当該法人でない社団又は財団の全ての構成員を特定することができず，又はその所在を知ることができないときに，「所有者を知ることができず，又はその所在を知ることができないとき」に該当するとすることが考えられる。

（注3）所有者を特定することができない場合と所有者を特定することができるがその所在を知ることができない場合とで，イ以下の土地管理人の権限等も含め別個の規律とする考え方がある。

（注4）土地が数人の共有に属する場合において，共有持分を有する者を誰も知ることができず，又はその所在を知ることができないときは，土地全体について土地管理命令を発することができる。

　　　また，例えば，土地が三人の共有に属する場合において，一人の共有持分についてはその所有者及び所在が判明しているが，他の二人の共有持分について所有者を知ることができず，又はその所在を知ることができないときは，他の二人の共有持分についての土地管理命令を発することができる。

　　　なお，共有者は，利害関係人として，他の共有持分について土地管理命令の申立てをすることができる。

（注5）「土地が数人の共有に属する場合」には，土地の所有者が死亡し，土地が複数の相続人の遺産共有に属する場合が含まれるが，土地管理人が遺産分割の当事者になることはできない。

（注6）裁判所は，土地管理命令において，管理行為の内容，管理方法，管理期間等を定めることができ，これを変更する必要が生じた場合には，土地管理命令を変更することができる。

イ　土地管理人の選任・権限等

①　裁判所は，土地管理命令をする場合には，当該土地管理命令において，土地管理人を選任しなければならない。

②【甲案】　①の規律により土地管理人が選任された場合には，土地管理人は，土地管理命令の対象とされた土地又は共有持分及びその管理，処分その他の事由により土地管理人が得た財産の管理及び処分をする権利を有する。

　【乙案】　（土地管理人が選任された場合には，その旨の登記をすることを前提として）①の規律により土地管理人が選任された場合には，土地管理命令の対象とされた土地又は共有持分及びその管理，処分その他の事由により土地管理人が得た財産の管理及び処分をする権利は，土地管理人に専属する。

③　土地管理人が次に掲げる行為の範囲を超える行為をするには，裁判所の許可を得なければならない。

a　保存行為

b　土地の性質を変えない範囲内において，その利用又は改良を目的とする行為

④　③の規律に違反して行った土地管理人の行為は，無効とする。

11

⑤　土地管理命令が発せられた場合には，当該土地管理命令の対象とされた土地又は共有持分に関する訴えについては，土地管理人を原告又は被告とすることができる。

（注１）②の【甲案】及び【乙案】につき，所有者を特定することができない場合と所有者を特定することができるがその所在を知ることができない場合とで別異に解するとの考え方もある。

（注２）③の規律に違反して行った行為の相手方の保護をどのようにして図るかについては，不在者財産管理人等と同様に，表見代理の規定の要件を満たす場合にはこれを適用又は類推適用することによって対応すべきとの考え方と，特に取引の安全を図る見地から，②につき【乙案】をとることを前提に，土地管理人の行為の無効を善意の相手方に対抗することができないとの規定を置くとの考え方がある。

（注３）⑤は，土地管理人が選任された場合であっても，土地の所有者が特定されているときは，その所有者を被告とし，公示送達の方法によって訴状を送達して，訴訟手続を進行することもできることを意味する。

　　　⑤とは別に，土地管理人が選任されている場合には，土地管理人の訴訟追行によって土地の所有者の手続の保障を図る観点から，土地の所有者ではなく，土地管理人を被告としなければならないとの考え方がある。

ウ　土地管理人の義務

①　土地管理人は，善良な管理者の注意をもって，その職務を行わなければならない。

②　土地管理人は，土地が数人の共有に属する場合において，それらの共有持分について選任されたときは，土地管理命令の対象とされた共有持分を有する者全員のために，誠実かつ公平にその権限を行使しなければならない。

エ　報酬等

　　土地管理人は，土地管理命令の対象とされた土地及びその管理，処分その他の事由により土地管理人が得た財産から裁判所が定める額の費用の前払及び報酬を受けることができる。

オ　供託等

①　土地管理人は，土地管理命令の対象とされた土地の管理，処分その他の事由により金銭が生じたときは，その所有者のために，当該金銭を当該土地の所在地の供託所に供託することができる。

②　土地管理人は，①の規律による供託をしたときは，その旨その他一定の事項を公告しなければならない。

カ　土地管理命令の取消し

　　裁判所は，所有者を知ることができないことを理由に土地管理人を選任した場合においてその所有者を知ることができたとき，所有者の所在を知ることができないことを理由に土地管理人を選任した場合において所有者の所在が判明したとき，土地管理人が管理すべき財産がなくなったとき（土地管理人が管理すべき財産の全部がオ①により供託されたときを含

む。），その他土地管理命令の対象とされた土地の管理を継続することが相当でなくなったときは，所有者，土地管理人若しくは利害関係人の申立てにより又は職権で，土地管理命令を取り消さなければならない。

（注）土地管理人の辞任，解任等に関する規律についても，引き続き検討する。

キ　土地上の動産の取扱い

所有者不明土地管理制度における土地上の動産の取扱いについて，次のような規律を設ける。

土地管理人は，土地管理命令の対象となる土地に土地所有者の所有する動産がある場合において，必要があるときは，裁判所の許可を得て，当該動産を処分することができる。

（注）土地管理命令の対象となる土地上の動産の所有者が不明である場合でも，土地管理人が裁判所の許可を得てこれを処分することができるとすることについては，そのような規律の是非を含めて引き続き検討する。

(2) 所有者が不明である場合の建物の管理命令

所有者不明建物の管理に関する制度の創設の是非に関しては，次の各案について引き続き検討する。

【甲案】　裁判所は，所有者（建物が数人の共有に属する場合にあっては，共有持分を有する者）を知ることができず，又はその所在を知ることができない建物（建物が数人の共有に属する場合において，共有持分の一部について所有者を知ることができず，又はその所在を知ることができないときにあっては，その共有持分）について，必要があると認めるときは，利害関係人の申立てにより，その申立てに係る建物又は共有持分を対象として，建物管理人による管理を命ずる処分をすることができる。

【乙案】　裁判所は，土地管理命令の対象とされた土地の上にその土地の所有者又は共有持分を有する者が所有する建物（建物が数人の共有に属する場合にあっては，その共有持分）がある場合において，必要があると認めるときは，利害関係人の申立てにより，その申立てに係る建物又は共有持分を対象として，土地管理人による建物の管理を命ずる処分をすることができる。

【丙案】　建物の管理に関する特別の規律は設けない。

（注１）【甲案】又は【乙案】をとる場合において，区分所有建物の専有部分及びその敷地利用権を対象とすることについては，区分所有建物の管理に関する規律を踏まえて慎重に検討する。

（注２）上記の検討に当たっては，前記(1)のイからキまでの検討と同様の検討をする。

2　管理不全土地管理制度等

(1) 所有者が土地を管理していない場合の土地の管理命令

所有者が土地を現に管理していない場合において，所有者が土地を管理し

ていないことによって他人の権利又は法律上の利益が侵害され，又は侵害されるおそれがあるときであって，必要があると認めるときは，裁判所は，利害関係人の申立てにより，当該土地について，土地管理人による管理を命ずる処分をし，土地管理人に保存行為をさせることができるとすることについて，引き続き検討する。

（注1）例えば，所有者が土地を現に管理していないことによって崖崩れや土砂の流出，竹木の倒壊などが生じ，又はそのおそれがある場合を想定しているが，要件については，他の手段によっては権利が侵害されることを防止することが困難であることを付加するかどうかなども含めて更に検討する。

（注2）所有者を知ることができず，又はその所在を知ることができない場合であっても，所有者が土地を管理していないことによって他人の権利又は法律上の利益が侵害され，又は侵害されるおそれがあるときは，必要に応じて(1)の土地管理人を選任することが可能とすることを想定している。

（注3）土地管理人の権限については，保存行為を超えて，当該土地を利用し，又は裁判所の許可を得て売却する権限を付与するとの考え方もあるが，慎重に検討する。

（注4）所有者の手続保障を図る観点から，管理命令の手続の在り方についても検討する。

（注5）本文の制度を設ける場合には，土地管理人は，善良な管理者の注意をもってその職務を行うこととし，土地管理人の報酬及び管理に要した費用は土地所有者の負担とし，管理命令の取消事由については所有者が土地を管理することができるようになったときその他管理命令の対象とされた土地の管理を継続することが相当でなくなったときとする方向で検討する。

（注6）所有者が土地上に建物を所有しているが，建物を現に管理していないケースが，「土地を現に管理していない場合」に該当するかについては，後記(2)の管理命令の検討と併せて検討する。

（注7）土地管理人は，管理命令の対象となる土地に土地所有者の所有する動産や所有者が不明である動産がある場合において，必要があるときは，裁判所の許可を得て，当該動産を処分することができるとすることについても，検討する。

(2) 所有者が建物を管理していない場合の建物の管理命令

　　所有者が建物を管理していない場合の建物の管理に関する制度の創設の是非に関しては，次の各案について引き続き検討する。

【甲案】　　所有者が建物を現に管理していない場合において，所有者が建物を管理していないことによって他人の権利又は法律上の利益が侵害され，又は侵害されるおそれがあるときは，裁判所は，利害関係人の申立てにより，必要があると認めるときは，当該建物について，建物管理人による管理を命ずる処分をし，建物管理人に保存行為をさせることができる。

【乙案】　　土地管理人が選任された土地の所有者がその土地上に建物を所有している場合において，所有者が建物を現に管理しておらず，所有

14

者が建物を管理していないことによって他人の権利又は法律上の利益が侵害され，又は侵害されるおそれがあるときは，裁判所は，利害関係人の申立てにより，必要があると認めるときは，当該建物について，土地管理人による管理を命ずる処分をし，土地管理人に保存行為をさせることができる。

【丙案】　管理不全建物の管理に関する特別の規律は設けない。

（注１）【乙案】は，所有者が土地上に建物を所有し，その建物を現に管理していない場合には，所有者が土地を現に管理していない場合に該当するとすることを前提としている。

（注２）建物管理人の権限については，保存行為を超えて，当該建物を利用し，又は売却する権限を付与するとの考え方もあるが，慎重に検討する。

（注３）所有者が建物を管理していない場合の建物の管理に関する制度の検討に当たっては，(1)「所有者が土地を管理していない場合の土地の管理命令」の（注１），（注４），（注５）及び（注７）の検討と同様の検討をする。

（後注１）所有者が土地又は建物を現に管理している場合において，所有者が土地又は建物を適切に管理していないことによって他人の権利又は法律上の利益が侵害され，又は侵害されるおそれがあるときは，裁判所は，利害関係人の申立てにより，必要があると認めるときは，当該土地又は建物について，土地管理人又は建物管理人による管理を命ずる処分をし，土地管理人又は建物管理人に保存行為をさせることができるとすることについては，慎重に検討する。

（後注２）所有者が土地又は建物を管理せず，又は適切に管理していないことによって，他人の権利が侵害され，又は侵害されるおそれがあるときは，裁判所は，利害関係人の申立てにより，必要な処分を命ずることができるものとすることについては，既存の制度とは別にこれを設ける必要性を踏まえながら，慎重に検討する。

3　不在者財産管理制度の見直し

不在者財産管理人による供託とその選任の取消しに関し，次のような規律を設ける。

① 管理人は，不在者の財産の管理，処分その他の事由により金銭が生じたときは，不在者のために，当該金銭を供託することができる。

② 管理人は，供託をしたときは，その旨その他一定の事項を公告しなければならない。

③ 家庭裁判所は，管理人が管理すべき財産の全部が供託されたときは，管理人若しくは利害関係人の申立てにより又は職権で，管理人の選任に関する処分の取消しの審判をしなければならない。

（注１）不在者財産管理人の職務内容を合理的な範囲のものとし，その不在者財産管理人の職務の終期を明確にする観点から，家庭裁判所が，その不在者財産管理人を選任する際に，その職務の内容（不在者財産管理人の権限の内容を含む。）をあらかじめ定めることができることを明確にすることについては，引き続き検討する。

（注２）管理人の選任の申立権者の範囲についての現行民法の規律は改めないものとする。

（注３）申立人自身に管理行為を行わせる（不在者財産管理人に選任することを含む。）ことが可能であることや，複数の不在者について一人の管理人を選任して行う財産管理が可能であることを前提として，特定の行為について申立人と不在者との間で又は複数の不在者の間で利益が相反する場合に当該行為をすることは認められないとする規律を設けることについては，既存の利益相反行為の規定（民法第１０８条）とは別にこれを設ける必要性の観点から，引き続き検討する。

4　相続財産管理制度の見直し
（1）相続人が数人ある場合における遺産分割前の相続財産管理制度
　　　現行の相続財産管理制度を見直し，熟慮期間の経過後も，相続財産を保存するための新たな相続財産管理制度として，次の規律を設けることについて，引き続き検討する。
　　①　相続人が数人ある場合において，必要があると認めるときは，家庭裁判所は，遺産分割がされるまでは，利害関係人又は検察官の請求によって，相続財産管理人の選任その他の相続財産の保存に必要な処分を命ずることができる。
　　②　①の規律により選任された相続財産管理人の権限・義務等については，民法第９１８条第２項の相続財産管理人と同様の規律を設ける。
　　③　①の規律により選任された相続財産管理人は，相続債務の弁済をすることはできない。
　　④　家庭裁判所は，相続人が相続財産を管理することができるようになったとき，遺産の分割がされたときその他相続財産の管理を継続することが相当でなくなったときは，相続人，相続財産管理人若しくは利害関係人の申立てにより又は職権で，①の規律による相続財産管理人の選任その他の相続財産の保存に必要な処分の取消しの審判をしなければならない。
（注１）「必要があると認めるとき」については，例えば，相続財産に属する不動産が荒廃しつつあったり，物が腐敗しつつあったりする場合において，相続人が保存行為をしないためにその物理的状態や経済的価値を維持することが困難であるときに認められることを想定して，引き続き検討する。
（注２）①の相続財産管理人は，②のとおり，民法第９１８条第２項の相続財産管理人と同様に保存行為，利用・改良行為及び裁判所の許可を得て処分行為をする権限を有するが，基本的に，その職務は保存行為をすることにあり，例えば，相続財産を保存するための費用を捻出するために相続財産の一部を売却することが必要かつ相当であるという事情がないのに，相続財産の一部を売却するなど保存行為を超える行為をすることは，職務上の義務に反し，裁判所も許可をしないことを想定している。
　　　　他方で，②とは別に，①の相続財産管理人の権限は保存行為をすることに限られるとするとの考え方がある。
（注３）第三者が相続財産に関して権利を有する場合には「必要があると認めるとき」に該当するとして，相続財産管理人の選任を認めた上で，相続財産管理人が，相続財産に関する訴訟の被告となって応訴することや相続財産に対する強制執行の債務者となることを認

16

めることについては，相続人の手続保障に留意して，慎重に検討する。

（注４）家庭裁判所が，相続財産管理人の選任その他の相続財産の保存に必要な処分を命ず
るに際し，相続人の範囲を調査し，全ての相続人から，意見を聴取する手続を経なければ
ならないものとするかどうかについては，相続財産管理人の職務が基本的に保存行為にあ
ることなどを踏まえて，引き続き検討する。

（注５）家庭裁判所は，相続財産の中から，相当な報酬を管理人に与えることができる。①
の相続財産管理人の選任その他の相続財産の保存に必要な処分に要する費用は，「相続財
産に関する費用」（民法第８８５条参照）として扱う。

（注６）適切な遺産分割の実現のために，相続人が相続財産管理の請求をすることを可能と
することについては，保存に必要な処分として相続人の管理処分権を制限することの是非
と併せて，慎重に検討する。

(2) 相続人のあることが明らかでない場合における相続財産の保存のための相
続財産管理制度
　　現行の相続財産管理の制度を見直し，清算を目的とする民法第９５２条の
相続財産管理人の選任の申立てをすることができる場合であっても，清算を
目的としない相続財産の保存のための相続財産管理制度を利用することがで
きるようにするため，次のような規律を設けることについて，引き続き検討
する。

①　相続人のあることが明らかでない場合において，必要があると認めると
きは，家庭裁判所は，利害関係人又は検察官の請求によって，相続財産管
理人の選任その他の相続財産の保存に必要な処分を命ずることができる。
ただし，民法第９５２条の相続財産管理人が選任されている場合には，こ
の限りではない。

②　①の規律により選任された相続財産管理人の権限・義務等については，
民法第９１８条第２項の相続財産管理人と同様の規律を設ける。

③　①の規律により選任された相続財産管理人は，相続債務の弁済をするこ
とはできない。

④　家庭裁判所は，相続人が相続財産を管理することができるようになった
とき，管理する財産がなくなったときその他財産の管理を継続することが
相当でなくなったときは，相続人，相続財産管理人若しくは利害関係人の
申立てにより又は職権で，①の規律による相続財産管理人の選任その他の
相続財産の管理に関する処分の取消しの審判をしなければならない。

（注１）「必要があると認めるとき」については，例えば，相続財産に属する不動産が荒廃
しつつあったり，物が腐敗しつつあったりする場合において，相続人のあることが明らか
でないためにその物理的状態や経済的価値を維持することが困難であるときに認められる
ことを想定して，引き続き検討する。

（注２）①の相続財産管理人は，民法第９１８条第２項の相続財産管理人と同様に，保存行
為，利用・改良行為及び裁判所の許可を得て処分行為をする権限を有するが，基本的に，
その職務は保存行為をすることにあり，例えば，相続財産を保存するための費用を捻出す

17

るために相続財産の一部を売却することが必要かつ相当であるという事情がないのに，相続財産の一部を売却するなど保存行為を超える行為をすることは職務上の義務に反し，裁判所も許可をしないことを想定している。

　　他方で，②とは別に，①の相続財産管理人の権限は相続財産につき保存行為をすることに限られるとするとの考え方がある。

（注３）第三者が相続財産に関して権利を有する場合には「必要があると認めるとき」に該当するとして，相続財産管理人の選任を認めた上で，相続財産管理人が，相続財産に関する訴訟につき応訴することを認めることについては，引き続き検討する。

（注４）①の規律により相続財産管理人の選任その他の相続財産の保存に必要な処分をしたときは，家庭裁判所は，遅滞なく，その旨及び相続人があるならば一定の期間内にその権利を主張すべき旨を公告しなければならないとすることについても，引き続き検討する。

（注５）①の規律により相続財産管理人が選任された場合には，その相続財産管理人は，清算を目的とする民法第９５２条の相続財産管理人の選任の申立てをすることができる。

（後注）(1)及び(2)の相続財産管理制度と，現行の相続財産管理制度を一つの制度とし，熟慮期間中に選任された相続財産管理人が熟慮期間経過後遺産分割前又は全員により相続放棄のされた後にもそのまま相続財産を管理することができるようにすることを認めることについては，その終期の在り方や，本文(1)及び(2)の各①の相続財産管理制度と現行の相続財産管理制度の異同を踏まえ，引き続き検討する。

(3) 民法第９５２条以下の清算手続の合理化

　　民法第９５２条第２項，第９５７条第１項及び第９５８条の公告に関し，次のような規律に改めることについて，引き続き検討する。

①　民法第９５２条第１項の規定により相続財産管理人を選任したときは，家庭裁判所は，遅滞なく，その旨及び相続人があるならば一定の期間内にその権利を主張すべき旨を公告しなければならない。この場合において，その期間は，【３箇月】【６箇月】【１０箇月】を下ることができない。

②　①の公告があったときは，相続財産管理人は，遅滞なく，全ての相続債権者及び受遺者に対し，一定の期間内にその請求の申出をすべき旨を公告しなければならない。この場合において，その期間は，【２箇月】【４箇月】を下ることができない。

(4) 相続放棄をした放棄者の義務

　　民法第９４０条第１項の規律を次のように改める。

　　相続の放棄をした者がその放棄の時に相続財産に属する財産を現に占有している場合には，相続人又は相続財産法人に対して当該財産を引き渡すまでの間，その財産を保存する義務を負う。この場合には，相続の放棄をした者は，自己の財産におけるのと同一の注意をもって，その財産を保存すれば足りる。

（注１）保存義務の具体的な内容については，①財産を滅失させ，又は損傷する行為を

してはならないことに加え，財産の現状を維持するために必要な行為をしなければならないことを意味するとの考え方と，②財産の現状を滅失させ，又は損傷する行為をしてはならないことのみを意味するとの考え方がある。

（注２）相続の放棄をした者は，相続財産の管理又は処分をする権限及び義務（保存行為をする権限及び義務を除く。）を負わないことを前提としている。

（注３）相続の放棄をした者が負う義務等の程度については，善良なる管理者の注意とする考え方もある。

（注４）次順位の相続人が財産の引渡しに応じない場合や，次順位の相続人がいない場合に放棄者が保存義務を免れるための方策（例えば，①次順位相続人に対して一定期間内に相続財産の引渡しに応じるよう催告をし，その期間が経過したときは保存義務が終了するものとすることや，②相続財産を供託することによって保存義務が終了することを認める方策）については，引き続き検討する。

第３ 相隣関係

1 隣地使用権の見直し

民法第２０９条第１項の規律を次のように改める。

① 土地の所有者は，次に掲げる目的のために必要な範囲内で，隣地所有者に対して，隣地の使用の承諾を求めることができる。

  a 境界又はその付近における障壁又は建物その他の工作物の築造又は修繕

  b 後記２の規律に基づいてする越境した枝の切除

  c 境界標の調査又は境界を確定するための測量

② 土地の所有者は，①の規律にかかわらず，次に掲げるときは，①の各号に掲げる目的のために必要な範囲内で，隣地を使用することができる。

  a 隣地所有者に対して，次に掲げる事項を通知したにもかかわらず，相当の期間内に異議がないとき。

    (a) 隣地の使用目的，場所，方法及び時期

    (b) 所有者が一定の期間内に異議を述べることができる旨

  b 隣地所有者を知ることができず，又はその所在を知ることができない場合において，次に掲げる事項を公告したにもかかわらず，相当の期間内に異議がないとき。

    (a) 隣地の使用目的，場所，方法及び時期

    (b) 所有者が一定の期間内に異議を述べることができる旨

  c 急迫の事情があるとき

（注１）土地の所有者は，隣地の所有権の登記名義人から承諾を得れば，真の所有者の承諾がなくても，隣地を使用することができるとする規律を設けることについて，引き続き検討する。

（注２）隣地が共有地である場合には，持分の価格の過半数を有する隣地共有者から承諾を得れば足りるとすることについて，引き続き検討する。

（注３）境界標の調査又は境界を確定するための測量の目的で隣地を使用することに加えて，必要な行為を認める規律を設けることについて，引き続き検討する。

19

（注４）隣地の使用において隣人の住家に立ち入る必要があるケースは限られると考えられるが，特に必要がある場合には，住家への立入りの承諾を求めることができるとすることについて，引き続き検討する。

（注５）隣地使用請求に限らず，相隣関係における紛争全般について民事調停を前置する規律を設けることについて，引き続き検討する。

（注６）①及び②に関して，使用目的に照らして必要な範囲を超えて隣地使用がされた場合には，必要な範囲を超える部分の隣地使用は違法である。

2　越境した枝の切除

　　民法第２３３条第１項の規律を次のいずれかの案のように改める。

【甲案】　隣地の竹木の枝が境界線を越えるときは，土地所有者は，自らその枝を切り取ることができる。

【乙案】①　隣地の竹木の枝が境界線を越えるときは，土地所有者は，その竹木の所有者に，その枝を切除させることができる。

　　　　②　隣地の竹木の枝が境界線を越える場合において，土地所有者は，次に掲げるときは，自らその枝を切り取ることができる。

　　　　　　a　竹木の所有者に枝を切除するよう催告したにもかかわらず，相当の期間内に切除されないとき。

　　　　　　b　竹木の所有者を知ることができず，又はその所在を知ることができないとき。

　　　　　　c　急迫の事情があるとき。

（注１）土地所有者が，自ら枝を切り取った場合における枝の切取りにかかる費用負担の在り方については，現行法における枝の切除に関する費用負担の解釈を踏まえつつ，引き続き検討する。

（注２）乙案については，竹木が共有されている場合には，持分の価格の過半数を有する竹木共有者から承諾を得れば足りるとすることについて，引き続き検討する。

（注３）土地所有者は，土地の管理のため必要な範囲内で，境界を越えて隣地内の枝を切り取ることができる規律を設けることについても引き続き検討する。

（注４）隣地の竹木の根が境界線を越えるときには，土地の所有者が自らその根を切り取ることができるとする現行の取扱いを維持することを前提としている。

（注５）土地所有者が本文の規律に基づいて切り取った枝又は隣地の竹木から境界線を越えて落ちた果実を処分することができる規律の要否については，竹木の根に関する現行法の規律を踏まえて引き続き検討する。

3　導管等設置権及び導管等接続権

　　相隣関係上の権利として，次のような導管等設置権及び導管等接続権の規律を設ける。

（1）権利の内容

　　【甲案】①　他の土地に囲まれて，電気，ガス若しくは水道水の供給又は下水の排出その他の継続的給付を受けることができない土地（以下

「導管袋地」という。）の所有者（以下「導管袋地所有者」という。）は，継続的給付を受けるために，その土地を囲んでいる他の土地に自己の導管若しくは導線を設置し，又は他人が設置した導管若しくは導線に自己の導管若しくは導線を接続することができる。

　②　導管又は導線の設置場所又は接続方法は，導管袋地所有者のために必要であり，かつ，他の土地又は他人が設置した導管若しくは導線（以下「他の土地等」という。）のために損害が最も少ないものを選ばなければならない。

（注１）導管等を設置又は接続する工事のために隣地を使用する場合には，本文１で提案している隣地使用権の要件を別途満たす必要があるとするかについて引き続き検討する。

【乙案】①　他の土地に囲まれて，電気，ガス若しくは水道水の供給又は下水の排出その他の継続的給付を受けることができない土地（以下「導管袋地」という。）の所有者（以下「導管袋地所有者」という。）は，継続的給付を受けるために，その土地を囲んでいる他の土地又は他人が設置した導管若しくは導線（以下「他の土地等」という。）の所有者に対して，他の土地に自己の導管若しくは導線を設置し，又は他人が設置した導管若しくは導線に自己の導管若しくは導線を接続することの承諾を求めることができる。

　②　①の規定にかかわらず，次に掲げるときは，導管袋地所有者は，継続的給付を受けるために，他の土地等に自己の導管又は導線を設置又は接続することができる。

　　a　導管袋地所有者が，他の土地等の所有者に対し，次に掲げる事項を通知したにもかかわらず，相当の期間内に異議がないとき。

　　　(a)　導管又は導線の設置場所又は接続方法
　　　(b)　導管又は導線の設置又は接続に係る工事方法及びその時期
　　　(c)　所有者が一定の期間内に異議を述べるべき旨

　　b　導管袋地所有者が，他の土地等の所有者を知ることができず，又はその所在を知ることができない場合において，次に掲げる事項を公告したにもかかわらず，相当の期間内に異議がないとき。

　　　(a)　導管又は導線の設置場所又は接続方法
　　　(b)　導管又は導線の設置又は接続に係る工事方法及びその時期
　　　(c)　所有者が一定の期間内に異議を述べるべき旨

　③　導管又は導線の設置場所又は接続方法及び工事時期は，導管袋地所有者のために必要であり，かつ，他の土地等のために損害が最も少ないものを選ばなければならない。

（注２）導管袋地所有者が他の土地に導管又は導線を設置する場合には，他の土地の所

有権の登記名義人に対して承諾請求をすることができ，また，当該登記名義人が承諾
をした場合には，真の所有者の承諾がなくても，導管又は導線を設置することができ
るとする規律を設けることについて引き続き検討する。
（注３）他の土地等が共有である場合には，持分の価格の過半数を有する共有者から承
諾を得れば足りるとすることについて，引き続き検討する。
（注４）他の土地に囲まれていない場合であっても，他の土地に導管等を設置すること
ができるとする規律を設けることについては，民法第２１０条第２項を参考に，引き
続き検討する。

（2）導管等の設置場所又は設置方法の変更
　　　土地の使用用途の変更，付近の土地の使用状況の変化その他の事情の変更
により，導管又は導線の設置場所又は設置方法を変更することが相当である
にもかかわらず，その変更につき当事者間に協議が調わないときは，裁判所
は，当事者の申立てにより，導管又は導線の設置場所又は設置方法を変更す
ることができる。
（注）調停手続の前置のほか，必要となる手続的規律については，引き続き検討する。

（3）償金
　　　（1）の規律に基づいて，他の土地等に自己の導管若しくは導線を設置し又は
接続する者は，他の土地等の損害に対して償金を支払わなければならない。
（注）土地の分割によって導管袋地が生じた場合には，分割者の所有地のみに導管等を設置
等することができるとした上で，償金を無償とする規律を設けることについては，民法第
２１３条の規律を参考に，引き続き検討する。

4　管理措置請求制度
　　相隣関係の規律として，次のような管理不全土地の所有者に対する管理措置
請求制度を設ける。
（1）権利の内容
　　　隣地における崖崩れ，土砂の流出，工作物の倒壊，汚液の漏出又は悪臭の
発生その他の事由により，自己の土地に損害が及び，又は及ぶおそれがある
場合には，その土地の所有者は，隣地の所有者に，その事由の原因の除去を
させ，又は予防工事をさせることができる。

（2）現に使用されていない土地における特則
　　　現に使用されていない隣地における(1)に規定する事由により，自己の土地
に損害が及び，又は及ぶおそれがある場合において，次に掲げるときは，そ
の土地の所有者は，その事由の原因を除去し，又は予防工事をすることがで
きる。除去又は予防工事の方法は，(1)に規定する土地所有者のために必要で
あり，かつ，隣地のために損害が最も少ないものを選ばなければならない。
　　a　隣地の所有者に対して，その事由の原因の除去又は予防工事をすべき旨

を通知したにもかかわらず，相当の期間内に異議がないとき。
　　b　隣地の所有者を知ることができず，又はその所在を知ることができない
　　　場合において，その事由の原因の除去又は予防工事をすべき旨の公告をし
　　　たにもかかわらず，相当の期間内に異議がないとき。
　　c　急迫の事情があるとき。

（3）費用
【甲案】　(1)又は(2)の工事の費用については，隣地所有者の負担とする。た
　　　　　だし，その事由が天災その他避けることのできない事変によって生じ
　　　　　た場合において，その事変，その工事によって土地の所有者が受ける
　　　　　利益の程度，(1)の事由の発生に関して土地の所有者に責めに帰すべき
　　　　　事由がある場合にはその事由その他の事情を考慮して，隣地所有者の
　　　　　負担とすることが不相当と認められるときは，隣地所有者は，その減
　　　　　額を求めることができる。
【乙案】　(1)又は(2)の工事の費用については，土地所有者と隣地所有者が等
　　　　　しい割合で分担する。ただし，土地所有者又は隣地所有者に責めに帰
　　　　　すべき事由があるときは，責めに帰すべき者の負担とする。
（注1）管理措置請求権が認められる要件に関して，基本的には，現行法における土地所有
権に基づく妨害排除請求権又は妨害予防請求権の要件と同程度の所有権侵害が必要である
ことを前提としている。
（注2）土地所有者に認められる管理措置の内容に関して，例えば，隣地の形状又は効用の
著しい変更を伴わないものに限るなど，一定の制限を設けることについて引き続き検討す
る。

第4　遺産の管理と遺産分割
1　遺産共有における遺産の管理
（1）遺産共有と共有物の管理行為等
　　　遺産共有されている遺産の管理に関し，共有物の管理行為，共有物の管理
　　に関する手続及び共有物を利用する者と他の共有者の関係等（第1の1の
　　(1)，(2)及び(4)）と同様の規律を設ける。
　　（注1）共同相続人は，遺産を管理（使用を含む。）するに際し，善良な管理者の注意
　　　ではなく，固有財産におけるのと同一の注意（自己の財産におけるのと同一の注意）
　　　をもってすれば足りるとの考え方もある。
　　（注2）遺産共有の場合において，持分の価格の過半数で決する事項については，法定
　　　相続分（相続分の指定があるときは，指定相続分）を基準とする。また，相続分の指
　　　定があっても，遺産に属する個々の財産について対抗要件が具備されていない場合に
　　　おいて，当該財産につき，法定相続分を基準としてその過半数で決定がされ，第三者
　　　との間で取引がされたときは，当該第三者は，相続人等に対し，法定相続分を基準に
　　　された決定が有効であると主張することができる（民法第899条の2参照）。

(2) 遺産の管理に関する行為についての同意取得の方法

遺産の管理に関する行為についての同意取得の方法に関し，共有物の管理に関する行為についての同意取得の方法（第1の1(3)）と同様の規律を設ける。

(3) 相続人が選任する遺産の管理者

相続人が選任する遺産の管理者に関し，次のような規律を設ける。

① 相続人は，遺産又は遺産に属する個々の財産に管理者を選任することができる。

② ①の管理者の選任は，各相続人の法定相続分（相続分の指定があるときは，指定相続分）の価格に従い，その過半数で決するものとする。この選任については，遺産の管理に関する行為についての同意取得の方法と同様の制度を設ける。

(注1) 管理者が管理する遺産又は遺産に属する個々の財産は，相続人に遺産分割がされる前の財産であることを前提とする（遺産分割がされたものは，対象とはならない。）。なお，相続債務は，管理者が管理するものではない。

(注2) 相続分の指定があっても，遺産に属する個々の財産につき，対抗要件が具備されていない場合において，法定相続分を基準として，管理者が選任され，その管理者が，第三者との間で，当該特定の財産につき管理に関する行為をしたときは，当該第三者は，相続人等に対し，法定相続分を基準に選任された管理者の当該行為は有効であると主張することができる（民法第899条の2参照）。

(注3) 管理者の解任については，各相続人の法定相続分（相続分の指定があるときは，指定相続分）の価格に従い，その過半数で決するものとする。その上で，裁判所に対する解任請求権を認めることについては，遺産共有の場合に裁判所が必要な処分をすることができるものとすることと併せて，検討する。

(注4) 管理者の職務等，管理者の権限等，委任に関する規定の準用等については，共有物の管理者と同様の規律を設けることを前提とする（ただし，各共有者の持分の価格の過半数で決することについては，各相続人の法定相続分（相続分の指定があるときは，指定相続分）の価格の過半数で決することとする。）。

2 遺産分割の期間制限

遺産分割の合意又は遺産分割手続（遺産分割の調停及び審判をいう。以下同じ。）の申立てについて期間の制限を設けることの是非については，期間を経過した場合にどのような効果を生じさせるかについての検討（後記3参照）を踏まえながら，引き続き検討する。

(注) 遺産分割の合意又は遺産分割手続の申立てをすべき時期についての規律を置かずに，遺産分割手続の申立て等がされないまま所定の期間が経過した場合に遺産を合理的に分割することを可能とするための規律（後記3）のみを設けるとの考え方もある。

3 遺産分割手続の申立て等がされないまま長期間が経過した場合に遺産を合理的

に分割する制度

　遺産分割手続の申立て等がされないまま長期間が経過した場合に遺産を合理的に分割することを可能とするため，次のような規律を設けることについて，引き続き検討する。

(1) 具体的相続分の主張の制限

　　遺産分割の合意がされていない場合において，遺産分割手続の申立てがないまま相続開始時から１０年を経過したときは，共同相続人は，具体的相続分の主張（具体的相続分の算定の基礎となる特別受益及び寄与分等の主張）をすることができない。

　　（注）具体的相続分の主張期間については，５年とするとの考え方もある。

(2) 分割方法等

　　(1)のとおり具体的相続分の主張をすることに制限を設けることを前提に，(1)の期間の経過後は，遺産に属する財産の分割は，各相続人の法定相続分（指定相続分がある場合にあっては，指定相続分。以下同じ。）の割合に応じて，次の各案のいずれかの手続で行う。

　　【甲案】　(1)の期間経過後も，遺産の分割は，遺産分割手続により行う。ただし，一定の事由があるときは，遺産に属する特定の財産の分割を，共有物分割（準共有物分割）の手続により行うことができる。

　　【乙案】　(1)の期間経過後は，遺産の分割は，遺産分割手続ではなく，遺産に属する特定の財産ごとに共有物分割（準共有物分割）の手続により行う。

　　（注１）相続開始から１０年を経過した場合には，各相続人は，遺産に属する特定の財産（不動産，動産及び債権等）のそれぞれについて法定相続分（指定相続分がある場合にあっては，指定相続分）に相当する共有持分（準共有持分）を有していることを前提とする。

　　　　ただし，これとは別に，遺産に属する金銭及び遺産分割手続での分割の対象となっている可分債権（例えば，預貯金債権）については，相続開始から１０年を経過したときは，遺産分割手続又は共有物分割（準共有物分割）の手続を経ずに，法定相続分（指定相続分）の割合により当然に分割されるものとし，各相続人が法定相続分（指定相続分）の割合に応じて金銭（金銭を占有しない相続人にあっては，金銭を占有する相続人に対する持分相当額の不当利得返還請求権又は引渡請求権）や債権を取得するとの考え方がある。

　　（注２）相続開始から１０年を経過する前に遺産の一部が分割されていたとしても，（注１）のとおり，相続開始から１０年を経過した場合には，各相続人は，遺産の分割がされていない遺産に属する財産について法定相続分（指定相続分がある場合にあっては，指定相続分）に相当する共有持分（準共有持分）を有し，その財産の分割は，先行する一部分割の結果を考慮せずに，各相続人がその財産について有する法定相続分（指定相続分）によって分割する。

　　（注３）「遺産に属する特定の財産」とは，遺産分割の対象となる積極財産を意味し，

民法・不動産登記法（所有者不明土地関係）等の改正に関する中間試案

25

被相続人の財産であっても，遺贈された財産など遺産分割の対象ではない財産や，消極財産は含まれないことを前提とする。

（注４）遺産分割方法の指定は，遺産分割手続の申立てがないまま相続開始から１０年を経過すれば，効力を生じない（ただし，相続開始から１０年を経過する前に，遺産分割方法の指定によって相続人が特定の遺産を取得していた場合は除く。）ことを前提とする。

（注５）【甲案】は，家庭裁判所が遺産分割の審判において相続分の割合の変更をすることができないことを前提としている。

（注６）【甲案】の「一定の事由」としては，通常の共有と遺産共有（ただし，相続開始から１０年を経過しているものに限る。）が併存しており，一括して処理をする必要がある場合と，数次相続（ただし，相続開始からいずれも１０年を経過しているものに限る。）が生じており，一括して処理をする必要がある場合を念頭に，引き続き検討する。

(3) 遺産共有における所在不明相続人等の不動産の持分の取得等

　　(1) のとおり具体的相続分の主張をすることに制限を設けることを前提に，次のような規律を設ける。

①　(1) の期間を経過した場合において，相続人の一部の所在を知ることができないとき（又は相続人の一部を知ることができないとき）は，他の相続人は，遺産に属する特定の不動産（又は他の財産）についての当該相続人の持分に関し，所在不明共有者又は不特定共有者の不動産の共有持分の取得等（第１の２(2)）の方法をとることができる。

②　遺産共有持分と通常の共有持分が併存している場合において，(1) の期間を経過したときであって，相続人の一部の所在を知ることができないとき（又は相続人の一部を知ることができないとき）は，通常共有持分の共有者は，当該相続人の遺産に属する特定の不動産（又は他の財産）の遺産共有持分に関し，所在不明共有者又は不特定共有者の不動産の共有持分の取得等（第１の２(2)）の方法をとることができる。

（注）遺産共有持分と通常の共有持分が併存している場合において，(1) の期間を経過したときであって，通常共有持分の共有者の所在が不明であるとき（又は通常共有持分の共有者を知ることができないとき）は，遺産共有持分の共有者は，当該通常共有持分の共有者の不動産（又は他の財産）の通常共有持分に関し，所在不明共有者又は不特定共有者の不動産の共有持分の取得等（第１の２(2)）の方法をとることができるとすることも検討する。

（後注１）相続開始から１０年を経過した場合であっても，民法第９１５条第１項の期間が経過するまでは，相続の放棄をすることができることを前提としている。

（後注２）相続開始から１０年を経過した後に相続放棄がされ，新たに相続人となった者は，期間内に遺産分割手続の申立てをしていれば具体的相続分に基づいて得ることができた価額の支払の請求権を有することとし，民法第９０４条の２を改正して，この支払の請求があっ

た場合には，家庭裁判所に寄与分を定めることを請求することができるようにするなどの所要の手当てをする方向で検討する。

（後注3）本文の相続開始から10年の期間は除斥期間とするが，（後注2）のほかに，やむを得ない事由により期間内に遺産分割手続の申立てをすることができなかった者は，期間内に遺産分割手続の申立てをしていれば具体的相続分に基づいて得ることができた価額の支払の請求権を有することについて，引き続き検討する。

　　これに対して，やむを得ない事由により期間内に遺産分割手続の申立てをすることができなかった者は，その事由が消滅してから一定の期間内に遺産分割手続の申立てをすることができ，その中で，具体的相続分の割合に応じた遺産分割を求めることができるとの考え方もある。

（後注4）相続の開始から10年を経過した後は，他の相続人の同意（擬制された同意を含む。）を得ない限り，遺産分割手続の申立てを取り下げることができないとする方向で検討する。

（後注5）遺産分割禁止期間の終期は，相続開始から10年を超えることができないものとすることについても，検討する。

（後注6）3(1)から(3)までの案とは別に，具体的相続分の主張制限を設けずに，相続開始後一定期間が経過した場合には，遺産に属する不動産の遺産共有関係を共有物の分割の手続や所在不明共有者又は不特定共有者の不動産の共有持分の取得等により解消する仕組みを設ける考え方がある。

4　共同相続人による取得時効

　　共同相続人が遺産に属する物を占有していたとしても，原則として取得時効が成立しないことを前提に，例外的に取得時効が認められる場合について，次のような規律を設けることについて，引き続き検討する。

①　共同相続人が，相続の開始以後，遺産に属する物を自ら占有した場合において，その占有の開始の時に，他の共同相続人が存在しないと信ずるに足りる相当な理由又は他の共同相続人が当該物につき相続人としての権利を主張しないと信ずるに足りる相当な理由があり，かつ，占有の開始の時から10年間，平穏に，かつ，公然と遺産に属する物を占有したときは，当該物の所有権を取得する。ただし，占有の開始後に，当該理由がなくなったとき，又は当該物を占有する共同相続人が当該他の共同相続人の相続人としての権利を承認したときは，この限りでない。

②　共同相続人が，相続の開始以後，遺産に属する物を自ら占有した場合において，占有の開始後，他の共同相続人が存在しないと信ずるに足りる相当な理由又は当該他の共同相続人が当該物につき相続人としての権利を主張しないと信ずるに足りる相当な理由が生じ，かつ，その理由が生じた時から10年間，平穏に，かつ，公然と遺産に属する物を占有したときは，当該物の所有権を取得する。ただし，当該理由が生じた後に，当該理由がなくなったとき，又は当該物を占有する共同相続人が当該他の共同相続人の相続人としての権利を承認したときは，この限りでない。

27

③　民法第884条に規定する相続回復請求権の存在は，①又は②の規律による所有権の取得を妨げない。

　（注1）所有権以外の財産権（例えば，不動産の賃借権）についても，他の共同相続人が存在しないと信ずるに足りる相当な理由又は他の共同相続人が当該財産権につき相続人としての権利を主張しないと信ずるに足りる相当な理由がある場合において，平穏に，かつ，公然とこれを行使する者は，本文①又は②と同様にこれを取得することについても，併せて検討する。

　（注2）通常の共有者が他の共有者の持分を含め物の所有権を時効により取得することについては，基本的にこれを認めないことを前提に，特段の規定を置かない方向で検討する。

第5　土地所有権の放棄
　1　土地所有権の放棄を認める制度の創設
　　　土地の所有者（自然人に限る。）は，法律で定めるところによりその所有権を放棄し，土地を所有者のないものとすることができるとする規律を設けることについて，引き続き検討する。

　（注1）所有者のない不動産は国庫に帰属するとする民法第239条第2項により，所有権が放棄された土地は最終的に国庫に帰属する。

　（注2）本文とは別に，土地の所有権を放棄することができる主体について，法人も含むとすることも考えられる。

　（注3）共有地については，共有者全員が共同で放棄しない限り，土地を所有者のないものとすることはできないとする方向で引き続き検討する。

　2　土地所有権の放棄の要件及び手続
　　　土地の所有者は，次に掲げるような要件を全て満たすときは，土地の所有権を放棄することができるとする規律を設ける。
　　①　土地の権利の帰属に争いがなく筆界が特定されていること。
　　②　土地について第三者の使用収益権や担保権が設定されておらず，所有者以外に土地を占有する者がいないこと。
　　③　現状のままで土地を管理することが将来的にも容易な状態であること。
　　④　土地所有者が審査手数料及び土地の管理に係る一定の費用を負担すること。
　　⑤　土地所有者が，相当な努力が払われたと認められる方法により土地の譲渡等をしようとしてもなお譲渡等をすることができないこと。

　（注1）土地所有権の放棄の要件の有無を国の行政機関（放棄された土地の管理機関とは別の機関とすることが想定される。）が事前に審査し，この機関が放棄を認可することにより国庫帰属の効果が発生するとすることを前提としている。なお，所有権放棄の認可が適正にされるようにするため，審査機関を放棄された土地の管理機関とは別の機関にすることが考えられるところ，適正な審査が可能となるよう，土地所有権の放棄の要件は可能な限り客観的なものとする必要がある。

　（注2）審査機関が土地所有権の放棄を認可しなかったときは，放棄の認可申請をした土地所

有者は，不認可処分の取消しを求める抗告訴訟や行政上の不服申立手段によって救済を求めることになることを前提にしている。

（注３）土地所有権の放棄の認可申請を受けた審査機関は，当該土地の所在する地方公共団体と国の担当部局に対して，所有権放棄の申請がされている土地の情報を通知するものとし，地方公共団体又は国がその土地の取得を希望する場合には，放棄の認可申請をした土地所有者と直接交渉して贈与契約（寄附）を締結することを可能にする方向で検討する。

（注４）①の「土地の権利の帰属に争いがなく」の具体的内容には，放棄の認可申請者が放棄される土地の所有者であることが不動産登記簿から明らかであることも含まれることを想定しているが，具体的にどのような登記がされていれば足りるかについては，引き続き検討する。また，「筆界が特定されていること」の認定の在り方についても，認可申請の際に認可申請者が提出すべき資料の在り方を含めて，引き続き検討する。

（注５）③の具体的内容としては，例えば，⑦建物や，土地の性質に応じた管理を阻害する有体物（工作物，車両，樹木等）が存在しないこと，⑦崖地等の管理困難な土地ではないこと，⑦土地に埋設物や土壌汚染がないこと，⑦土地の管理に当たって他者との間の調整や当該土地の管理以外の目的での費用負担を要しないことなどが想定される。

（注６）土地所有権を国が取得した後に，審査機関による認可の時点で土地所有権の放棄の要件が充足されていなかったことが判明した場合の規律については，行政行為の取消しに関する一般法理を踏まえ，引き続き検討する。

3　関連する民事法上の諸課題
　（1）共有持分の放棄
　　　　民法第255条の規律を見直し，共有持分を放棄するためには，他の共有者の同意を必要とすることについて，引き続き検討する。
　　　（注）本文とは別に，共有持分の放棄は認めないこととするとの考え方や，民法第255条の共有持分の放棄の規律を基本的に維持しつつ，不動産の共有持分を放棄するためには，他の共有者の同意を必要とする規律を設けることとするとの考え方がある。

　（2）建物及び動産の所有権放棄
　　　　建物及び動産の所有権放棄の規律は設けない。

　（3）所有権放棄された土地に起因する損害の填補
　　　　所有権放棄された土地に起因して第三者や国に損害が生じた場合における，放棄者の損害賠償責任の規律の要否については，認可の取消しの在り方と併せて検討する。

第2部　不動産登記法等の見直し

第6　相続の発生を不動産登記に反映させるための仕組み

1　登記所における他の公的機関からの死亡情報の入手及び活用

(1)　登記所が他の公的機関から死亡情報を入手する仕組み

　　　相続の発生を不動産登記に反映させるための方策を採る前提として，登記所が他の公的機関から所有権の登記名義人の死亡情報を取得するため，次のような仕組みを設けることについて，引き続き検討する。

　　①　所有権の登記名義人は，登記官に対し，自己が所有権の登記名義人となっている不動産について，氏名，住所及び生年月日等の情報（注1）を申し出るものとし（注2），当該申出のあった情報のうち氏名及び住所以外の情報は登記記録上に公示せず，登記所内部において保持するデータとして扱う。

　　②　登記官は，申出のあった情報を検索キーとして，連携先システムに定期的に照会を行うなどして登記名義人の死亡の事実を把握するものとする。

　　（注1）連携先システムが戸籍副本データ管理システムである場合にあっては氏名，生年月日，本籍及び筆頭者氏名の情報の申出を受け，住民基本台帳ネットワークシステムである場合にあっては氏名，住所及び生年月日の情報の申出を受けることが考えられる。

　　（注2）上記の新たな仕組みに係る規定の施行後においては，新たに所有権の登記名義人となる者は，その登記申請の際に，氏名，住所及び生年月日等の情報の申出を必ず行うものとする。当該規定の施行前に既に所有権の登記名義人となっている者については，氏名，住所及び生年月日等の情報に加え，自己が既に所有権の登記名義人となっている不動産の情報の申出を任意に行うことができるものとする。

　　（注3）不動産の表題部所有者についても同様の仕組みを設けるかどうかについて，引き続き検討する。

(2)　登記所が死亡情報を不動産登記に反映させるための仕組み

　　　死亡情報を取得した登記所が相続の発生を不動産登記に反映させるための方策として，例えば，登記官は，連携先システムを通じて所有権の登記名義人が死亡したことが判明したときは，当該登記名義人の最後の住所宛てに相続登記を促す旨の通知を送付するものとすることや，相続開始の事実を登記記録上に公示することなどについて，連携先システムの制度趣旨や個人情報保護の観点に留意しつつ，引き続き検討する。

2　相続登記の申請の義務付け

(1)　登記名義人が死亡した場合における登記の申請の義務付け

　　　不動産の所有権の登記名義人が死亡し，相続等による所有権の移転が生じた場合における公法上の登記申請義務について，次のような規律を設ける。

　　①　不動産の所有権の登記名義人が死亡した場合（②に規定する場合を除

く。）には，当該不動産を相続により取得した相続人は，自己のために相続の開始があったことを知り，かつ，当該不動産の取得の事実を知った日から一定の期間内に，当該不動産についての相続による所有権の移転の登記（注１）を申請しなければならない（注２）。

②　不動産の所有権の登記名義人が死亡した場合において，当該不動産を特定財産承継遺言により取得した者があるときは，その者は，自己のために相続の開始があったことを知り，かつ，当該不動産の取得の事実を知った日から一定の期間内に，当該不動産についての相続による所有権の移転の登記を申請しなければならない（注２）。

③　不動産の所有権の登記名義人が死亡した場合には，当該不動産を遺贈により取得した相続人は，自己のために相続の開始があったことを知り，かつ，当該不動産の取得の事実を知った日から一定の期間内に，当該不動産についての遺贈による所有権の移転の登記を申請しなければならない（注２）（注３）。

（注１）遺産分割がされた場合には，当該遺産分割の結果を踏まえた相続登記をすることで申請義務が履行されたこととなる。これに加えて，遺産分割がされる前であっても，法定相続分での相続登記（民法第９００条（法定相続分）及び第９０１条（代襲相続人の相続分）の規定により算定した相続分に応じてする相続による所有権の移転の登記をいう。以下同じ。）又は相続人申告登記（仮称）（後記(3)ア参照）をした場合にも，相続による所有権の移転の登記の申請義務が履行されたものとするものである。ただし，これらの登記による申請義務の履行を認めないとの考え方がある。

（注２）（注１）に記載したように，法定相続分での相続登記や相続人申告登記（仮称）をすることで申請義務が履行されたものと扱うこととした場合には，①の場合についての「一定の期間」は比較的短期間（例えば，【１年】【２年】【３年】）となることが想定される。これに対し，これらの登記による申請義務の履行を認めないとの考え方もあり，この場合には，「一定の期間」はより長期間（例えば，【５年】【７年】【１０年】）となるものと考えられる。また，①の場合と，②及び③の場合とで，この期間を同一の期間とするかどうかについて，引き続き検討する。

（注３）相続人が受遺者である遺贈による所有権の移転の登記について，登記権利者（当該受遺者）が単独で申請することができる旨の規律を設けることについて，後記3(1)参照。

（注４）不動産の表題部所有者が死亡した場合についても，①から③までに準じた規律を設けるかどうかについて，引き続き検討する。

（注５）登記申請義務を創設する規定の施行時に所有権の登記名義人が既に死亡している不動産についての第６の２(1)の規律の適用の在り方については，引き続き検討する。

(2) 相続登記の申請義務違反の効果

(1)の登記申請義務違反の効果として，(1)により登記申請をすべき義務がある者が正当な理由がないのに所定の期間内にその申請をしなかったときは，一定の額の過料に処する旨の規律を設ける。

（注）過料に関する規律を設けないとの考え方がある。

(3) 相続登記申請義務の実効性を確保するための方策
ア 相続人申告登記（仮称）の創設
相続登記申請義務の実効性を確保するための方策として，法定相続分での相続登記とは別に，新たに，死亡した所有権の登記名義人の相続人が行う登記として，相続人申告登記（仮称）を創設し，次のような規律を設ける。
① 相続人申告登記（仮称）は所有権の登記名義人の法定相続人の申出に基づいて付記登記（不動産登記法第４条第２項参照）によって行うものとし，当該法定相続人の氏名及び住所を登記事項とするが，その持分は登記事項としない（注１）。
② 所有権の登記名義人の法定相続人は，登記官に対して，所有権の登記名義人について相続が開始したこと，及び当該登記名義人の法定相続人であることを申し出るものとする。この場合においては，申出人が当該登記名義人の法定相続人の地位にあることを証する情報（注２）を提供しなければならない。
（注１）これは相続を原因とする所有権の移転の登記ではなく，報告的な登記として位置付けられるものである。
（注２）法定相続分での相続登記を申請するに当たっては法定相続分の割合を確定するために被相続人の出生から死亡までの戸除籍謄本及び相続人であることが分かる戸籍謄抄本が必要となるが，相続人申告登記（仮称）を申請するに当たっては単に申出人が法定相続人の一人であることが分かる限度での戸籍謄抄本を提供すれば足りる（例えば，配偶者については現在の戸籍謄抄本のみで足り，子については被相続人である親の氏名が記載されている子の現在の戸籍謄抄本のみで足りることを想定している。）。
イ 登記申請義務の履行に利益を付与する方策
所定の期間内に登記申請義務を履行した者に対して利益を付与する方策について，引き続き検討する。

(4) その他
今般の不動産登記制度の見直しにより，従前と比べて，不動産登記簿から所有者が判明し，かつ，連絡もつくようになることを前提に，各種の法制度において不動産所有者の特定を不動産登記の記録に基づいて行うものとすることにつき，一律の規定として設けることはしないが，個別の規定ごとに，当該法制度において生ずる法律上又は事実上の効果が不相当なものとなることがないよう十分に留意しつつ，引き続き検討する。

3 相続等に関する登記手続の簡略化
(1) 遺贈による所有権の移転の登記手続の簡略化

相続人が受遺者である遺贈による所有権の移転の登記手続を簡略化するため，共同申請主義（不動産登記法第６０条）の例外として，次のような規律を設けることについて，引き続き検討する。

　　相続人が受遺者である遺贈による所有権の移転の登記は，登記権利者が単独で申請することができる。

(2) 法定相続分での相続登記がされた場合における登記手続の簡略化

　　法定相続分での相続登記がされた場合における登記手続を簡略化するため，共同申請主義の例外として，次のような規律を設ける。

　　法定相続分での相続登記がされている場合において，次に掲げる登記をするときは，更正の登記によるものとした上で，登記権利者が単独で申請することができる。

① 遺産の分割の協議又は審判若しくは調停による所有権の取得に関する登記

② 他の相続人の相続の放棄による所有権の取得に関する登記

③ 特定財産承継遺言による所有権の取得に関する登記

④ 相続人が受遺者である遺贈による所有権の取得に関する登記

（注１）法定相続分での相続登記がされている場合において，受遺者が行う相続人以外の第三者に対する遺贈による所有権の取得に関する登記は，共同申請により行うという現行の規律を維持する。

（注２）ただし，③及び④の登記については，登記官は，登記義務者に対し，当該登記の申請があった旨を通知するとの考え方がある。

4　所有不動産目録証明制度（仮称）の創設

　　相続人による相続登記の申請を促進する観点も踏まえ，所有不動産目録証明制度（仮称）として，次のような規律を設ける。

① 何人も，登記官に対し，手数料を納付して，自己が現在の所有権の登記名義人である不動産の目録を法務省令に定めるところにより証明した書面（以下「所有不動産目録証明書」（仮称）という。）の交付を請求することができる。

② 所有権の登記名義人について相続その他の一般承継があった場合において，相続人その他の一般承継人は，登記官に対し，手数料を納付して，当該所有権の登記名義人が現在の所有権の登記名義人である所有不動産目録証明書（仮称）の交付を請求することができる。

（注１）ただし，現在の登記記録に記録されている所有権の登記名義人の氏名又は名称及び住所は過去の一定時点のものであり，必ずしもその情報が更新されているものではないことなどから，請求された登記名義人の氏名又は名称及び住所等の情報に基づいてシステム検索を行った結果を証明する所有不動産目録証明制度（仮称）は，飽くまでこれらの情報に一致したものを目録の形式で証明するものであり，不動産の網羅性等に関しては技術的な限界があることが前提である。

民法・不動産登記法（所有者不明土地関係）等の改正に関する中間試案

（注2）①の規律を設けた場合には，登記名義人が第三者から所有不動産目録証明書（仮称）の提出を求められるとの事態が生ずるが，この可能性を踏まえた何らかの規律の要否については，引き続き検討する。

（注3）不動産の表題部所有者についても同様の規律を設けるかどうかについて，引き続き検討する。

第7　登記名義人の氏名又は名称及び住所の情報の更新を図るための仕組み

1　氏名又は名称及び住所の変更の登記の申請の義務付け

氏名又は名称及び住所の変更の登記の申請に関し，次のような規律を設けることについて，引き続き検討する。

不動産の所有権の登記名義人の氏名若しくは名称又は住所について変更が生じた場合には，当該登記名義人は，一定の期間内に，氏名若しくは名称又は住所の変更の登記を申請しなければならない。

（注1）この義務がある者が正当な理由がないのに一定の期間内にその申請をしなかったときに過料の制裁を設けるかどうかについては，これを設けるとの考え方と設けないとの考え方がある。

（注2）不動産の表題部所有者についても同様の規律を設けるかどうかについて，引き続き検討する。

2　登記所が他の公的機関から氏名又は名称及び住所の変更情報を入手し，不動産登記に反映させるための仕組み

不動産登記所が住民基本台帳ネットワークシステム又は商業・法人登記のシステムから所有権の登記名義人の氏名又は名称及び住所の変更の情報を取得し，これを不動産登記に反映させるため，次のような仕組みを設けることについて，特に登記名義人が自然人である場合については個人情報保護の観点や住民基本台帳制度の趣旨等にも留意しつつ，引き続き検討する。

(1)　登記名義人が自然人である場合

①　所有権の登記名義人は，登記官に対し，自己が所有権の登記名義人となっている不動産について，氏名，住所及び生年月日の情報を申し出るものとし（注1），当該申出のあった情報のうち，生年月日の情報は登記記録上に公示せず，登記所内部において保持するデータとして扱う。

②　登記官は，定期的に，上記①で申出のあった情報に基づいて住民基本台帳ネットワークシステムに照会を行い，当該登記名義人の氏名及び住所の情報の提供を受けることができるものとする。

③　登記官は，住民基本台帳ネットワークシステムを通じて得た氏名及び住所の情報が登記記録に記録された情報と異なることが判明した場合には，当該登記名義人に対して変更後の情報に基づき氏名又は住所の変更の登記を行うことについて確認をとるなどした上で，氏名又は住所の変更の登記を行う。

(2)　登記名義人が法人である場合

① 所有権の登記名義人が会社法人等番号（商業登記法第７条に規定する会社法人等番号をいう。）を有する法人であるときは，当該法人の会社法人等番号を新たな登記事項として公示する（注２）。

② 登記官は，商業・法人登記のシステムから法人の名称又は住所の情報の変更があったことの通知を受けた場合には，変更された情報に基づき，名称又は住所の変更の登記を職権で行うことができるものとする。

（注１）上記の新たな仕組みに係る規定の施行後においては，新たに所有権の登記名義人となる者は，その登記申請の際に，氏名，住所及び生年月日の情報の申出を必ず行うものとする。当該規定の施行前に既に所有権の登記名義人となっている者については，氏名，住所及び生年月日の情報に加え，自己が所有権の登記名義人となっている不動産の情報の申出を任意に行うことができるものとする。

（注２）上記の新たな仕組みに係る規定の施行後においては，新たに所有権の登記名義人となる者は，その登記申請の際に，会社法人等番号を必ず申請情報として提供するものとする。当該規定の施行前に既に所有権の登記名義人となっている者については，会社法人等番号に加え，自己が所有権の登記名義人となっている不動産の情報の申出を任意に行うことができるものとする。

（注３）不動産の表題部所有者についても同様の仕組みを設けるかどうかについて，引き続き検討する。

3　被害者保護のための住所情報の公開の見直し

登記名義人等の住所が明らかとなることにより当該登記名義人等に対して加害行為がされるおそれがあるものとして法務省令で定める場合には，当該登記名義人等の申出により，その住所を公開しないことができるとする規律を設ける。

第8　相続以外の登記原因による所有権の移転の登記の申請の義務付け

不動産について第６の２(1)の①から③までの場合以外の原因による所有権の移転が生じた場合に，その当事者に対し，必要となる登記の申請を公法上義務付ける規律は，設けない（注）。

（注）第６の２(1)の①から③までの場合以外の原因による所有権の移転が生じた場合に，その当事者は，正当な理由がある場合を除き，遅滞なく，必要な登記を申請するよう努めなければならないとする規律を設けるとの別案がある。

第9　登記義務者の所在が知れない場合等における登記手続の簡略化

1　登記義務者の所在が知れない場合の一定の登記の抹消手続の簡略化

不動産登記法第７０条第１項及び第２項に関し，登記された存続期間の満了している権利（注１）に関する登記又は買戻しの期間を経過している買戻しの特約の登記については，相当な調査が行われたと認められるものとして法務省令で定める方法により調査を行ってもなお登記義務者の所在が知れないため登記義務者と共同してこれらの権利に関する登記の抹消を申請することができな

いときは，公示催告及び除権決定の手続を経ることにより，登記権利者が単独
で登記の抹消を申請することができるとすることについて，引き続き検討す
る。

(注１) 地上権，永小作権，賃借権及び採石権がある。このほか，存続期間の定めが登記事
項とされているものとしては，質権及び配偶者居住権があり，これらについても同様の方
策を講ずることも検討課題となり得る。

(注２) 買戻しの特約の登記に関しては，民法第５８０条第１項の規定する買戻しの期間を
経過したときは，登記権利者は単独で当該登記の抹消を申請することができるとの規律を
設けるとの別案がある。

2 法人としての実質を喪失している法人を登記名義人とする担保権に関する登記
の抹消手続の簡略化

法人としての実質を喪失している法人を登記名義人とする担保権に関する登記
の抹消手続を簡略化する方策として，次のような規律を設ける（不動産登記法
第７０条参照）。

登記権利者は，解散した法人である登記義務者と共同して先取特権，質権又
は抵当権に関する登記の抹消を申請することができない場合（相当な調査が行
われたと認められるものとして法務省令で定める方法により調査を行ってもな
お当該法人の清算人の所在が知れない場合に限る。）において，被担保債権の
弁済期から３０年を経過し，かつ，当該法人が解散した日から３０年を経過し
たときは，不動産登記法第６０条の規定にかかわらず，単独でそれらの権利に
関する登記の抹消を申請することができる。

第10 その他の見直し事項

1 登記名義人の特定に係る登記事項の見直し

所有権の登記名義人（注）の特定に係る登記事項として，新たに会社法人等番
号を追加することとし，その他に新たに登記事項を追加することについては引き
続き検討する。

(注) 所有権の登記名義人以外の登記名義人や，表題部所有者，担保権の登記における
債務者，信託の登記における委託者，受託者及び受益者等を含めるかどうかについて
は，引き続き検討する。

2 外国に住所を有する登記名義人の所在を把握するための方策

① 外国に住所を有する所有権の登記名義人は，不動産登記法第５９条第４号に
規定する事項のほか，その日本国内における連絡先（注）を登記することがで
きるとすることについて，引き続き検討する。

② 外国に住所を有する外国人（法人を含む。）が所有権の登記名義人となろ
うとする場合に必要となる住所証明情報を外国政府等の発行したものに限定
するなどの見直しを行うことについて，引き続き検討する。

(注) 連絡先として第三者の氏名又は名称及び住所を登記する場合には，当該第三者の承諾

があることを要件とし，また，当該第三者は国内に住所を有するものであることとする。

3 附属書類の閲覧制度の見直し

　　登記簿の附属書類（不動産登記法第１２１条第１項に規定する政令で定める図面を除く。以下同じ。）の閲覧制度に関し，閲覧の可否の基準を合理化する観点等から，次のような規律を設けることにつき，引き続き検討する。

① 何人も，登記官に対し，手数料を納付して，自己を申請人とする登記に係る登記簿の附属書類の閲覧を請求することができる。

② 特定の不動産の登記簿の附属書類を利用する正当な理由がある者は，登記官に対し，手数料を納付して，当該附属書類のうち必要であると認められる部分に限り，閲覧を請求することができる。

（注）登記簿の附属書類のうち，不動産登記法第１２１条第１項に規定する政令で定める図面（土地所在図，地積測量図等）については，何人も閲覧の請求をすることができるとする現行法の規律を維持するものとする。

民法・不動産登記法（所有者不明土地関係）等の改正に関する中間試案

民法・不動産登記法（所有者不明土地関係）等の改正に関する中間試案の補足説明

この文書は，法制審議会民法・不動産登記法部会が令和元年１２月３日に決定した「民法・不動産登記法（所有者不明土地関係）等の改正に関する中間試案」の全文を掲載した上で，各項目ごとに詳細な説明を加える「（補足説明）」欄を付したものである。この「（補足説明）」欄は，いずれも同部会における審議の対象とされたものではなく，専ら事務当局（法務省民事局参事官室及び民事第二課）の文責において，中間試案の内容を理解していただく一助とする趣旨で記載したものである。

令和２年１月

法務省民事局参事官室・民事第二課

はじめに

　近年，土地の所有者が死亡しても相続登記がされないこと等を原因として，不動産登記簿により所有者が直ちに判明せず，又は判明しても連絡がつかない所有者不明土地が生じ，その土地の利用等が阻害されるなどの問題が生じている。

　政府においては，経済財政運営と改革の基本方針等の累次の政府方針で，民事基本法制の見直しに関しては，令和２年までに必要な制度改正の実現を目指すこととされている。

　このような社会経済情勢に鑑み，平成３１年２月，法制審議会第１８３回会議において，法務大臣から，相続等による所有者不明土地の発生を予防するための仕組みや，所有者不明土地を円滑かつ適正に利用するための仕組みを早急に整備する観点から，民法，不動産登記法等を改正することについて諮問がされ（第１０７号），その調査審議のため，民法・不動産登記法部会（部会長・山野目章夫早稲田大学大学院教授）が設置された。

　本部会では，平成３１年３月から調査審議を開始し，令和元年１２月３日の第１１回会議においては，「民法・不動産登記法（所有者不明土地関係）等の改正に関する中間試案」を取りまとめ，これを法務省において公表し，意見募集手続を行うこととされた。

　本部会では，今後，本試案に対して寄せられた意見を踏まえ，要綱案の取りまとめに向けて，引き続き審議を行うことが予定されている。

　なお，この補足説明は，本試案の内容の理解に資するため，本部会での審議状況を踏まえ，本試案の各項目について，その趣旨等を補足的に説明するものであり，事務当局である法務省民事局（参事官室及び民事第二課）の責任において作成したものである。

民法・不動産登記法（所有者不明土地関係）等の改正に関する中間試案の補足説明

第1部　民法等の見直しの目次

第2部　不動産登記法等の見直しの目次

63

民法・不動産登記法（所有者不明土地関係）等の改正に関する中間試案の補足説明

第1部　民法等の見直し

第1　共有制度
1　通常の共有における共有物の管理

（前注）第1の規律は，遺産共有（民法第898条の共有）を除く共有（民法第2編第3章第3節）に関するものである。

（補足説明）

　試案第1の1（前注）において，試案第1で提案する規律は，民法第898条の規定により共同相続人の共有に属するとされる相続財産に属する財産の共有（遺産共有）についてではなく，それ以外の共有（民法第2編第3章第3節）についてのものであることを注記している。

　なお，試案第1では，基本的に共有物全般に関わる規律について提案しており，必ずしも共有地や共有不動産に関する規律に限定しているものではない。

(1)　共有物の管理行為

　民法第252条の規律（共有物の管理に関する事項に関する規律）を次のように改める。

① 共有物の管理に関する事項を定めるときは，民法第251条の場合を除き，各共有者の持分の価格に従い，その過半数で決する。ただし，保存行為は，各共有者がすることができる。

② 共有物を使用する共有者（①本文の規律に基づき決定された共有物の管理に関する事項の定めに従って共有物を使用する共有者を除く。）がいる場合であっても，その者の同意を得ることなく，①本文の規律に基づき共有物の管理に関する事項を定めることができる。

③ ①本文の規律に基づき決定された共有物の管理に関する事項の定めを変更するときも，①本文と同様とする。ただし，その定めに従って共有物を使用する共有者がいる場合において，その定めが変更されることによってその共有者に特別の影響を及ぼすべきときは，その定めを変更することについてその共有者の承諾を得なければならない。

④ ①本文の規律に基づき共有物につき第三者に対して賃借権その他の使用又は収益を目的とする権利（以下「使用権」という。）を設定した場合には，次の各号に掲げる使用権は，それぞれ当該各号に定める期間を超えて存続することができない。契約でこれより長い期間を定めたときであっても，その期間は当該各号に定める期間とする。

　　a　樹木の植栽又は伐採を目的とする山林の使用権　　10年
　　b　aの使用権以外の土地の使用権　　5年

c　建物の使用権　３年

d　動産の使用権　６か月

（注１）共有物の「変更又は処分」をするには共有者全員の同意を要するものとし，「管理に関する事項」は持分の価格に従ってその過半数で決するものとするなどの民法の規律（民法第２５１条及び第２５２条）は，基本的に維持することを前提としている。

　　なお，講学上共有物の処分行為とされている行為について，共有者全員の同意を得なければすることができないことを明確にするため，共有物の変更（民法第２５１条）とは別に規定を設けることについては，その必要性を踏まえ，引き続き検討する。

（注２）②とは別に，共有物の管理に関する事項を定めることによって，共有者（共有物を使用する共有者）に特別の影響を及ぼすべきときは，その定めを決定することについてその共有者の承諾を得なければならないとの考え方がある。

（注３）④とは別に，次のような考え方もある。

　　①本文の規律に基づき共有物につき第三者に対して賃借権その他の使用又は収益を目的とする権利（以下「使用権」という。）を設定することができる。この場合において，次の各号に掲げる使用権につきそれぞれ当該各号に定める期間が経過したときは，共有者は，当該使用権の消滅を請求することができる。

　a　樹木の植栽又は伐採を目的とする山林の使用権　１０年

　b　aの使用権以外の土地の使用権　５年

　c　建物の使用権　３年

　d　動産の使用権　６か月

（注４）④及び（注３）に関し，借地借家法が適用される借地権の取扱いについては，①本文の規律に基づき設定することができるとの考え方と，①本文の規律では設定することができない（共有者全員の同意を得なければならない）との考え方がある。

　　また，①本文の規律に基づき借地権を設定することができるとの考え方をとる場合には，④（又は（注３））に従って所定の期間（樹木の植栽又は伐採を目的とする山林の使用権以外の使用権であれば，５年）を存続期間とするとの考え方をとることが考えられる。

（注５）物理的な変更を伴う場合であっても，一定のケース（例えば，共有物の改良を目的とし，かつ，著しく多額の費用を要しない行為）では，各共有者の持分の価格の過半数で決することができるものとすることについては，引き続き検討する。

（注６）共有者全員の合意により民法が定める共有に関する規律を変更することの可否については，その合意の第三者や共有者の特定承継人に対する効力（（注７）参照）と併せて引き続き検討する。

（注７）共有者間の合意が共有者の特定承継人に対しても効力を有することについては，民法第２５４条を改正して規律の内容を明確にすることも含めて引き続き検討する。

（注８）②及び③に関し，共有者が第三者に当該共有物を使用させている場合には，共有者が共有物を使用していると評価する。

（補足説明）

1　共有物の管理に関する規律を改める必要性について

(1) 民法は，共有者間の利害等を調整しながら，共有物の有効な利用・管理を実現するために，次の規律を設けている。

　㋐　共有物の「変更」をするには，共有者全員の同意を要する（民法第２５１条）。

　㋑　「保存行為」は，各共有者が単独ですることができる（民法第２５２条ただし書）。

　㋒　「変更」及び「保存行為」を除く「管理に関する事項」は，各共有者の持分の価格に従い，その過半数で決する（民法第２５２条本文）。

　そして，㋒の規律に従って決することができる定め（以下「共有物の利用方法の定め」という。）としては，例えば，次のものが考えられる。

　（例１）　　Ａ，Ｂ及びＣが各３分の１の持分で土地（更地）を共有している場合において，Ａのみが当該土地を駐車場として利用し，Ａは，Ｂ及びＣに対して利用料を支払うとの定め

　（例２）　　Ａ，Ｂ及びＣが各３分の１の持分で建物を共有している場合において，Ａのみが当該建物を住居として利用し，Ａは，Ｂ及びＣに対して利用料を支払うとの定め

　そのほか，次のものもあるが，この定めは，建物の建築により土地の形状を変更する合意（この合意は，共有者全員の同意が必要となる。）とその後の共有物の利用方法の定めに分けて考えることができる。

　（例３）　　Ａ，Ｂ及びＣが各３分の１の持分で土地（更地）を共有している場合において，Ａが土地上に自己が所有する建物を建築して，当該土地を利用し，Ａは，Ｂ及びＣに対して利用料を支払うとの定め

　上記のような民法上のルールは，基本的には妥当なものであると解されることから，試案第１の１(1)①及び（注１）において，共有物の「変更又は処分」をするには共有者全員の同意を要するものとし，「管理に関する事項」は持分の価格に従ってその過半数で決するものとするなどの民法の規律（民法第２５１条及び第２５２条）は，基本的に維持することとしている。

(2) もっとも，共有物の管理に関する規律を適用する場面をみると，問題となる行為が変更・処分に該当するのかについて実務上議論が分かれているため，実際の事案を処理するに当たっては，慎重を期して共有者全員の同意をとらざるを得ず，共有者の一部に反対する者がおり，又は共有者の一部に所在等が不明な者がいて全員の同意を得ることができない場合には，当該行為を実施することを断念せざるを得ないといった事態が生じている。また，現在の解釈では，一般的に変更・処分に該当すると解されているものであっても，その中には，共有者全員の同意を要求せず，持分の過半数で定めることとすべきかどうかを再点検すべきものもあると考えられる。

　そこで，中間試案は，試案第１の１(1)②から④までの行為について，不必要に共有者全員の同意を要求することで，問題となっている行為をすることができないことを回避するなどの観点から，共有者全員の同意が必要かについて解釈が分かれている行為の解釈の明確化や，共有者全員の同意が必要と解されて

3

いる行為の取扱いの見直しについて提案している。

2　共有物を事実上使用する共有者の同意の要否等（試案第１の１(1)②）について
　(1)　提案の趣旨
　　　現行法下では，特段の定めなく共有物を使用（占有）している共有者がある
　　場合に，本来は持分の価格の過半数で決することができる共有物の管理に関す
　　る事項の定め（共有物を実際に使用する者を定めるなど）をするにも，共有物
　　を現に使用する者の同意なくその利益を奪うことは相当でないことを理由に，
　　全ての共有者の同意を得なければすることができないとする見解が有力であ
　　る。
　　　しかし，共有者間の定めによって共有物を使用している共有者であれば格
　　別，共有者間の定めがないまま（事実上その使用が単に黙認されている場合を
　　含む。），共有物を使用する共有者を保護する必要性が高いとはいえない（な
　　お，遺産共有の場合に相続人の１人が遺産に属する財産を使用しているケース
　　については，試案第４の１(1)参照）。また，共有物の管理に関する事項の定め
　　は，持分の価格の過半数で決することができるはずであるにもかかわらず，そ
　　のような理由から，共有者全員の同意や，使用する共有者の同意がなければ定
　　めることができないとすると，利用方法が硬直化することになる。
　(2)　提案の内容
　　　試案第１の１(1)②においては，共有物を使用する共有者（試案第１の１(1)
　　①本文の規律に基づき決定された共有物の管理に関する事項の定めに従って共
　　有物を使用する共有者を除く。）がいる場合であっても，その者の同意を得る
　　ことなく，試案第１の１(1)①本文の規律に基づき共有物の管理に関する事項を
　　定めることができる規律を提案している（なお，以上に対しては，別の考え方
　　もある。試案第１の１(1)（注２）参照）。
　　　試案第１の１(1)②の考え方によれば，実際に共有物を使用している共有者の
　　同意を得ることなく，各共有持分の価格の過半数により，実際に共有物を使用
　　している共有者とは別の者が共有物を独占的に使用することを定めることもで
　　き，その定めにより独占的に使用することが認められた共有者は，従前共有物
　　を使用していた共有者に対し，引渡しを求めることができることになる。
　　　なお，最判昭和４１年５月１９日民集２０巻５号９４７頁は，共有物の持分
　　の価格が過半数を超える者であっても，共有物を単独で占有する他の共有者に
　　対し，当然には，その占有する共有物の引渡しを請求することができないとし
　　ている。この判例の解釈については様々な捉え方があり得るが，この判例は，
　　直接的には，特段の定めがないまま共有者が共有物を使用している場合に，共
　　有物の管理に関する事項を持分の価格の過半数で定めることの可否については
　　判断していないとの立場をとれば，上記の帰結は，この判例と矛盾していない
　　こととなる。もっとも，学説の中には，この判例は，特段の定めなく共有物を
　　使用する者がいる場合には，その者の同意なく，共有物の使用者を定めること
　　はできないことをも含意しているとする意見もある。
3　共有物の管理に関する事項の定めの変更（試案第１の１(1)③について）

(1) 提案の趣旨

　　現在の解釈では，共有物の利用方法の定めを変更するためには，共有者全員の同意を得なければならないと解する見解が有力であるが，これでは，その後に変更することができなくなることをおそれて，共有者が共有物の利用方法を定めることができないことになりかねない。共有物の円滑な利用を図る観点からは，利用方法を定めることだけでなく，その変更も持分の価格の過半数ですることができるものとすることが考えられる。

　　他方で，現在，この場面で共有者全員の同意を得なければならないと解釈されている理由は，共有物の利用方法の定めによって利益を受けている者の同意なくその利益を奪うことは相当でないことにあると考えられる。そのため，共有物の利用方法の定めを変更することも持分の価格の過半数ですることができることとした場合には，別途この者を保護する施策をとるべきかどうかが問題となる。例えば，上記補足説明１(1)(例２)のケースにおいて，その後にB及びCが，今後は，Bのみが当該建物を使用すると決定した場合のAの保護が問題となる。

　　そこで，試案第１の１(1)③では，共有物の円滑な利用と共有物の利用方法の定めによって利益を受けている者の保護を調整する観点から，共有物の管理に関する事項の定めの変更に係る規律を提案している。

(2) 提案の内容

　　前記(1)で述べたとおり，試案第１の１(1)①本文の規律に基づき決定された共有物の利用方法の定めを，その定めに従って使用している共有者の同意を得ることなく，試案第１の１(1)①本文の規律に基づき変更すると，その共有者が思わぬ不利益を被ることも考えられる（共有者間の共有物の利用方法の定めは，賃貸借契約ではないと解するのが一般的であり，借地借家法等の適用はないと解されている。）。

　　そこで，試案第１の１(1)③では，試案第１の１(1)①本文の規律に基づき決定された共有物の管理に関する事項の定めを変更するときも，試案第１の１(1)①本文の規律に基づき決定することができるとして，共有者の持分の過半数で決定することができる事項の定めを変更することについては，共有者全員の同意を要求しないこととするが その定めに従って共有物を使用する共有者がいる場合において，その定めが変更されることによってその共有者に特別の影響を及ぼすべきときは，その定めを変更することについてその共有者の承諾を得なければならないものとすることを提案している。この「特別の影響」とは，当該変更の必要性及び合理性とその変更によって共有物を使用する共有者に生ずる共有者の不利益とを比較して，共有物を使用する共有者が受忍すべき程度を超える不利益を受けると認められる場合を想定している。例えば，前記補足説明１(1)(例３)において，Aが建物を建築した後に，当該土地を使用する共有者をBに変更する場合には，Aに「特別の影響」を及ぼす場合に該当し得ると考えられる。

　　以上のうち特別の影響を及ぼすことになる共有者の同意を要するとする考え

方に対しては，共有物の使用につき争いがある場合には，共有物分割で対応すべきであり，引き続き共有物を使用したいと考える者は，共有物分割請求によって自己が共有物を取得すべきであるとの意見や，新たな規律を設けず，権利濫用等の一般法理を適用すべきとの意見も考えられる。

4　第三者に対する使用権の設定（試案第1の1(1)④について）
　(1)　提案の趣旨
　　　　共有物について，第三者に対する使用権（賃借権のほか，地上権や使用借権が考えられる。）を設定する行為としては，例えば，次のものがある。
　　　（例1）　　A，B及びCが各3分の1の持分で土地（更地）を共有している場合において，第三者Dに対して，目的を駐車場の利用とし，賃貸期間を5年として，当該土地を賃貸する行為
　　　（例2）　　A，B及びCが各3分の1の持分で土地（更地）を共有している場合において，第三者Dに対して，目的を駐車場の利用とし，賃貸期間を10年として，当該土地を賃貸する行為
　　　（例3）　　A，B及びCが各3分の1の持分で土地（更地）を共有している場合において，第三者Dに対して，目的を建物の所有として，当該土地を賃貸する行為
　　　　共有物について使用権を設定することについては，基本的には持分の価格の過半数で決することができると解されている（最判昭和39年1月23日集民71号275頁）。
　　　　しかし，使用権の存続期間が長期であると，共有者による目的物の使用，収益等が長期間にわたって制約されることになり，共有者が負う負担が大きくなる。そのため，下級審の裁判例（東京高判昭和50年9月29日判時805号67頁）の中には，目的物が共有物である場合において，賃貸期間が民法第602条所定の期間を超える賃貸借契約を締結するときは，共有者全員の同意を得なければならないものとするものがある（例2の賃貸借は，これに該当する。）。
　　　　そこで，どのような利用権の設定行為であれば持分の価格の過半数で決することができるのかを明らかにすることは，円滑な土地の利用を図るに当たって重要であると思われることから，試案第1の1(1)④において，使用権に関する規律を設けることを提案している。
　(2)　提案の内容
　　　　上記裁判例を踏まえ，試案第1の1(1)④第1文において，共有物につき第三者に対して賃借権その他の使用を目的とする権利を設定することはできるが，存続期間が民法第602条各号の定める期間を超える権利を超えることはできないとすることを提案している。
　　　　また，試案第1の1(1)④第2文において，民法第602条（平成29年法律第44号による改正後のもの。以下，民法を引用する際には，特に断らない限り，平成29年法律第44号による改正後のものを掲げる。）を参考に，契約でこれより長い期間を定めたときであっても，その使用権は当然に無効ではな

く，その存続期間が一定の期間に限られるものとすることを明確にしている
（なお，以上に対しては，別の考え方もある。試案第1の1(1)（注3）参
照）。

　なお，これに対しては，部会において，共有物の機能に変更を生じない使用
権の設定については，特に期間の制限を設ける必要はないとの意見もあった
が，期間が長期にわたり，使用権に共有者が長期間拘束されることとなるもの
については，処分と同視せざるを得ないと考えられる。もっとも，共有物であ
る不動産が第三者に賃貸することを前提として購入されたり，建築されたりし
たものである場合には，共有者全員の間で当該共有物を第三者に使用させるこ
とについて明示又は黙示に合意がされているケースが多いと思われる。

5　共有物の変更又は処分に関する規律（試案第1の1(1)（注1））について

　前記補足説明1のとおり，共有に関する民法上の規律は，基本的には妥当なも
のであると解されることから，試案第1の1(1)（注1）において，共有物の「変
更又は処分」をするには共有者全員の同意を要するものとし，「管理に関する事
項」は持分の価格に従ってその過半数で決するものとするなどの民法の規律（民
法第251条及び第252条）は，基本的には維持することを前提とする旨を注
記している。

　また，現行法上，共有物自体の処分（売買，抵当権の設定，質権の設定等）に
ついては，持分を処分することができるのは共有者本人に限られるため，特段の
規律がなくても，全共有者の同意が当然に必要であると解する説が有力である
が，これを明確にする規定を設けることについては，その必要性を踏まえて引き
続き検討することを試案第1の1(1)（注1）において注記している。

6　共有物の利用者の同意の要否（試案第1の1(1)②の別案（注2））について

　前記補足説明2(2)のとおり，試案第1の1(1)②の考え方によれば，実際に共
有物を使用している者の同意を得ることなく，各共有持分の価格の過半数によ
り，実際に共有物を使用している者とは別の者が共有物を独占的に使用すること
を定めることができ，その定めにより独占的に使用することが認められた共有者
は，従前共有物を使用していた者に対し，引渡しを求めることができることにな
る。これは事案によっては従前の利用者に酷であり，試案第1の1(1)①本文の規
律に基づき共有物の管理に関する事項を定めるといっても，そこには限界を設け
るべきとの考えもあり得る。そこで，試案第1の1(1)（注2）では，共有者（又
は共有物を利用する共有者）に特別の影響を及ぼすべきときは，その定めを変更
することについてその共有者の承諾を得なければならないとの規定を設けるべき
との見解を注記している。

　もっとも，このような考え方には，共有物を利用する者に配慮することについ
ては，結局，他の共有者に無断で共有物の利用を開始した者が保護されることに
なり，妥当ではないとも考えられる。また，共有物が物理的に一個である以上，
その実際の利用方法に偏り等が生じることはやむを得ず，利用することができな
くなる共有者の不利益は利用料相当額を支払うなどの方法で解決すべきであると
の考え方や，共有物の利用につき争いがある場合には，共有物分割で対応すべき

であり，引き続き共有物を利用したいと考える共有者は，共有物分割請求によって自己が共有物を取得すべきであるとの考え方，規定を設けず，権利濫用等の一般法理を適用すべきとの考え方も考えられる。

7　第三者に対する使用権の設定（試案第1の1(1)④の別案（注3））について

　試案第1の1(1)④の考え方は，一定の期間が経過すれば，当然に使用権が消滅するとするものであるが，これとは別に，試案第1の1(1)①本文の規律に基づき第三者に対して使用権を設定した場合には，存続期間は，基本的に契約等に従うが，共有者は，一定の期間が経過すれば，その消滅を請求することができるとすることも考えられるので，試案第1の1(1)（注3）では，その旨を注記している。

　この考え方を前提とすれば，持分の過半数により存続期間が民法第602条各号の定める期間を超える権利を設定した場合に，同意をしなかった共有者が，同期間を経過しても共有物の利用等に関心がないなどの理由により異論を述べなかったときは，同権利は民法第602条各号の定める期間を超えて存続することになる。

8　使用権の設定と借地借家法との関係（試案第1の1(1)（注4））について

　使用権の設定に関する規律（試案第1の1(1)④及び（注3））に関して，建物の所有を目的とする借地権（借地借家法第2条に規定する借地権。前記補足説明4における例3の賃貸借は，これに該当する。）との関係が問題となるため，試案第1の1(1)（注4）において注記している。以下のとおり，試案第1の1(1)①本文の規律に基づき借地権を設定することができるとの考え方と，試案第1の1(1)①本文の規律では設定することができない（共有者全員の同意を得なければならない）との考え方とがある。

　まず，試案第1の1(1)①本文の規律では借地権を設定することができないとの考え方は，借地借家法が適用される借地権については，借地権の存続期間は，原則として30年とされる（同法第3条）ところ，仮に存続期間を試案第1の1(1)④に従った所定の期間に制限したとしても，正当の事由があると認められる場合でなければ契約の更新についての異議を述べることができないため（同法第6条），事実上長期間にわたって継続する蓋然性があり，共有者に与える影響が大きいことから，共有者全員の同意がない限り，借地権を設定することができないとするものである。

　これに対しては，共有不動産の円滑な活用を図るため，持分の価格の過半数によって借地借家法の適用のある借地権の設定契約をしたとしても，共有者全員の同意がないことを理由に当該借地権が当然に無効となるのではなく，試案第1の1(1)④に従った所定の期間（樹木の植栽又は伐採を目的とする山林の使用権以外の使用権であれば，5年）を超えない範囲で有効に存続するという考え方もある。なお，試案第1の1(1)（注3）の規律を前提とする場合には，当該所定の期間を経過すれば，権利の設定に同意をしていない共有者は，権利の消滅を請求することができるものとすることが考えられる。

9　各共有持分の価格の過半数で決すべき他の事項（試案第1の1(1)（注5））につ

いて

　　試案第1の1(1)に挙げたもののほか，現在は共有者全員の同意を得る必要があると解されているが，各共有持分の価格の過半数で決するとすべき事項について検討することが考えられる。例えば，共有物の物理的な変更を伴う行為については，基本的には共有者全員の同意を得なければならないが，物理的な変更を伴う場合であっても，一定のケース（例えば，共有物の改良を目的とし，かつ，著しく多額の費用を要しない行為）では，各共有者の持分の価格の過半数で決することができるものとしても，共有者に与える影響は小さいため，問題がないと考えることもできるのではないかと考えられるため，これを試案第1の1(1)（注5）において注記している。

10　共有者全員の合意と承継（試案第1の1(1)（注6））について

　　現行法上，共有者全員の合意により，共有物の管理行為に関する民法のルールと異なる定めをすることができるかについては必ずしも明らかではない。

　　例えば，共有者全員の合意により，共有物の変更について共有持分の価格の過半数で決することができるとしたり，共有持分の価格の過半数で決することができる事項について共有者全員の同意がなければ定めることができないものとしたりすることの可否が問題となる。

　　確かに，合意をした共有者間では，その合意の効力を認めても差し支えないと考えられるが，その合意の効力を第三者との関係でも認めることは，取引の安全の観点から慎重な検討を要する。また，共有者の特定承継人に対して効力を認めると，その特定承継人が思わぬ不利益を被るとも考えられる。

　　そこで，試案第1の1(1)（注6）では，共有者全員の合意により民法が定める共有に関する規律を変更することの可否については，その合意の第三者や共有者の特定承継人に対する効力（試案第1の1(1)（注7）参照）と併せて引き続き検討することを注記している。

11　共有者間の合意と特定承継人に対する効力（試案第1の1(1)（注7））について

　　判例は，民法第254条の解釈として，共有者間の合意は「他の共有者に対して有する債権」に当たるとして，特定承継人にも効力を有するものと判断しているといわれているが（最判昭和34年11月26日民集13巻12号1550頁参照），試案第1の1(1)（注7）では，共有者間の合意が共有者の特定承継人に効力を有することについて，民法第254条を改正してそのルールの内容を明確にすることも含めて引き続き検討することを注記している。

12　共有者が第三者に共有物を利用させている場合の規律（試案第1の1(1)（注8））について

　　試案第1の1(1)②及び③に関して，試案第1の1(1)（注8）において，共有者が，第三者に当該共有物を利用させている場合には，共有者が共有物を利用していると評価する旨を注記している。

　　なお，試案第1の1(1)①本文の規律に基づき第三者に使用権を設定している場合において，仮に試案第1の1(1)③本文の規律に基づき当該第三者以外の者に共有物を使用させる旨の管理に関する事項の定めの変更をしたとしても，当該使用

9

権を消滅させるためには，別途使用権の設定契約の解除等を有効に行う必要があると考えられる。

(2) 共有物の管理に関する手続

共有物の管理に関する事項の定め等につき各共有持分の過半数で決する際の手続を明確にすることについて，共有者に対する意思表明の機会の保障や共有者の負担等を踏まえ，引き続き検討する。

（補足説明）

1 持分の価格に従ってその過半数で決することの意味について，学説の中には，過半数を有する共有者の意思に合致しているだけでは足りず，共有者全員での協議（話合い）を経ることを要するとの考え方がある。もっとも，この考え方を前提とすると，過半数を有する共有者の意思が合致していても，他の共有者の中に所在等が不明である者がいる場合には共有物の利用方法を定めることなどができなくなり，妥当ではないと考えられる。

2 また，部会においては，共有物の管理に関する事項を持分の価格に従ってその過半数で決する際には，共有者に対する意思表明の機会を保障することにも配慮すべきであるとの意見があった。

確かに，共有者の意思表明の機会を保障することは望ましく，例えば，共有者の持分の価格の過半数を有する者の間で共有物の利用方法の定めを決定する際には，他の共有者に対してそのことを知らせるべく通知等をすべきとも思われる。

もっとも，他の共有者の所在等を知っている場合には通知等をするにしてもそれほど負担は生じないと考えられるが，他の共有者の所在等が知れない場合には，その通知等をするために，所在を探索する（共有者が死亡している場合には，相続人の範囲や所在を探索する）必要があり，決定をした共有者にとっての負担は小さくなく，相当長期の時間を要することにもなる。さらに，通知等を事前にすることを共有物の管理に関する事項等を定めるための要件とすると，その負担は極めて大きくなる。

そうすると，通知等をするとしても，その対象を絞ること（所在等が知れたる共有者に限るなど）や，通知等のルールを訓示的なものとすること（共有物の管理に関する事項等の定めをするための要件としない）などが考えられるが，そもそも，意思表明の機会を保障しつつ，その負担を軽減する規定を適切に置くことは難しいとも考えられる。また，合意に参加していない共有者の利益は，試案第1の1(1)③のように一度決した定めを変更するルールを合理化することによって対応することも考えられる。

3 以上のとおり検討すべき事柄は多いが，試案第1の1(2)では，共有物の管理に関する事項の定め等につき各共有持分の過半数で決する際の手続を明確にすることについて，共有者に対する意思表明の機会の保障や共有者の負担等を踏まえ，引き続き検討することとしている。

(3) 共有物の管理に関する行為についての同意取得の方法

　　共有物の管理に関する行為（共有者が共有持分を喪失する行為は含まない。①及び②において同じ。）についての同意取得の方法に関し，次のような規律を設ける。

　① 共有者は，他の共有者に対し，相当の期間を定めて，その期間内に共有物の管理に関する行為について同意するかどうかを確答すべき旨の催告をすることができる。

　② 共有者は，他の共有者を知ることができず，又はその所在を知ることができないときは，一定の期間を定めて，他の共有者に対してその期間内に共有物の管理に関する行為について同意するかどうかを確答すべき旨の公告をすることができる。

　③ 変更又は処分（共有者が共有持分を喪失する行為は含まない。）につき①の催告又は②の公告がされた場合において，他の共有者が，その期間内に催告又は公告をした共有者に対して確答をしないときは，催告又は公告をした共有者は，確答をしない共有者以外の共有者全員の同意を得て，当該変更又は処分をすることができる。

　④ 変更又は処分以外の管理に関する事項につき①の催告又は②の公告がされた場合において，他の共有者が，その期間内に催告又は公告をした共有者に対して確答をしないときは，当該管理に関する事項については，確答をしない共有者の持分以外の持分の価格に従ってその過半数で決することができる。

（注１）「共有物の管理に関する行為」には，共有物の変更行為及び処分行為（民法第２５１条参照）並びに管理行為（同法第２５２条本文参照）のいずれもが含まれる。ただし，本文のとおり，共有者が共有持分を喪失する行為には，①から④までの規律は適用しない。

（注２）②の「他の共有者を知ることができず，又はその所在を知ることができないとき」が認められるためには，必要な調査を尽くしても，共有者の氏名又は名称やその所在を知ることができないときをいう。また，共有者が法人である場合には，その本店及び主たる事務所が判明せず，かつ，代表者が存在しない又はその所在を知ることができないときに，「共有者の所在を知ることができない」ときに該当することを想定している。

（注３）法的構成については，①から④までの要件を充たせば当然に効果が生ずるとの案と，①から④までの要件を充たした上で，裁判所が③の確答をしない共有者以外の共有者全員の同意を得て当該変更又は処分をすることができる旨の決定，又は④の確答をしない共有者の持分以外の持分の価格に従ってその過半数で決することができる旨の決定をしなければその旨の効果が生じないとの案がある。

　　なお，①から④までの要件を充たせば当然に効果が生ずるとする案をとる場合において，紛争を防止する観点から，①から④までの要件を充たしたことを公的機関が証明する制度を設けることの是非については，引き続き検討する。

11

（補足説明）
1　提案の趣旨
　(1) 現行民法は，共有物の管理に関する行為をするには，共有者全員の同意を要するものとし，又は共有持分の過半数の同意で決するものとするなどとしているが，その同意を取得する方法については特に定めを置いていない。

　　　そのため，共有物の管理に無関心な共有者が賛否を明らかにしない場合や，共有者の氏名や名称又はその所在を知ることができない場合には，当該共有者の同意を得ることができず，共有物の変更・処分をすることができない。また，これらの場合には，賛否を明らかにしている者の共有持分のうち過半数の持分を有する者らが同意をしていても，賛否を明らかにしない者も含めて全共有持分のうち過半数の持分を有する者らが同意をしていない限り，共有物の管理に関する事項を定めることができない。

　　　このように，実際に共有物を利用している共有者が，共有物の変更・処分をしようとし，又は共有物の管理に関する事項を定めようとしても，これらをすることができず，共有物の利用等に支障が生ずることがある。

　(2) 他方で，催告を受けながら，その賛否を明らかにしない共有者は，一般的には，当該共有物の管理に関する行為の当否の判断を他の共有者の判断に委ねていると評価することも可能であると考えられる。また，所在が不明であるため賛否を問うことができない共有者については，一般的に，当該共有物を利用しておらず，その利用行為の当否については，利害や関心等がないと考えられるため，当該行為の当否の判断を他の共有者の判断に委ねることとしても，その共有者の合理的な意思に直ちに反することもないと考えられる。

　(3) そのため，催告をしても共有者が賛否を明らかにしない場合や所在が不明であるため共有者に賛否を問うことができない場合に，共有物の利用が阻害されることを防止する観点から，共有者に意見を述べる機会を保障しながら，変更・処分や管理行為をすることができる仕組みを設けることが考えられる。

2　提案の内容について
　　試案第1の1(3)では，催告（①）や一定の要件の下での公告（②）がされても，これらを受けた共有者が確答をしなかった場合には，その共有者以外の共有者により変更・処分（共有者が共有持分を喪失する行為は含まない。③）や管理行為（④）をすることができる仕組みの創設を提案している。

3　対象となる行為（試案第1の1（注1））について
　(1) 試案第1の1(3)（注1）は，提案の対象となる行為を明確にするため，「共有物の管理に関する行為」には，共有物の変更行為及び処分行為（民法第251条参照）並びに管理行為（同法第252条本文参照）のいずれもが含まれるが，共有持分を喪失する行為には，第1の1(3)①から④までの規律は適用しないことを明記している。

　(2) 共有持分を喪失する行為を除外しているのは，共有持分の対価の支払を確保しないまま，共有持分を喪失させることを認めるのは，妥当ではないためである。ここでいう，共有持分を喪失する行為には，売買契約や贈与契約のほか，

抵当権設定契約など，権利の実行により最終的に共有持分を喪失する可能性が
ある担保権の設定契約も含まれる。

　なお，部会においては，共有持分を喪失する行為以外の行為であっても，使
用期間が長期となる使用権の設定行為は，共有者に与える影響が大きいため，
対象となる行為から除外すべきではないかの指摘もあった。

4　「他の共有者を知ることができず，又はその所在を知ることができないとき」
　（試案第1の1(3)（注2））について

　試案第1の1(3)（注2）では，②の公告の要件である「他の共有者を知ること
ができず，又はその所在を知ることができないとき」の内容について説明してい
る。

　公告がされ，確答がないときは，確答をしない共有者以外の共有者全員の同意
を得て変更又は処分をすることができるとし，又は確答をしない共有者の持分以
外の持分の価格に従ってその過半数で決することができるとする効果を正当化す
るためにも，この要件は，公的な記録を確認するなど必要な調査を尽くしてもな
お他の共有者を知ることができず，又はその所在を知ることができない場合にの
み認められると考えられる。

　また，共有者が法人である場合には，具体的にどのような場合にその所在を知
ることができないといえるかを明確にしている。すなわち，所有者が法人である
場合には，その本店や主たる事務所を知ることができ，また，代表者の所在等を
知ることができるのであれば，本店や主たる事務所，代表者に宛てて催告をすべ
きであるため，共有者が法人である場合には，その本店及び主たる事務所が判明
せず，かつ，代表者が存在しない又はその所在を知ることができないときに，
「共有者の所在を知ることができない」ときに該当すると考えられる。

5　法的構成（試案第1の1(3)（注3））について

　試案第1の1(3)（注3）では，法的構成について取り上げている。法的構成に
ついては，大別して二つの考え方がある。

(1) 第1に，①から④までの要件を充たせば当然に効果が生ずるとの案がある。
　例えば，共有者が，他の共有者に対し，相当の期間を定めて，その期間内に変
更又は処分以外の共有物の管理に関する行為について同意するかどうかを確答
すべき旨の催告をし，確答がない場合において，確答をしない共有者以外の共
有者の持分以外の持分の価格に従い，その過半数の同意があれば，その行為を
有効にすることができる。

　この案では，①から④までの要件について裁判所の判断を得なくとも，法的
効果が生ずる。裁判所は，事後に紛争が生じた場合においては，訴訟の中で①
から④までの要件が認められるか否かを判断することになる。

　また，この案をとる場合において，紛争を防止する観点から，訴訟とは別
に，①から④までの要件を充たしたことを公的機関が証明する制度を設けるこ
とも考えられるため，その旨を注記している。

(2) 第2に，③又は④の効果を発生させるためには，裁判所が③の確答をしない
共有者以外の共有者全員の同意を得て当該変更又は処分をすることができる旨

の決定，又は④の確答をしない共有者の持分以外の持分の価格に従ってその過半数で決することができる旨の決定を要するとの案がある。この案では，裁判所は，個別の事案に応じて，①から④までの要件を充足しているのかを確認した上で，効果の発生を認めることの是非について判断することとなる。この案をとった場合の具体的な手続については今後検討することとなるが，例えば，他の共有者の所在を知ることができないとして共有者から共有物の管理に関する行為についての申立てを受けた裁判所は，一定の期間を定めて，その行為について同意するかどうかを確答すべき旨の公告をし，確答がない場合には，その是非の判断をした上で，確答をしない共有者の持分以外の持分の価格に従ってその過半数で決することができる旨の決定（④）をすることになる。なお，この案では，裁判所の手続は，非訟事件として構成される。

(3) 両者の違いは，第1の案では，要件を充足していれば当然に効果が生ずるのに対し，後者の案では，裁判所が，法的効果を認めることの是非も含めて判断をしなければ効果が生じないことと，その効果の発生を証明する文書として裁判所の決定書を用いることができることにある。

　例えば，この制度を利用し，確答をしない共有者の持分以外の持分の価格に従ってその過半数で決して，共有者が，第三者との間で取引（共有物を短期間賃貸するなど）をする場合には，第三者から，その要件を充足していることの証明を求められることが予想されるが，後者の案では，裁判所の決定書によって証明をすることになる。

　なお，第1の案でも，紛争を防止する観点から，①から④までの要件を充たしたことを公的機関が証明する制度を設けることも考えられることは，前記のとおりである。

(4) 共有物を使用する共有者と他の共有者の関係等
　　共有物を使用する共有者と他の共有者の関係等に関し，次のような規律を設ける。
　① 共有物を使用する共有者（(1)の規律に基づき決せられた共有物の管理に関する事項についての定めに従って共有物を使用する共有者を含む。②においても同じ。）は，その使用によって使用が妨げられた他の共有者に対し，共有持分の価格の割合に応じて，その使用の対価を償還する義務を負う。
　② 共有物を使用する共有者は，善良な管理者の注意をもって，共有物を保存しなければならない。共有者は，自己の責めに帰すべき事由によって共有物を滅失し，又は損傷したときは，他の共有者に対し，共有持分の価格の割合に応じて，その損害の賠償をする義務を負う。

（補足説明）
1　提案の趣旨
　　現行法上，共有物を使用する者が他の共有者に対してどのような義務を負うか

についての具体的規律は設けられておらず，その内容は必ずしも明らかではない。

　しかし，共有物の円滑な利用の観点からは，共有物を使用する者と他の共有者の関係（共有者間において共有物の利用方法の定めを決定した場合を含む。）に係る規律を明確化することが望ましいと考えられる。

　そこで，試案第1の1(4)において，共有物を使用する者と他の共有者の関係について，①共有物を使用する対価に関する規律，②共有物の滅失・損傷等に関する規律（管理に関する義務の規律）を設けることを提案している。

2　提案の内容

(1) 使用の対価（試案第1の1(4)①）について

　現行法上，特段の定めなく共有物を使用する共有者は，他の共有者に対して賃料相当額の不当利得返還義務又は損害賠償義務を負うと考えられているものの（最判平成12年4月7日集民198号1頁参照），共有物の利用方法の定めを決定した場合にもこの規律が適用されるかについては必ずしも明らかではない。

　共有者は，その持分に応じて共有物を使用することができる（民法第249条）が，その具体的な意味としては，⑦共有物を実際に使用することと，④共有物を実際に使用しないとしても，収益を得ることが考えられる。

　共有物は一個であり，実際に複数の共有者が同時に利用することができないことがあるが，収益権については，そのような問題はなく，共有者の一人が共有物を使用するとしても，その共有者は，その使用によって使用が妨げられた他の共有者の持分との関係では，無償で使用する権利はないと考えられる（悪意の占有者は，果実を返還する義務等を負うとする民法第190条参照）。

　また，試案第1の1(1)で提案している共有物の管理に関する事項に関する規律は，共有物の実際の使用についてのものであり，この規律をもって共有物を実際に使用する者以外の共有者の収益権を否定することはできない（共有持分の価格の過半数によって，他の共有者の収益権自体を否定することはできない）と解される。

　そこで，試案第1の1(4)①において，共有物を使用する共有者は，その使用によって使用が妨げられた他の共有者に対し，共有持分の価格の割合に応じて，その使用の対価を償還する義務を負うこととすることを提案している。

　例えば，A，B及びCが共有する不動産につき，持分の価格の過半数による特段の定めがない場合に，自己の判断で，Aが単独で不動産を利用しているときには，AがB及びCに対してその使用料相当額を支払うことになる。また，A，B及びCが共有する不動産につき，A及びBが，無償でDに使用させるとの定めをした場合には，A及びBが当該共有物を利用していることと実質的には同じであり，A及びBが利用料相当額をCに支払うことになると解される。

　なお，試案第1の1(4)①の規律を設けたとしても，共有者間で無償使用の合意をすることは妨げられないと解される。

(2) 共有物の滅失・損傷等（試案第1の1(4)②）について

共有物を使用している共有者は，他の共有者の持分との関係では，他人の物を管理しているのであり，善良な管理者の注意をもって共有物を保存する必要があると解される。そこで，試案第1の1(4)②第1文において，共有物を使用している共有者は善良な管理者の注意をもって，共有物を保存する義務を負う規律を設けることを提案している。

　また，共有者が，誤って共有物を滅損させた場合には，他の共有者の持分との関係では，他人の物を滅損させたのと同じであると考えられ，その損害の賠償をする必要があると解される（所有の意思のない占有者は，占有物を滅失し，損傷したときは，その損害の賠償義務を負うものとする民法第191条参照）。そこで，試案第1の1(4)②第2文において，共有者は，自己の責めに帰すべき事由によって共有物を滅失し，又は損傷したときは，他の共有者に対し，共有持分の価格の割合に応じて，その損害の賠償をする義務を負う規律を設けることを提案している。

(5) 共有者が選任する管理者
　共有者が選任する管理者に関し，次のような規律を設ける。

　ア　選任の要件等
　①　共有者は，共有物の管理者を選任することができる。
　②　①の管理者の選任は，各共有者の持分の価格に従い，その過半数で決するものとする。この選任については，共有物の管理に関する行為についての同意取得の方法と同様の制度を設ける。

　イ　管理者の職務等
　　管理者は，共有者が共有物の管理に関する事項についての定めをした場合には，その定めに従い，職務を行うものとする。
　（注1）共有物の管理に関する事項についての定めがない場合には，管理者が自己の判断で共有物の管理に関する事項を定めることができる。
　（注2）管理者を選任する際に共有者が共有物の管理に関する事項についての定めをする場合には，共有物の管理に関する事項についての通常のルール（民法第251条・第252条，第1の1参照）に従う。

　ウ　管理者の権限等
　①　管理者は，総共有者のために，共有物の管理に関する行為をすることができる。
　②　管理者が共有物の変更又は処分をするには，①の規律にかかわらず，共有者全員の同意を得なければならない。この同意（共有者が共有持分を喪失する行為についての同意を除く。）については，共有物の管理に関する行為についての同意取得の方法と同様の制度を設ける。
　（注）共有者の持分の価格の過半数の決定で，①の管理者の権限を制限することができるものとすることについても，引き続き検討する。

　エ　管理者の解任
　　管理者の解任は，各共有者の持分の価格に従い，その過半数で決する。

（注）裁判所に対する解任請求権を認めるかについては，共有物の管理に関する事項
　　　を決することにつき裁判所が関与しないことを踏まえ，慎重に検討する。
　オ　委任に関する規定の準用等
　　①　アからエまでのほか，管理者の権利義務は，委任に関する規定（善管
　　　注意義務を定める民法第６４４条など）に従う。
　　②　管理者は，共有者のために，誠実かつ公平にその権限を行使しなけれ
　　　ばならない。
（後注１）管理者の資格に関しては，共有者に限らず，第三者を選任することも認める。
（後注２）管理者の任期については，法律で一律に定めるのではなく，選任等の際の共有者
　　の判断に委ねる。
（後注３）管理者を置くことができる共有物については，不動産に限定しない方向で引き続
　　き検討する。また，準共有の対象財産権についても，引き続き検討する。
（後注４）共有物が不動産である場合に，管理者の選任を証明する方法については，登記事
　　項とすることも含めて引き続き検討する。
（後注５）訴訟の追行については，共有者全員の同意を得なければすることができないもの
　　とすることについて，引き続き検討する。

（補足説明）
1　提案の趣旨
　　現行民法においても，共有物の管理を委ねるために，共有者において管理者を
　選任することができると解される。もっとも，共有者全員の同意を得なければ管
　理者を選任することができないのか，それとも，持分の価格の過半数で決するこ
　とができるのかは判然とせず，管理者の権限や義務等に関する具体的な規律も明
　確ではない。
　　管理に関する事項の決定は，基本的に，共有者の持分の価格の過半数で決する
　ことになるため，その決定が必要となる度に，持分の価格の過半数に達するま
　で，共有者の承諾を得なければならないが，共有者が多数にわたったり，共有者
　間の関係が希薄であったり，持分の価格の過半数を有する共有者が共有物の管理
　について無関心であったりして，承諾を得ることが容易でない場合もあると考え
　られる。
　　そこで，共有物の円滑な管理を図るため，予め管理者を選任し，その管理を管
　理者に委ねることができるように規律の内容を整理し，明確にする必要がある。
　　そこで，試案の第１の１(5)では，共有者において管理者を選任する際の規律の
　内容について提案をしている。
2　選任の要件等（試案の第１の１(5)ア）について
　　試案第１の１(5)アは，管理者の選任の要件等について提案している。
(1)　試案第１の１(5)ア①では，共有者は，共有物の管理者を選任することができ
　るとし，管理者の選任は，共有者の任意の判断に委ねることとしている。
　　管理者の選任については，共有物と関わり合いを持つ第三者の便宜等に鑑
　み，選任を義務付けることも考えられる（例えば，船舶が共有である場合に

は，船舶管理人を選任しなければならないとされている。商法第６９７条参照）が，共有者に負担を強いることになるなどの理由から反対意見が多く，試案ではそのような考え方は採用されていない。

(2) 試案第１の１(5)ア②前段では，管理者の選任は，各共有者の持分の価格に従い，その過半数で決することとしている。

現行民法の解釈としては，管理者の選任には共有者全員の同意を得なければならないとの見解もあるが，この見解に従うと，一部の共有者が所在不明である場合などには，管理者を選任することができなくなる。また，管理者の権限を原則として共有者の持分の価格の過半数で決することができる事項に限るのであれば，共有者の持分の価格の過半数で管理者を選任することができるとしても，特段不都合はないと考えられる。

(3) また，試案第１の１(5)ア②後段では，管理者の選任については，共有物の管理に関する行為についての同意取得の方法と同様の制度を設けることとしている。

管理に無関心な者が賛否を明らかにしない場合や共有者の氏名等や所在を知ることができない場合に，管理者の選任が阻害されることを防止するためである。

3 管理者の職務等（試案の第１の１(5)イ）について

(1) 試案第１の１(5)イでは，管理者は，共有者が共有物の管理に関する事項についての定めをした場合には，その定めに従い，職務を行うものとすることとしている。

共有者は，共有物の管理に関する事項につき，変更又は処分を含むものは共有者全員の同意により，その余のものは各共有者の持分の価格の過半数により定めることができるのであり，例えば，共有物が土地である場合に，共有者がその土地を第三者に賃貸することを定めたり，駐車場や私道として利用することを定めたりした場合には，管理者は，その定めに従って当該土地を管理すべきであり，その定めに反することは許されないと考えられる。

(2) 試案第１の１(5)イ（注１）では，共有物の管理に関する事項についての定めがない場合には，管理者が自己の判断で共有物の管理に関する事項を定めることができることとしている。

管理者は，共有者が定めをした場合には，その定めに従わなければならないが，共有者が管理者を選任する際に，特段の定めをしていない場合には，共有者はその管理を管理者の判断に委ねていると考えられるのであり，管理者は，共有者の意見を聞くなどしながら，自己の判断で，共有物を適宜管理することになる。

(3) 試案第１の１(5)イ（注２）では，管理者を選任する際に共有者が共有物の管理に関する事項についての定めをする場合には，共有物の管理に関する事項についての通常のルール（民法第２５１条・第２５２条，第１の１参照）に従うことを明記している。共有物の管理に関する事項についての定めのうち変更又は処分を含むものは共有者全員の同意により，その余のものは各共有者の持分

18

の価格の過半数により決することとなる。

4 管理者の権限等（試案第１の１(5)ウ）について

(1) 試案第１の１(5)ウ①では，管理者は，総共有者のために，共有物の管理に関する行為をすることができることとしている。

　　ここでいう，「総共有者のために，共有物の管理に関する行為をすることができる」とは，管理者が，共有物の管理に関する行為をした場合には，その行為は，共有者全員との関係でも有効となることを意味する。例えば，管理者が，第三者に対して，共有持分の価格の過半数で決することができる使用権の設定をした場合には，その使用権の設定は，共有者全員との関係でも有効となり，共有者は，第三者が使用権を有することを否定することができない。

(2) 試案第１の１(5)ウ②前段では，管理者は，管理者が共有物の変更又は処分をするには，試案の第１の１(5)ウ①の規律にかかわらず，共有者全員の同意を得なければならないこととしている。

　　そのため，管理者が共有物を第三者に売却し，又は長期にわたって賃貸するためには，共有者全員の同意を得なければならないこととなる。

(3) また，試案第１の１(5)ウ②後段では，この同意（共有者が共有持分を喪失する行為についての同意を除く。）については，共有物の管理に関する行為についての同意取得の方法と同様の制度を設けることとしている。

　　そのため，管理者が共有物の形状に変更を加えたり，共有物全体を第三者に長期にわたって賃貸したりする際に，共有物の管理に関する行為についての同意取得の方法と同様の制度を利用することができる。他方で，共有者が共有持分を喪失する行為についての同意は除外されているので，管理者が共有物を第三者に売却したり，抵当権を設定したりする際に，この制度を利用することはできない。

(4) 試案の第１の１(5)ウ（注）では，管理者の権限の制限に関し，共有者の持分の価格の過半数の決定で，①の管理者の権限を制限することができるものとすることについて，引き続き検討することとしている。

　　共有物の管理に関する事項については，共有者の持分の価格の過半数により決することができることからすると，試案第１の１(5)ウ①のとおり管理者が共有物の管理に関する行為をすることができるとしても，共有者の持分の価格の過半数による決定があれば，管理者の権限を制限することができるとすることが考えられる。

　　もっとも，試案第１の１(5)イのとおり，管理者は，共有者が共有物の管理に関する事項についての定めをした場合には，その定めに従い，職務を行うものとするのであれば，そのことによって，共有者の意見等が反映されるのであり，権限自体を制限する規律を設けないこととする（定めに従わずにした行為は，権限濫用の問題として処理する。民法第１０７条参照）ことが考えられる。

5 管理者の解任（試案の第１の１(5)エ）について

(1) 試案第１の１(5)エでは，管理者の解任は，各共有者の持分の価格に従い，そ

19

の過半数で決することとしている。

　　管理者の選任については，各共有者の持分の価格に従い，その過半数で決することとしているため，その解任についても，同様に，各共有者の持分の価格に従い，その過半数で決することとしている。

(2) 試案第1の1(5)エ（注）では，裁判所に対する解任請求権を認めることについては，慎重に検討することとしている。

　　例えば，管理者が不当な行為をしているが，持分の過半数を持つ共有者が当該管理者を解任しない場合に，裁判所に対する解任請求権を認めるべきであるとの意見もあり得る。もっとも，持分の過半数を持つ共有者が共有物の管理に関する事項を定めた場合に，現行法では，他の共有者は，裁判所に対してその定めを変更することを求めることができず，共有物分割請求をすることによって対応することとされている。そうすると，同様に，裁判所に対する解任請求権についても認めるべきではなく，管理者に問題が生じた事案でも，共有物分割請求によって対応すべきであるとも考えられる（共有物分割請求権を本案とする民事保全としてどのようなものが認められるのかは，別途問題となる。）。

6　委任に関する規定の準用等（試案第1の1(5)オ）について

(1) 試案第1の1(5)オ①では，管理者の権利義務は，委任に関する規定に従うこととしている。

　　これは，共有者と管理者との法律関係を，委任関係と同様に捉えるものであるが，管理者の行為は共有者全員に効果が及ぶ（試案第1の1(5)イ参照）のであり，試案第1の1(5)オ①の規律によって委任者の地位にあるのは，実際に管理者を選任することに同意した共有者だけでなく，全ての共有者である。そのため，例えば，管理者は，その職務を行うにあたっては，共有者全員に対して善管注意義務を負うことになる（民法第644条参照）。

　　なお，委任に関する規定としては，例えば，民法には，第643条以下の規定があり，これらの規定に従うこととなる。

(2) 試案第1の1(5)オ②では，管理者は，共有者のために，誠実かつ公平にその権限を行使しなければならないこととしている。

　　これは，管理者の行為は共有者全員に効果が及ぶからであるが，ここでいう公平とは，実質的な公平を意味しており，例えば，他の共有者には使用料を払うことを前提に，共有者の一人に独占的に共有物を利用させることも許容される。

7　その他

(1) 試案第1の1(5)（後注1）では，管理者の資格については，共有者以外にも共有物を管理させるにふさわしい者がいる場合があると考えられるため，共有者以外の第三者を管理者として選任することも認めることとしている。

(2) 試案第1の1(5)（後注2）では，管理者の任期については，法律で一律に定めるのではなく，共有者の意思を尊重し，共有者の選任等の際の判断に委ねることとしている。

(3) 試案の第1の1(5)（後注3）では，管理者を任意で選任する対象となる共有

物を特に限定すべき理由がないと考えられるので，管理者を置くことができる
共有物を不動産に限定しない方向で引き続き検討することとしている。なお，
対象を不動産に限定しないこととしても，共有物の管理者と同様の規律が既に
設けられているもの（例えば，船舶共有者が選任する船舶管理人〔商法第６９
７条〕）については，既存の制度を維持する方向で別途手当ての要否を検討す
ることが考えられる。

　　また，準共有の対象財産権（不動産の賃借権など）についても，管理者の選任
を認めるのかが問題となるので，試案第１の１(5)（後注３）では，同様に引き
続き検討することとしている。

(4) 試案の第１の１(5)（後注４）では，共有物が不動産である場合に，管理者の
選任を証明する方法については，登記事項とすることも含めて引き続き検討す
ることとしている。

(5) 試案の第１の１(5)（後注５）では，訴訟の追行について記載している。共有
者が選任する管理者は，共有者が任意で選ぶ者であって，裁判所が適切な者を
選任するものではないから，その管理者が訴訟の追行権限（被告となることも
含む。）を得るためには，その訴訟の結果に拘束されることになると考えられ
る共有者全員の同意を得なければならないものとすることが考えられる。

(6) 裁判所が選任する共有物の管理者
ア　第三者の申立てによる選任

　　第三者の申立てにより裁判所が管理者を選任することを認めることにつ
いては，所有者不明土地管理制度等（第２の１）及び管理不全土地管理制
度等（第２の２）の検討を踏まえながら，所有者不明土地管理制度及び管
理不全土地管理制度とは別に制度を設ける必要性の有無の観点から，引き
続き検討する。

（補足説明）

1　提案の趣旨

　　裁判所が第三者の申立てによって共有物の管理者を選任して共有物を管理させ，
第三者は，この管理者を相手方として自己の権利を行使することができる仕組み
を設けることにより，例えば，①共有者の中に所在等が不明な者がいるケース
や，②共有者が共有物を管理していないケース，③共有者の数が多数に上るケー
スに対応することができるとも考えられる。

　　しかし，後述のとおり，部会では，共有者は本来共有物を自由に管理すること
ができるのに，共有状態にあるというだけで裁判所が共有物の管理に介入するこ
とを正当化することができないなどとして，第三者の申立てによる管理者の選任
の仕組みを創設すべきでないとの意見が強く出された。

　　また，共有されている不動産の管理が問題となるケースについては，別途，所
有者不明土地管理制度等（試案第２の１）及び管理不全土地管理制度等（試案第
２の２）の検討がされており，これらの制度によって対応を図れば足りるとも思

われる。

そこで，試案第1の1 (6) アでは，所有者不明土地管理制度等及び管理不全土地管理制度等の検討を踏まえながら，所有者不明土地管理制度及び管理不全土地管理制度とは別に制度を設ける必要性の有無の観点から，引き続き検討することとしている。

上記の各ケースについての部会での議論の状況等は，次のとおりである。

2　共有者の中に所在等が不明な者がいるケース

共有者の中に所在等が不明な者がいるために，第三者が共有者に有する権利を行使することができないなどの不利益を被ることを防止する観点から，共有者の中に所在等が不明な者がいるケースにおいて，第三者の申立てによって裁判所が共有物に管理者を選任する仕組みを設けることについて検討がされた。

しかし，共有者の一部に所在等が不明な者がいることを理由に，所在等が明らかな共有者がいるにもかかわらず，共有物全体に管理者を置き，その管理者に対して権利を行使することを認めることについては，所在等が明らかな共有者の反論の機会を奪い，権利を侵害することにもなりかねない。部会においても，本来は共有物については共有者が自由に管理・処分をすることができるのであり，裁判所がこれに介入することを正当化することができない等として，否定的意見が強く出された。

なお，共有者全員の所在等が不明である場合に共有物全体に管理者を選任することや，所在等が不明な共有者の持分にのみ管理者を選任することも考えられるが，不動産についての仕組みとして所有者不明土地管理制度等（試案第2の1）の創設を検討しているため，共有者の中に所在等が不明な者がいるケースに管理者を選任することについては，そこでの検討の結果に委ねることが考えられる。

3　共有者が共有物を管理していないケース

共有者が共有物を管理していないことによって第三者が不利益を被ることを防止する観点から，共有者が共有物を管理していないケースにおいて，第三者の申立てによって裁判所が管理者を選任する仕組みを設けることも考えられる。

もっとも，部会では，単独所有者が所有物を管理していないケースにおいて裁判所が管理者を置くことができないにもかかわらず，共有者が共有物を管理していないケースでは，共有であることを理由に，管理者を置くことができるとすることには理由がないなどとして，否定的意見が強く出された。

なお，所有者又は共有者が不動産を管理していないケースに対応することができる仕組みとして，管理不全土地管理制度等（試案第2の2）の創設を検討している。

4　共有者の数が多数に上るケース

共有者の数が多数に上るために，第三者が共有者に有する権利を行使することはできないなどの不利益を被ることを防止する観点から，共有者の数が多数に上るケースにおいて，第三者の申立てによって裁判所が管理者を選任する仕組みを設けることについて検討がされた。

しかし，所在等が明らかな共有者がいるにもかかわらず，共有者の数が多数で

あることのみを理由に共有物に管理者を置くことは許されないとして，否定的意見が強く出された。共有者が多数に上る場合には，共有者が少数の場合に比して，共有者の中に所在等を知ることができない者や，共有者が共有物を管理していないことが多いとも考えられるが，前記の議論と同様に，不動産については所有者不明土地管理制度等（試案第2の1）や管理不全土地管理制度等（試案第2の2）の創設が検討されている。

    イ　共有者の申立てによる選任
      共有者の申立てにより裁判所が管理者を選任することを認めるかどうかについては，共有者間で意見の対立があり，共有者の合意等によって管理者を選任することができないケースを念頭に，共有物の管理について裁判所が必要な処分をすることを認めるかどうか（後記(7)）と併せて慎重に検討する。

（補足説明）
  共有者の申立てにより裁判所が共有物の管理者を選任することを認めるかどうかが問題となるケースとしては，①共有者の中に所在等が不明な者がおり，共有者の合意等によって管理者を選任することができないケースと，②共有者間で意見の対立があり，共有者の合意等によって管理者を選任することができないケースとがある。
  このうち，①については，管理者の選任につき共有物の管理に関する行為についての同意取得の方法と同様の制度を設けることで対応を図ることが考えられるため，試案ではとりあげていない。
  ②については，管理者による管理が適当と認められる場合には，裁判所が管理者を選任することを可能とすべきとの意見も考えられる。
  しかし，共有物の管理の在り方は様々であり，共有者間に意見の対立があるケースにおいて，どのように管理をすべきかを裁判所が判断することは困難であると考えられる。現行法でも，共有物の管理に関する事項について共有者間に意見の対立がある場合には，共有物分割の方法により共有関係を解消することで対応することとされており，裁判所が，共有者に代わって共有物の管理に関する事項を定めることは認められていない。
  そのため，共有者間で意見の対立があり，共有者の合意等によって管理者を選任することができないケースにおいて，共有者の申立てにより裁判所が管理者を選任することを認めることには課題があるが，後記のとおり，共有物の管理について裁判所が必要な処分をすることを認めるかどうか（試案第1の1(7)）についても取り上げており，このことと併せて，慎重な検討が必要となる。

  (7)　裁判所による必要な処分
    共有者間に共有物の利用に関し意見の対立がある場合において，共有物分割をすることが難しいとき（共有物の分割をしない旨の契約がある場合を含む。）は，裁判所は，共有者の申立てによって，共有物の管理に関し，必要

な処分を命ずることができるものとすることについては，慎重に検討する。

（注）共有物分割を行うまでの間に共有者間に共有物の利用に関し意見の対立があり共有物を維持・管理することができないときは，裁判所は，共有物の管理に関し必要な処分を命ずることができるものとすることについては，私的自治との関係を踏まえながら，共有者間に意見の対立がある中で，裁判所が介入することが正当化されるかという観点，共有物分割請求を本案とする民事保全としてどのようなことが可能かを踏まえながら，民事保全とは別に制度を設ける必要性の有無の観点等から，慎重に検討する。

（補足説明）

1　提案の趣旨等

　現行法では，共有物の管理（利用）に関し共有者間に意見の対立があり，共有物を管理（利用）することに支障がある場合には，共有物分割により共有関係を解消することで対応することとなる。しかし，共有関係にあるケースであっても，実際には，共有物分割によって対応することが困難なこともある。例えば，私道の沿道の宅地の所有者らが私道を通路として利用する権利を確保するために，その宅地の所有者らがその私道を共有しているケースでは，実際上，その共有関係を共有物分割で解消することは困難であると考えられる（共有物の分割請求が権利濫用に当たると判断されることも多いと思われる。）。

　このようなケースでは，共有物の管理（利用）につき意見が対立したとしても，共有関係を維持せざるを得ないが，共有者の多数が共有物の変更を伴う共用物の改良を望んでも，その改良をすることができないといった事態が生じ得る。例えば，前記の私道のケースにおいて，その私道が未舗装であり，共有者の多数がアスファルト等で舗装をしたいが，少数の共有者が舗装に反対している場合などが考えられる。

　このようなケースにおいては，反対をしている共有者にかける負担が大きなものでないのであれば，一部に反対があっても，共有物の変更を伴う改良を認めるべきであるとの指摘が考えられる。

　また，共有者間で共有物の分割をしない旨の契約がされている場合（第256条第1項ただし書）において，その分割禁止期間中に共有物の変更をしなければならなくなったときも，前記と同様に，共有物分割によって対応することが困難なケースがあり得る。

　そこで，共有者間に共有物の利用に関し意見の対立がある場合において，共有物分割をすることが難しいとき（共有物の分割をしない旨の契約がされている場合を含む。）には，裁判所は，必要な処分をすることができるものとし，上記のようなケースでは，反対者の承諾に代わる決定をすることができるものとすることが考えられる。

　もっとも，これに対しては，少数の共有者であっても自己の持分の限度で権利が保障されるべきであって，全員同意が必要な行為についての同意を与えないことによって当該行為を止めることは正当な権利行使であること，共有物の分割を

しない旨の契約がある場合についても，禁止期間は最長でも５年に限られているため，その期間中は分割ができないのは当然であることからすると，共有物分割によって対応することが困難であるからといって，裁判所が多数の共有者の利益を優先させてこれを実現することは私的自治への過剰な介入であるとも考えられる。実際にも，意見が対立する中で，裁判所がどのような判断基準の下で反対者の承諾に代わる決定をすることは困難を伴うものと考えられる。

　そこで，試案第１の１(7)では，裁判所は，共有者の申立てによって，共有物の管理に関し，必要な処分を命ずることができるものとすることについては，慎重に検討することとしている。

　なお，必要な処分を認める同意が問題となる行為としては，全員の同意を要する行為（変更）と持分の過半数で決めることができる行為（管理）とがあるが，仮に裁判所が必要な処分をすることができるとしても，持分の過半数の同意を得ていないケースについてまで裁判所による介入を認める必要があるかについては更に慎重な検討を要すると思われる。

　以上の考え方とは別に，裁判所による判断を要求するのではなく，そもそも改良等の行為をすることについて全員の同意を要すること自体に問題があるとして，変更を伴う行為であっても，一定の行為については全員の同意なくすることができるとすることが考えられる。試案第１の１(1)（注５）において，物理的な変更を伴う場合であっても，一定のケース（例えば，共有物の改良を目的とし，かつ，著しく多額の費用を要しない行為）では，各共有者の持分の価格の過半数で決することができるものとすることについて引き続き検討するとしているのは，その趣旨である。

２　共有物分割前の処分
　(1)　共有物の管理（利用）に関し共有者間に意見の対立があり，共有物を管理（利用）することに支障がある場合には，共有物分割によって共有関係を解消することで対応することが考えられるが，共有物を共有者の一部が占有している場合には，共有物分割による解消がされるまでの間に，共有物を適切に管理しないという事態が生じ得る。

　　そこで，このような事態に対応するための新たな制度を設け，裁判所が必要な処分を命ずることができるとすべきかが問題となる。

　　もっとも，共有物を巡る利害関係は複雑な場合があり，共有物分割の方法も現物分割や全面的価格賠償等の多様なものがあるため，裁判所がどのような処分をすべきかを判断することは困難ではないかとの指摘も考えられるほか，私的自治との関係で，裁判所が介入することをどのように正当化するのか，その具体的な場面と併せて検討する必要があると考えられる。

　(2)　また，裁判所が必要な処分をすべきとしても，新たな制度を設けることの要否を判断するに当たっては，共有物分割訴訟を本案とする民事保全法上の保全処分によって対応することができないかを検討する必要がある。

　　民事保全法上の保全処分としては，係争物に関する仮処分や仮の地位を定める仮処分といったものがあるが，共有物分割請求権を被保全権利とする係争物

に関する仮処分の可否や，被保全権利がなくとも権利関係に争いがあり，著しい損害又は急迫の危険を避けるためこれを必要とする場合であれば認められる仮の地位を定める仮処分についても，どのような必要性があれば，どのような内容の仮処分が認められるのか，例えば，共有物の管理者を選任することができるか（少なくとも，現在の民事保全法には，管理者の選任を前提とする規定はなく，公刊物上，管理者の選任を認めた事例は見当たらない。なお，法人の代表者の職務代行者については，法人の代表者が登記されていることもあり，登記嘱託の規定がある。）といった問題もある。

そこで，試案第1の1(7)（注）では，共有物分割を行うまでの間に共有者間に共有物の利用に関し意見の対立があり共有物を維持・管理することができないときは，裁判所は，共有物の管理に関し必要な処分を命ずることができるものとすることについては，私的自治との関係を踏まえながら，共有者間に意見の対立がある中で，裁判所が介入することが正当化されるかという観点，共有物分割請求を本案とする民事保全としてどのようなことが可能かを踏まえながら，民事保全とは別に制度を設ける必要性の有無の観点等から，慎重に検討することとしている。

2 通常の共有関係の解消方法
(1) 裁判による共有物分割
裁判による共有物分割に関する規律（民法第258条）を次のように改める。

① 共有物の分割について協議が調わないとき，又は協議をすることができないときは，共有者は，その分割を裁判所に請求することができる。

② 裁判所は，次に掲げる方法により，共有物の分割を命ずることができる。

ア 共有物の現物を分割する方法

イ 共有物を一人又は複数の共有者に取得させ，この者から他の共有者に対して持分の価格を賠償させる方法

ウ 共有物を競売して換価する方法

③ 裁判所は，共有物を一人又は複数の共有者に取得させることが相当であり，かつ，その者に取得させることとしても共有者間の実質的公平を害するおそれがないときには，②イで定める方法による分割を命ずることができる。

④ 共有物の現物を分割することができない場合，又はその分割によってその価格を著しく減少させるおそれがある場合において，②イで定める方法による分割を命ずることができないときは，裁判所は，②ウで定める方法による分割を命ずることができる。

⑤ 裁判所は，共有物の分割を命ずる場合において，当事者に対して，金銭の支払，物の引渡し，登記義務の履行その他の給付を命ずることができる。

（注１）共有物の分割方法の検討順序については，これを改める必要性を踏まえて引き続き検討する。

（注２）共有物分割に関する紛争に関して，民事調停を前置する規律を設けることについて，引き続き検討する。

（注３）裁判所は，換価のための管理者を選任した上で，当該管理者に対して共有物を任意売却することによって換価を命ずることができるとする規律について慎重に検討する。

（注４）複数の共有物を一括して分割する場合においても，①から⑤までの規律が適用されることを前提としている。

（注５）複数の共有物を一括して分割する請求がされた場合に，裁判所が，一部の共有物について先行して競売を命ずることができる規律を設けることについては，引き続き検討する。

（補足説明）

1　提案の趣旨（裁判による共有物の分割制度の見直し）

（1）民法は，共有物の分割について共有者間に協議が調わないときは，その分割を裁判所に請求することができるとしているが（第２５８条第１項），この共有物分割請求訴訟は，いわゆる形式的形成訴訟であるとされ，実質的には，裁判所がその裁量により判断をする非訟事件であるとされる。

　　　そして，同条第２項は，共有物分割訴訟においては，共有物の現物を分割することができないとき，又は分割によってその価格を著しく減少させるおそれがあるときは，裁判所は，その競売を命ずることができるとしている。このように，明文上は，①現物分割と②競売分割の２種類のみが定められており，①現物分割が基本的な分割方法とされ，②競売分割が補充的な分割方法と位置付けられている。

（2）かつては，裁判所がその裁量により判断するのは，現物分割ができる場合における分割の方法についてであり，現物分割をすることができないとき等には，裁判所は競売分割を命じなければならず，共有物を特定の共有者に帰属させ，この者から他の者に対して持分の価格を賠償させる③価格賠償による分割は許されないと解されていたとされる。また，例えば，共有者Ａ，Ｂ，Ｃが共有する甲，乙，丙の共有物の分割請求訴訟において，甲をＡに，乙をＢに，丙をＣに取得させる分割方法（一括分割）は原則として許されないとされ（最判昭和４５年１１月６日民集２４巻１２号１８０３頁），これらの点で共有物の分割は遺産分割とは異なると理解されていた。

　　　しかし，最大判昭和６２年４月２２日民集４１巻３号４０８頁は，持分の価格以上の現物を取得する共有者に当該超過分の対価を支払わせて過不足を調整する部分的価格賠償や，数か所に分かれて存在する多数の共有不動産を一括して分割の対象とし，分割後のそれぞれの不動産を各共有者の単独所有とする一括分割，多数の者が共有する物について分割請求がされた場合に，当該請求者に対してのみ持分の限度で現物を分割し，その余は他の者の共有とする一部分

27

割は，いずれも①現物分割の一態様として許されると判示し（昭和４５年最判はこれと抵触する限度で変更された。），共有物の分割方法の多様化・弾力化が図られた。

　さらに，最判平成８年１０月３１日民集５０巻９号２５６３頁は，共有物を共有者のうちの一人の単独所有又は数人の共有とし，これらの者から他の共有者に対して持分の価格を賠償させる全面的価格賠償の方法による分割をすることも許されるとして，③価格賠償による分割を正面から認めた。

(3) このような分割方法の多様化・弾力化は，実質的に非訟事件の性質を有する共有物分割請求訴訟において，裁判官の裁量により事案に応じた適切な解決を可能とするものであり，今後も基本的に維持されるべきものと考えられる。

　もっとも，③（全面的）価格賠償による分割は，民法に明文がなく，①現物分割を基本的方法とし，②競売分割を補充的方法とする民法第２５８条第２項との関係でどのように位置付けられるかが明らかでないため，規律を設ける必要があるとも考えられる。

　裁判による共有物の分割制度は，共有関係解消の重要かつ基本的な手段であるとともに，共有者の一部が所在不明である共有者不明土地を適切に解消する観点でも重要であり，試案第１の２のとおり，その規律を見直すことを提案するものである。

　なお，遺産分割に関する期間制限を設け，相続開始から一定期間が経過すれば，遺産に属する個々の財産の遺産共有関係を共有物の分割の方法により解消する仕組みについて別途提案しているが（試案第４の２及び３参照），そのような仕組みを導入した場合には，裁判による共有物の分割制度の重要性は更に高まるものと考えられる。

2　共有物分割に関する協議（試案第１の２(1)①）

　民法第２５８条第１項の「協議が調わないとき」とは，一部の者が協議に応じないために協議をすることができないときも含むと解されており，このような解釈を明確化するために，試案第１の２(1)①では，遺産分割の規律（民法第９０７条第２項）を参考に，「協議をすることができないとき」にも裁判所に分割を求めることができることとしている。

3　共有物分割方法の明確化（試案第１の２(1)②）

　試案第１の２(1)②は，裁判所が命じることができる共有物の分割方法として，現物分割，価格賠償による分割（以下「賠償分割」という。）及び競売による分割があることを明示して列挙している。

4　賠償分割の規律の明確化（試案第１の２(1)③）

　試案第１の２(1)③は，最判平成８年１０月３１日民集５０巻９号２５６３頁を踏まえて，「共有物を一人又は複数の共有者に取得させることが相当であり，かつ，その者に取得させることとしても共有者間の実質的公平を害するおそれがないとき」に，裁判所が賠償分割を命ずることができる旨を明確化するものである。なお，試案第１の２(1)③は，平成８年最判が示した法理を変更することを意図するものではない。

92

（参考）

○　最判平成８年１０月３１日民集５０巻９号２５６３頁

「…当該共有物の性質及び形状，共有関係の発生原因，共有者の数及び持分の割合，共有物の利
用状況及び分割された場合の経済的価値，分割方法についての共有者の希望及びその合理性の
有無等の事情を総合的に考慮し，当該共有物を共有者のうちの特定の者に取得させるのが相当
であると認められ，かつ，その価格が適正に評価され，当該共有物を取得する者に支払能力が
あって，他の共有者にはその持分の価格を取得させることとしても共有者間の実質的公平を害
しないと認められる特段の事情が存するときは，共有物を共有者のうちの一人の単独所有又は
数人の共有とし，これらの者から他の共有者に対して持分の価格を賠償させる方法，すなわち
全面的価格賠償の方法による分割をすることも許されるものというべきである。」

5　共有物の分割方法の検討順序（試案第１の２(1)④及び（注１））

　　試案第１の２(1)②及び③において，賠償分割の規律を新たに設けるにあたり，
民法第２５８条第２項の分割方法の検討順序との関係が問題となる。

　　共有物の形状や性質，当事者の共有物の利用方法等によって，賠償分割の方が
現物分割より当事者にとって望ましい場合もある一方で，現物分割の方が賠償分
割より望ましい場合もあると考えられ，一律に両者の検討順序の先後関係をつけ
ることは難しいと考えられる。

　　また，現行法下においても，共有者の中に全面的価格賠償による分割を希望す
る者がいるときは，全面的価格賠償による分割が認められる要件の存否を審理判
断することなく，競売分割を命ずることは許されないと考えられている。

　　そこで，試案第１の２(1)④において，競売分割を補充的な分割方法とする民法
第２５８条第２項の枠組みを維持し，賠償分割と現物分割の検討順序の先後関係を
つけないとすることを提案している。

　　これに対しては，共有物の現物分割を行った場合には，共有物が細分化し，物
の有効利用が阻害されるケースもあることから，共有物の細分化が生じない全面
的価格賠償による分割や競売分割を優先して検討することが望ましいとの考え方
や，競売分割についても，現物分割及び賠償分割と並列的に検討することを可能
とすべきとの考え方もあり得るため，試案第１の２(1)（注１）において，分割方
法の検討順序については，これを改める必要性を踏まえて引き続き検討すること
としている。

6　金銭債務の履行を確保するための手続的措置等（試案第１の２(1)⑤）

　　価格賠償の方法による共有物分割を命ずる判決が確定すると，それによって直
ちに現物取得者は当該共有物の共有持分を取得するのに対し，その共有持分を喪
失する者は，現物取得者に対する金銭支払請求権を取得するにすぎないと考えら
れている。この金銭支払請求権は，現物取得者の支払能力又は資産状態によって
は，権利内容を実現できない場合があるため，判例は，全面的価格賠償の方法に
よる共有物分割を命ずる場合には，諸事情の総合考慮による相当性が認められる
だけでは足りず，現物取得者に裁判所の認める対価の支払能力があることを要件

とする。

　もっとも，支払能力の有無の認定判断とは，将来支払がされるであろう蓋然性の予測であるから，それを確実に証明し，認定することには本来的困難が伴うため，金銭債務の履行を確保するために何らかの手続的措置を講ずる必要があるとの指摘がある（最判平成１０年２月２７日集民１８７号２０７頁における河合伸一裁判官の補足意見，最判平成１１年４月２２日集民１９３号１５９頁における遠藤光男，藤井正雄両裁判官の補足意見参照）。

　また，学説上，当事者の具体的な主張がなくとも，裁判所の裁量により，判決において，㋐金銭債務について債務名義を形成し，㋑持分権の移転に伴う登記手続を命ずることができるとの見解もあり，また，実務上，共有者間の実質的に公平な分割を実現するために，賠償金の給付と移転登記との引換給付判決を命ずるなどの手続的措置が講じられている。

　そこで，これに関する規律として，遺産分割の規律（家事事件手続法第１９６条）を参考に，試案第１の２(1)⑤の規律を設けることを提案している。

　これに対しては，支払能力の要件が的確に認定される限り，賠償金債務が履行されないという事態は，まれにしか生じないとも考えられることから，このような規律を設ける必要はないという考え方もある。

7　民事調停前置（試案第１の２(1)（注２））について

　裁判による共有物分割も，共有者が本来任意に処分することを許された共有物の分割方法を具体化するための手続であり，当事者の合意を可能な限り尊重した方法を選択することが望ましい。特に複数の共有物を分割する場合については，共有物の分割方法の組み合わせが多岐に渡り得るため，当事者の合意を可能な限り尊重し，第三者が関与し，必要に応じて専門家が関与するなどして柔軟に解決することが望ましい事例が多いと考えられる。

　また，試案第４の２及び３において提案している遺産分割の期間制限を設け，期間経過後は共有物分割の方法をとることができることとされた場合には，従前は遺産分割の対象となっていた複数の財産について，共有物分割事件として一括して分割を求めるケースが増加すると考えられるところ，遺産分割の期間経過後の親族間の感情的な紛争については，第三者を交えた話合いによって解決したり，財産の評価や法律上の問題を抱える紛争については，専門家である第三者を関与させたりすることが望ましいとも考えられる。

　このような要請からすると，共有物分割に関する紛争に関して，民事調停前置の規律を設けることが考えられる。

　もっとも，これに対しては，調停前置を例外なく義務付けるとすれば，当事者にとって過重な負担となるとの考え方もあるところであり，裁判所が事件を調停に付することが相当でないと認めるときには例外を認めるような規律（家事事件手続法第２５７条第２項ただし書参照）を設けるか否かなどを検討する必要がある。

　そこで，試案第１の２(1)（注２）において，共有物分割請求について民事調停を前置する規律を設けることについて，引き続き検討することとしている。

8 任意売却による分割の規律（試案第１の２(1)（注３））について

　　共有物分割訴訟において，遺産分割に関する審判手続における規律を参考にして，当事者の任意売却による分割を命ずることを可能とすることについて検討することが考えられる（遺産分割に関する審判手続における任意売却による換価についての家事事件手続法第１９４条第２項参照）。

　　これに対し，部会では，共有物分割においては，遺産分割と異なり，終局処分として判決が言い渡されることになるが，任意売却を命じた場合，売却が実現するまで共有状態が継続してしまうという問題や，売却ができず，又は事後的に不適当となった場合に対処する手段がないという問題についての指摘があった。また，和解又は調停の協議の中で任意売却を実現することも可能であるから，任意売却による分割の規律を設ける必要性についても検討が必要であると考えられる。

　　そこで，試案第１の２(1)（注３）では，共有物の管理者を選任した上で，その管理者に対して換価を命ずることができるとする規律について，慎重に検討することを注記している。

9 複数の共有物の一括分割（試案第１の２(1)（注４）及び（注５））について

　　複数の共有物を一括して分割の対象とする場合に，判例上それぞれの物を各共有者の単独所有とする一括分割によることが認められているが，これは，分割方法の多様化・弾力化に資するものであり，基本的に維持すべきであると考えられる。そこで，試案第１の２(1)（注４）において，複数の共有物を一括して分割の対象とする場合においても，個々の共有物について，現物分割，賠償分割及び競売分割を選択することができること等の試案第１の２(1)①から⑤までの規律が適用されることを前提とする旨を注記している。

　　また，複数の共有物を分割する場合には，複数の物についての共有関係の全体的解消が求められる場合もあると考えられる。例えば，共有物の一部を換価してその代金を賠償金などに活用することが期待できるにもかかわらず，共有物の全部について一括して分割しなければならないとすると，分割方法が硬直的になってしまう。そこで，試案第１の２(1)（注５）において，一部の共有物について先行して競売を命ずることができる規律を設けることについて，引き続き検討することを注記している。

10 賠償分割を求める訴え（形成の訴え）の規律を設けることについて

　　現行法においては，共有物分割訴訟において原告が賠償分割を求めた場合であっても，裁判所はそれに拘束されず，裁量により他の分割方法による分割を命ずることが可能であり，権利濫用に当たるなどの事情がない限り，共有物分割請求が棄却されることはない。これに対し，部会においては，共有者の予測可能性を確保する観点から，原告が賠償分割を求めた場合において，賠償分割を命ずることが相当と認められないときは，共有物分割の請求を棄却するものとする規律を設けるべきであるという意見があった。

　　確かに，共有者が共有物を継続利用することを望むような場合には，賠償分割が認められなければ，共有状態を維持することが共有者の利益に適う場合があり

得る。そして，例えば，通常の形成の訴えとして，賠償分割を求める訴えの規律を設けるとすれば，共有者が所定の要件を立証できなければ請求が棄却されることとなり，共有者の予測可能性の観点からは望ましいとも考えられる。

しかしながら，かかる賠償分割を求める訴えに対して，他の共有者が他の分割方法による分割を求めて反訴を提起した場合には，仮に賠償分割を求める訴えが棄却されたとしても，結局は共有物が分割されてしまい，共有者の期待は実現されない。また，複数の共有物について，賠償分割を求める訴えと他の分割方法を求める訴えが併合されることになれば，審理方法が複雑になり，かえって共有者の予測可能性を害するおそれもあるし，賠償分割を求める訴えの費用に加えて他の分割方法を求める訴えの費用も別途当事者に負担させることになり，費用の観点からも望ましくないとも考えられる。さらに，現行法上，各共有者は，いつでも共有物の分割を請求することができるものとされ（民法第２５６条第１項本文），共有状態は社会経済上不利益であり，単独所有とされるまでの暫定的・過渡的な状態にとどまるという考え方を前提とすれば，共有者の共有物の分割をしたくないという希望を法律上保障する必要性については慎重な検討を要すると考えられる。

他方で，ここで問題となっているのは，現行法における共有物分割事件において，賠償分割と他の分割方法との関係（検討順序）が明確化されていないことによって，共有者の予測可能性が確保されていないことにあると考えられるところ，分割方法の順序や分割方法に関する要件を明確にすることで，この問題に対して一定程度対応することが可能であるとも考えられ，ここでは，形成の訴えとしての賠償分割を求める訴えの規律を設けることについては提案していない。

11 裁判による共有物分割の非訟手続化について

部会において，当事者の負担軽減を図る観点から，裁判による共有物分割を非訟手続とすべきではないかという意見があった。

仮に，共有物分割手続自体を非訟手続とする場合には，現行法における遺産分割審判の規律が参考になると考えられる。しかしながら，共有物分割について遺産分割審判と同様の規律を設けるのであれば，①審理手続の観点からは，共有者の確定，申立書の写しの送付（家事事件手続法第６７条第１項参照），審判の告知（同法第７４条第１項参照）等の諸手続が必要となるだけでなく，当事者に主体的な手続関与の機会，自らの利益を擁護する機会等を付与する当事者主義的運用が求められると考えられ，また，②審理内容（共有物分割方法の審理）の観点からは，訴訟における審理内容と実質的に同一の内容を審理することとなるため，結局，当事者の負担は訴訟の場合とそれほど変わらないとも考えられることから，ここでは裁判による共有物分割を非訟手続とすることについて提案していない。

(2) 所在不明共有者又は不特定共有者の不動産の共有持分の取得等

（前注）ア及びイの「不動産が数人の共有に属する場合」には，不動産が遺産共有の状態にある場合及び不動産につき通常の共有と遺産共有が併存している場合は，含まれない。こ

れらの場合については，第4の3(3)で検討している。

（補足説明）
　遺産分割は，具体的相続分の割合に応じてされるものであり，不動産が遺産共有の状態にある場合及び不動産につき通常の共有と遺産共有が併存している場合については，その点などを考慮して別途検討する必要があるので，試案第1の2(2)ア及びイの「不動産が数人の共有に属する場合」には，不動産が遺産共有の状態にある場合及び不動産につき通常の共有と遺産共有が併存している場合は含まず，これらの場合については，試案第4の3(3)で検討している。

　　ア　所在不明共有者の不動産の共有持分の取得等
　　　所在不明共有者の不動産の共有持分の取得等に関し，次のような規律を設けることについて，引き続き検討する。
　　【甲案】①　不動産が数人の共有に属する場合において，共有者の所在を知ることができないときは，当該共有者（以下「所在不明共有者」という。）以外の共有者の一人は，所在不明共有者の持分の時価（bの請求をする場合にあっては，不動産の時価相当額を所在不明共有者の持分に応じて按分して得た額）として相当と認められる金額を供託して，所在不明共有者に対し，次の請求をすることができる。
　　　　a　所在不明共有者の持分を自己に譲り渡すべきこと
　　　　b　所在不明共有者以外の共有者全員の同意を得て不動産の所有権を第三者に譲渡することができる権限を自己に付与すべきこと
　　　　②　①aの請求により，請求をした共有者が所在不明共有者の持分を取得したときは，所在不明共有者は，請求をした共有者に対し，所在不明共有者の持分の時価相当額の支払を請求することができる。
　　　　③　①bの請求により権限が付与された共有者が不動産の所有権を第三者に譲渡した場合には，所在不明共有者は，権限が付与された共有者に対し，不動産の時価相当額を所在不明共有者の持分に応じて按分して得た額の支払を請求することができる。
　　（注1）【甲案】は，①及び②の要件並びに（後注）で検討する要件を充たして，共有者が請求をすれば，当然に持分の取得等の効果が生ずるとするものである。
　　（注2）【甲案】において，①aによる持分の取得等の効果が生じた場合に，請求をした共有者が所在不明共有者の持分について移転登記を備える方法として，請求をした共有者による単独申請とし，登記官において，添付情報として提供された①の要件及び（後注）で検討する要件を充たすことを証する情報（その内容については，政令等で定めることが考えられる。）を審査して，請求をした共有者への所在不明共有者の持分の移転の登記をすることができるものとすることについて，引き

33

続き検討する。

（注３）【甲案】において，①ｂによる権限付与等の効果が生じた場合に，第三者に所在不明共有者の持分を含めて共有者全員の持分について移転登記を備えさせる方法として，①及び（後注）で検討する要件を充たす場合には，請求をした共有者が所在不明共有者の持分の移転に係る登記を備えるために必要な行為をする権限を有するものとし，請求をした共有者及び第三者（他の共有者がある場合にあっては，請求をした共有者及び他の共有者並びに第三者）との共同申請により，登記官において，添付情報として提供された①の要件及び（後注）で検討する要件を充たすことを証する情報（その内容については，政令等で定めることが考えられる。）を審査して，第三者への共有者全員の持分の全部移転の登記をすることができるものとすることについて，引き続き検討する。

（注４）【甲案】①の請求権を行使する方法をどのような方式とするのかについては，（注２）及び（注３）において，所有権移転登記手続請求訴訟において請求認容判決を得る方法以外の方法による登記手続を認めることの是非を踏まえながら，引き続き検討する。

【乙案】① 不動産が数人の共有に属する場合において，共有者の所在を知ることができないときであって，当該共有者（以下「所在不明共有者」という。）以外の共有者の一人から請求があるときは，裁判所は，請求をした共有者に所在不明共有者の持分の時価（ｂの処分をする場合にあっては，不動産の時価相当額を所在不明共有者の持分に応じて按分して得た額）として相当と認められる金額を供託させて，次の各処分を命ずることができる。

  ａ 所在不明共有者の持分を請求をした共有者に取得させること
  ｂ 所在不明共有者以外の共有者全員の同意を得て不動産の所有権を第三者に譲渡することができる権限を請求をした共有者に付与すること

② ①ａの処分により請求をした共有者が所在不明共有者の持分を取得したときは，所在不明共有者は，請求をした共有者に対し，所在不明共有者の持分の時価相当額の支払を請求することができる。

③ ①ｂの処分により権限が付与された共有者が不動産の所有権を第三者に移転させたときは，所在不明共有者は，権限が付与された共有者に対し，不動産の時価相当額を所在不明共有者の持分に応じて按分して得た額の支払を請求することができる。

（注５）【乙案】は，裁判所による決定があって初めて持分の取得等の効果が生ずることを前提とし，この裁判所による決定は，性質上，訴訟事件ではなく，非訟事件とするものである。

（注６）【乙案】において，裁判所が①ａの決定をした場合に，請求をした共有者が所在不明共有者の持分について移転登記を備える方法として，裁判所が①ａの決定をする際に請求をした共有者に所在不明共有者の持分の移転に係る登記を備えるた

めに必要な行為をする権限を付与することとし，その権限が付与されたことを証する情報を添付情報として提供することにより，請求をした共有者の単独申請で所在不明共有者の持分の移転の登記をすることができるとの案について，引き続き検討する。

（注7）【乙案】において，裁判所が①ｂの決定をした場合に，請求をした共有者が第三者に所在不明共有者の持分を含めて共有者全員の持分について移転の登記を備えさせる方法として，裁判所が①ｂの決定をする際に，請求をした共有者に所在不明共有者の持分に係る登記を備えるために必要な行為をする権限も付与することとし，裁判所においてその権限を付与する処分がされたことを証する情報を添付情報として提供することにより，請求をした共有者及び第三者（他の共有者がある場合にあっては，請求をした共有者及び他の共有者並びに第三者）との共同申請で，第三者への共有者全員持分の全部移転の登記をすることができるものとすることについて，引き続き検討する。

（補足説明）

1　提案の趣旨

(1)　共有物をどのように管理するかは，基本的には，共有者間の協議により定めることになるが，所在を知ることができない共有者（以下「所在不明共有者」という。）との間では協議することができない。この状態が継続すると，共有物の管理に支障が生ずるおそれがあるため，共有者としては，共有物分割請求の方法により所在不明共有者との間の共有関係を解消することが考えられるが，そのためには，裁判による共有物分割の方法をとらざるを得ないことになる。

もっとも，裁判による共有物分割の方法をとる際には，一定の時間や手続を要するし，具体的な分割方法は裁判所の裁量的な判断に委ねられているため，共有者においては，その予測が困難な面もある。

試案は，共有者の一部が所在不明共有者である場合にも共有物の管理を円滑に行うことができるよう，共有物の管理に関する行為についての同意取得の方法に関する規律（試案第1の1(3)）や共有者が選任する管理者に関する規律（試案第1の1(5)）等を設けることを提案しているが，いずれも手続的な負担や相応の費用の負担が生じ得るところであり，共有物の管理に関して生ずる支障を抜本的に解決するため，所在不明共有者との共有関係を解消する方法の拡充についても検討する必要があると考えられる。

(2)　また，一般的に，共有者の一人が自己の共有持分のみを売却して得る代金よりも，共有物全体を売却し，その持分割合に応じて受け取る代金の方が高額になる。

しかし，共有者の中に所在不明共有者がある場合には，所在不明共有者の同意が得られないため，所在の判明している共有者全員が共有物全体を売却することを希望しても，裁判による分割で所在不明共有者の持分を他の共有者が取得するか，所在不明共有者のために不在者財産管理人や試案第2の1(1)の所有

35

者不明土地管理人を選任してその同意を得なければ，共有物全体を売却することはできないが，管理人を選任するにはその報酬等の費用を支出することが不可避であり，売却によって共有者が得る金額が結局減少してしまうため，不都合であるとの指摘がある。

そこで，共有者の一部が所在不明共有者である場合に，裁判による共有物分割や財産管理等の手続を経ずに当該共有物を売却することができるようにすることについて，検討する必要がある。

(3) 以上を踏まえ，試案第1の2(2)アでは，所在不明共有者がいる場合に，共有者は，一定の金額を供託した上で，所在不明共有者の持分を取得することや，所在不明共有者の持分を含め不動産の所有権を第三者に譲渡することができる仕組みについて，甲案及び乙案を提案している。甲案は要件を充たせば当然に法的効果が生ずるとする案であり，乙案は裁判所の決定（この決定は，非訟事件である）により法的効果が生ずるとする案である。

なお，共有者の氏名や名称を知ることができず，特定をすることができない場合については，後記イで取り上げている。

(4) また，試案第1の2(2)アでは，差し当たり，不動産の所有権を対象に，共有持分の取得制度を設けることを引き続き検討することとしている。これは，所有者不明土地問題の中心となる土地及び土地と密接に関わる建物の所有権の共有持分の取得等にまずは焦点を当てて，具体的な手続等を検討するのが相当と考えられるためである。試案第1の2(2)（後注5）のとおり，不動産の所有権以外の権利（例えば，賃借権）や，動産その他の財産も対象とするかどうかについては，不動産の所有権に関する制度の枠組みを踏まえながら，引き続き検討することとしている。

2 甲案と乙案の差異等（試案第1の2(2)ア(注1)(注5)）について

(1) 甲案は，共有者の中に所在不明共有者がいる場合には，共有者の一人は，所在不明共有者に対し，その持分を自己に譲り渡すべきことや，所在不明共有者以外の共有者全員の同意を得て不動産の所有権を第三者に譲渡することができる権限を自己に付与すべきことを請求することができるとするものである。

甲案では，請求権の行使によって直ちに効果が生じるので，共有者の一人は，請求権を行使すれば，所在不明共有者の持分を取得し，又は所在不明共有者以外の共有者全員の同意を得て不動産の所有権を第三者に譲渡することができる権限を取得する。権利関係を確定させるには民事訴訟を提起し，裁判所は訴訟の中で供託額が相当と認められるか否かなどの要件を判断することになる。

(2) 他方で，乙案は，共有者の中に所在不明共有者がいる場合には，共有者の一人は，裁判所に対し，所在不明共有者の持分を自己に取得させる旨の処分や，所在不明共有者以外の共有者全員の同意を得て不動産の所有権を第三者に譲渡することができる権限を自己に付与する旨の処分を命ずることを請求することができるとするものである。裁判所は，所在不明共有者であることや供託が適式にされたこと（供託すべき金額は，裁判所が事前に定める。）等の要件の有

無を判断した上で，個別の事案に応じて，その法的効果を発生させることの是非について判断することになる。

乙案では，所在不明共有者の持分を取得し，又は所在不明共有者以外の共有者全員の同意を得て不動産の所有権を第三者に譲渡することができる権限を取得するとの効果は，裁判所の決定が効力を生じた時点で生ずることになる。

(3) 以上のとおり，甲案は，実体法上の要件のみを定めて，その要件を充たして共有者による請求がされれば当然に法的効果を生じさせるものであり，他方で，乙案は，所在不明共有者が不当に不利益を被ることを防止する観点から，事前に，裁判所が供託をすべき金額を定めるとともに，所在不明共有者の認定をした上で，その処分の是非について判断するものである。

また，甲案では，申立人は，登記の手続を完了するまでに，供託金の額につき，中立公正が担保される資料（不動産鑑定士による鑑定評価書等）の提出を求められるものと考えられるが，そのようなものでは十分ではないケースがあるとの指摘が考えられる。乙案は，共有者の所在不明の認定をする際に十分な主張立証がされることを確保し，かつ，供託の金額が適正であることを担保するために，裁判所の決定で効果を生ずるものとするものであり，例えば，供託の額を定めるにあたって，裁判所は，申立人に対して，中立公正が担保される資料（不動産鑑定士による鑑定評価書等）の提出を求めることになり，十分な資料の提出がない場合には，鑑定を命ずることになると考えられる。

このような差異を踏まえて，甲案と乙案のいずれが適当かを検討する必要がある。

3 供託金の額について

(1) 甲案及び乙案のいずれも，不明共有者の利益を保護する（代金の弁済を確保する）観点から，所在不明共有者の持分を取得し，又は不動産の所有権を第三者に譲渡する権限を取得するためには，あらかじめ供託をしなければならないこととしている。

(2) その額は，甲案及び乙案のいずれにおいても，所在不明共有者の持分を自己に譲り渡すべきことを請求する場合には所在不明共有者の持分の時価として相当と認められる金額であり，不動産の所有権を第三者に譲渡することができる権限を自己に付与すべきことを請求する場合には不動産の時価相当額を所在不明共有者の持分に応じて按分して得た額として相当と認められる金額である。甲案では，裁判所は，供託がされた後に，訴訟が提起された場合に供託額が相当と認められるか否かを判断することになり，乙案では，裁判所があらかじめ供託金の額を定めることになる。

4 持分取得による効果（甲案②及び乙案②）について

(1) 甲案及び乙案のいずれにおいても，共有者の一人が所在不明共有者の持分を取得した場合には，所在不明共有者は，持分を取得した共有者に対し，所在不明共有者の持分の時価請求権を取得する。この時価については，いわゆる共有減価が行われるのかが問題となるが，例えば，請求をした共有者が持分取得の結果単独所有者となる場合には，共有減価をしないが，持分取得をしてもその

37

ほかに共有者がおり，共有関係が完全には解消しない場合には，共有減価をすることが考えられる。

(2) なお，甲案及び乙案のいずれにおいても，供託がされた後に，所在不明共有者が現れ，供託金の還付を受けた上で，所在不明共有者の持分の時価相当額は，供託された金額を超える金額であると主張し，供託金との差額を請求するケースが生じ得る。

所在不明共有者と請求をした共有者との間で争いが生じた場合には，最終的には，所在不明共有者が，請求をした共有者に対し，その差額の支払を求めて訴えを提起し，その訴訟の中で，裁判所が判断をすることになる。この場合において，裁判所が所在不明共有者の持分の時価相当額は供託金の額を超えると判断したときに，持分の取得の効果はどのようになるのかが問題となる。

甲案をとる場合には，供託をした金額が専門家の意見を踏まえたものであるなどそのような金額としたことに相応の理由がある場合には，所有権移転の効果は既に生じており，その効果は覆滅しないと考えられる。逆に，金額の設定に理由がない場合には，持分取得は無効となる。請求をした共有者が訴訟を提起して判決が確定していたが，金額の設定に関して判決の証拠となった文書等が偽造又は変造されたものであった場合等には，再審の訴えによって争うことになる。

これに対して，乙案をとる場合には，裁判所が，あらかじめ定めた金額が供託されたことを確認した上で，共有持分を取得する旨の決定をしているので，その後に，差額の支払を求めた訴えにつき判断をした裁判所が所在不明共有者の持分の時価相当額は供託金の額を超えると判断しても，そのことによって直ちに，裁判所の決定によって生じた持分取得の効果は覆滅しないと考えられる。この場合は，裁判所の決定に対してどのような形で争うことができるのかによって帰趨が異なることから，準再審の申立てによって争うしかないのか，別途，一定の場合に取消しの申立てを認めるのかといった具体的な規律について検討する必要がある。

5 不動産の所有権を第三者に譲渡することができる権限の取得による効果（甲案③及び乙案③）について

(1) 甲案及び乙案のいずれにおいても，請求をした共有者が，所在不明共有者以外の共有者全員の同意を得て不動産の所有権を第三者に譲渡することができる権限を取得しただけでは，所在不明共有者の持分の帰属に変更はない。所在不明共有者の持分が第三者に譲渡されるのは，請求をした共有者が権限を取得した上で，他の共有者の同意を得て，第三者との間で売買契約を締結するなどして物権変動の効果を生じさせたときである。

なお，権限を取得した共有者が，不動産を低廉な金額や無償で第三者に譲渡することも不可能ではないが，この場合でも，所在不明共有者は，権限を取得した共有者に対し，不動産の時価相当額を所在不明共有者の持分に応じて按分して得た額の支払を請求することができるし，共有者がこの権限を取得しようとする際には，その額として相当と認められる金額をあらかじめ供託しなけれ

ばならない。また，甲案及び乙案のいずれにおいても，第三者への譲渡対象は所在不明共有者の持分を含む共有物の所有権であり，所在不明共有者の持分のみを第三者に譲渡することとはしていない。

(2) 甲案及び乙案のいずれにおいても，ここで付与される権限に，所在不明共有者を契約の当事者とする権限まで含むものとするかどうかが問題となる。

この権限は，飽くまでも持分の譲渡の効果を所在不明共有者に帰属させる権限にすぎず，所在不明共有者を契約の当事者とする権限までは含まないと考えると，例えば，A及びBが各2分の1の持分で不動産を共有する場合において，Bの所在が不明であり，この制度の下で，Aが，権限を取得して，当該不動産の全部の所有権をCに売却したときは，Bの持分はAの持分とともにCに移転するが，当該契約の当事者はAとCであり，契約上の権利義務関係はAC間でのみ生ずることになる。これに対し，所在不明共有者を契約の当事者とする権限も取得するとすれば，上記の例でいえば所在不明共有者であるBも契約の当事者となり，Cに対する契約上の義務や責任も所在不明共有者であるBが負うことになる。

(3) 甲案及び乙案のいずれにおいても，この手続を経て第三者に共有物が譲渡された場合には，所在不明共有者は，権限を取得した共有者に対し，不動産の時価相当額を所在不明共有者の持分に応じて按分して得た額の支払請求権を取得する。

ここで，「所在不明共有者の持分の時価」ではなく，「不動産の時価相当額を所在不明共有者の持分に応じて按分して得た額」としているのは，この規律の下では，共有持分が譲渡されるのではなく，共有物の全体が譲渡されるため，その代金は共有減価を考慮せずに決定されると考えられ，所在不明共有者に対して支払われるべき金額も共有減価を考慮しないことを前提として持分に応じて按分した額とすべきと考えられるからである。

(4) 供託がされた後に，所在不明共有者が現れ，供託金の還付を受けた上で，不動産の時価相当額や所在不明共有者の持分に応じて按分して得た額は供託された金額を超える金額であると主張し，供託金との差額を請求する場合の処理については，前記補足説明4(2)と同様になると考えられる。

6 持分取得による持分の移転の登記の方法（試案第1の2(2)ア（注2）（注6））について

(1) 試案第1の2(2)ア（注2）では，甲案を採用した場合における所在不明共有者の持分の移転の登記の方法について取り上げている。

甲案を採用し，①aの請求権を行使した場合には，請求をした共有者は，所在不明共有者の持分を取得するが，登記手続については，特段の規律を設けなければ，請求をした共有者は，所在不明共有者を被告として所有権移転登記手続請求訴訟を提起し，その認容判決を得て，単独申請（不動産登記法（平成16年法律第123号）第63条第1項）により持分の移転の登記をすることになる（請求をした共有者と所在不明共有者の共同申請によることも法律上は可能であるが，所在不明共有者に申請をさせることは実際には不可能であ

る。）。そして，この場合の訴訟手続は，公示送達の方法で訴状を送達して行うこととなる。

　もっとも，訴訟手続を経なければならないことによる負担を軽減する観点から，別途の手続を整備することが考えられる。例えば，登記の申請手続において，試案第１の２(2)ア①及び（後注１）等で検討する要件を充たすことを証する情報（移転に係る持分の登記名義人が所在不明共有者であることや，供託をした金額が相当と認められるものであることなどを証するもの）を添付情報として提供させ，登記官がこれを審査することにより，訴訟手続を経ずに，請求をした共有者の単独申請により，所在不明共有者の持分の移転の登記をすることができるものとすることが考えられる。

　ただし，部会では，所在不明共有者の持分につき，裁判所の手続を経ずに他者に移転し，その移転の登記を単独申請によりすることができる仕組みとすることは，その要件の審査を登記官において的確に行うことはできず，所在不明共有者とされている共有者の権利を不当に害するなどとして，強い否定的意見もあった。

(2) 試案第１の２(2)ア（注６）では，乙案を採用した場合における所在不明共有者の持分の移転の登記の方法について取り上げている。

　乙案を採用し，裁判所が①ａの決定をした場合には，請求をした共有者は所在不明共有者の持分を取得するが，登記手続は，特段の規律を設けなければ，甲案をとった場合と同様に，訴訟手続を経ることになる。

　もっとも，決定についての裁判手続を行った上でなお訴訟手続を経なければならないことによる負担を軽減する観点から，裁判所が，①ａの決定をする際に，請求をした共有者に所在不明共有者の持分に係る登記を備えるために必要な行為をする権限を付与することについて，検討することが考えられる。この場合には，登記の申請手続において，上記の裁判所による権限付与を証する情報（決定書）を添付情報として提供させ，登記官がこれを審査することにより，訴訟手続を経ずに，請求をした共有者の単独申請により，所在不明共有者の持分の移転の登記をすることができるものとすることが考えられる。

7　第三者への譲渡と所有権の移転の登記の方法（試案第１の２(2)ア（注３）（注７））について

(1) 試案第１の２(2)ア（注３）では，甲案を採用した場合における第三者への所有権の移転の登記の方法について取り上げている。

　甲案を採用し，①ｂの請求権を行使した場合には，請求をした共有者は，所在不明共有者の持分の譲渡権限を取得し，この権限を行使して第三者に共有物の所有権を譲渡することができるが，譲受人への所有権の移転の登記の手続については，特段の規律を設けなければ，所在不明共有者の持分に関しては，譲受人が所在不明共有者を被告として所有権移転登記手続請求訴訟を提起し，その認容判決を得た上で，譲受人の単独申請により持分の移転の登記をすることとなる。

　もっとも，訴訟手続を提起するなどの負担を軽減する観点から，別途の手続

を整備することが考えられる。具体的には，試案第1の2(2)ア①及び（後注1）等で検討する要件を充たす場合には，請求をした共有者が所在不明共有者の持分に係る登記を備えるために必要な行為をする権限を取得するものとし，その要件を充たすことを証する情報を添付情報として提供させて，登記官においてこれを審査することにより，請求をした共有者及び譲受人（他の共有者がある場合にあっては，請求をした共有者及び他の共有者並びに譲受人）との共同申請で，譲受人に所在不明共有者の持分を含めた共有者全員持分の全部移転の登記をすることができるとすることが考えられる。

　　ただし，部会において，所在不明共有者の持分につき，裁判所の手続を経ずに他者に移転し，その移転の登記をすることができる仕組みとすることに，強い否定的意見もあった。

(2) 試案第1の2(2)ア（注7）では，乙案を採用した場合における第三者への所有権の移転の登記の方法について取り上げている。

　　乙案を採用し，裁判所が①bの決定をした場合には，請求をした共有者は，取得した権限を行使して第三者に共有物の所有権を譲渡することができるが，登記手続については，特段の規律を設けなければ，甲案をとった場合と同様になる。

　　もっとも，訴訟手続を提起するなどの負担を軽減する観点から，裁判所が，①bの決定をする際に，請求をした共有者に所在不明共有者の持分に係る登記を備えるために必要な行為をする権限を付与することが考えられる。この場合には，裁判所においてその権限を付与する処分がされたことを証する情報（決定書）を添付情報として提供することにより，請求をした共有者及び譲受人（他の共有者がある場合にあっては，請求をした共有者及び他の共有者並びに譲受人）との共同申請で，譲受人に所在不明共有者の持分を含めた共有者全員の持分の全部移転の登記をすることができるとすることが考えられる。

8　甲案をとった場合の権利行使の方法（試案第1の2(2)ア（注4））について

　　甲案は，所在不明共有者に対して請求権を行使することによって当然に効果が生ずるとするものであるため，請求権の行使は，所在不明共有者に対する意思表示をする方法によると構成することが考えられる。

　　このように構成した場合には，所在不明共有者に対して意思表示をするには，訴訟を提起した上で民事訴訟法（平成8年法律第109号）第113条の公示送達による意思表示の方法をとる（訴訟を提起しない方法による登記手続を認めるのであれば，民法第98条の公示による意思表示の方法をとる）か，不在者財産管理人や検討中の土地管理人等を選任し，その者に意思表示をする方法をとる必要があり，何らかの形で裁判所の手続を経ることになる。

　　もっとも，請求者の負担を軽減する観点から，特に，試案第1の2(2)ア（注2）及び（注3）において，訴訟を提起しない方法による登記手続を認めるのであれば，これらの手続をとることなくできるようにすることも考えられ，例えば，請求権を行使する旨の公告をすれば，請求権を行使したと認めることが考えられる。

また，この構成をとる場合には，請求をした共有者が自ら公告をすることが考えられるが，裁判所の手続を経ずに登記手続を行う方法を認める場合には，その後に登記手続を行うことになる登記官において，いわば準備段階における措置として，公告の実施等をすることなども考えられる。

イ　不特定共有者の不動産の共有持分の取得等
共有者を知ることができない場合に，アの【乙案】と同様の規律を設けることについては，引き続き検討する。

（補足説明）
1　提案の趣旨等
　(1)　共有物をどのように管理するかは，基本的には，共有者間の協議により定めることになるが，氏名等を知ることができない共有者（以下「不特定共有者」という。）との間では協議することができない。そのためこの状態が継続すると，共有物の管理に支障が生ずるおそれがあるため，共有者としては，不特定共有者との間の共有関係を解消することが考えられるが，不特定共有者がいるときには，現行法では，協議をすることも裁判による共有物分割の方法をとることもできない。試案第2の1では，財産管理制度の見直しにおいて，不特定共有者の土地の共有持分につき裁判所が土地管理人を選任する仕組み等を設けることも検討されており，この土地管理人との間で協議等をすることも考えられるが，管理人を選任する場合にはその報酬等の金銭的な負担も伴うことになるため，そのような管理人の選任を経ずに，共有関係を解消することを検討することが考えられる。
　(2)　また，一般的に，共有者の一人が自己の共有持分のみを売却して得る代金よりも，共有物全体を売却し，その持分割合に応じて受け取る代金の方が高額になるが，共有者の中に不特定共有者がいる場合には，共有者全員の同意が得られないため，共有物全体を売却することができない。前記のとおり，土地管理人の同意を得るとすることも考えられるが，管理人を選任する場合にはその報酬等の金銭的な負担も伴うことになる。
　(3)　そこで，試案第1の2(2)イでは，共有者を知ることができない場合に，アの乙案と同様の規律を設けることについて，引き続き検討することとしている。
2　不特定共有者がいる場合に特有の問題
　共有者の所在を知ることができないケースでは，基本的には，登記簿上，権利部（権利部がないときは，表題部）に共有者の記載があり，その共有持分の割合や，共有者の数などが特定されている。
　他方で，表題登記がされていない不動産や表題部所有者不明土地を念頭に置くと，共有者を知ることができないケースでは，共有持分の割合だけでなく，共有者の総数が全く分からないケースもあり得ると考えられる（もっとも，各共有者の持分は，相等しいものと推定される〔民法第250条〕ので，共有者の総数が分かれば，持分の割合を推定することはできる。）。

42

そのため，不特定共有者の不動産の共有持分の取得等の規律を設けるとして，試案第1の2(2)アの乙案と同様の規律とすると，最終的には裁判所が供託すべき金額を定めることになるが，何を基準として，不特定共有者の持分の価格を算定するのかが問題となる。

　例えば，不動産が共有されているが，必要な調査を尽くしても請求をした共有者以外の共有者を特定することができないケースでは，共有者の総数を特定することができない以上，土地全体の額を供託の額とせざるを得ないという考え方や，上記のとおり各共有者の持分は相等しいものと推定されることを前提に，少なくとも，共有者は請求をした共有者と不特定共有者の2人おり，特定共有者の持分は2分の1であるとして金額を算定するという考え方などもあり得るが，引き続き検討する必要がある。

　また，不特定共有者から持分を取得する場合にはその共有者が実際上は明らかではないため，共有物に関して問題が生じた場合に，それによって生ずる責任をどのような形で誰に負わせるのかが，持分を譲渡する共有者が特定されているケースと比しても，課題となるとの指摘があり得る。

3　試案第1の2(2)アの甲案を検討しない理由

　試案第1の2(2)アの甲案では，所在不明共有者に対し，他の共有者が所在不明共有者の持分を譲り渡すこと等を請求することができることを提案しているが，ここでは，甲案と同様の形で不特定共有者に対する持分譲渡請求の規律を設けることは提案していない。

　不特定共有者がいる場合に甲案と同様の規律をとったとすると，持分の移転の登記の手続について検討する必要があるが，現在の民事訴訟法の原則によれば，被告とすべき者を特定することができない場合には，適法に訴えを提起することができず，判決による単独申請の方法（不動産登記法第63条第1項）によることができないため，例えば，不特定共有者の持分につき，現在検討中の土地管理人の選任を受け，その者を被告として所有権移転登記手続請求訴訟を提起するほかないことになる。

　しかし，そもそも，譲り渡すこと等を請求する際に土地管理人が選任されているのであれば，「共有者を知ることができない」ことに該当しないし，請求をした後に，移転の登記のみをするために，土地管理人を選任する仕組みをとるのは合理的ではなく，土地管理人等の選任を経ずに共有関係を解消する仕組みを設けようとしたことと矛盾する。そうであれば，あえて甲案のような規律を設けずに，不特定共有者の持分の取得等は，土地管理人を選任した上で，その者との間で譲渡等の協議をし，協議が整わないときには，土地管理人を被告として，共有物分割の申立てをすれば足りると考えられる。

　また，試案第1の2(2)ア（注2）（注3）で取り上げているように，甲案と同様の規律をとった上で，不動産登記の場面では，判決手続を経ずに，請求をした共有者が単独申請をすることができるとの仕組みをとることも考えられる。しかし，不特定共有者のケースでは，持分割合すら不明である場合もあるなど，所在不明共有者のケースと比較して，その持分の価額を算定することが困難であるケ

ースが多いものと想定され，そのような判決手続を経ない単独申請の仕組みを認めることは，所在不明共有者のケース以上に困難であるほか，このような仕組みに対しては，持分を奪われることになる共有者の権利保護の観点から強い否定的意見があったことは前述のとおりである。

そのため，試案第1の1イでは，甲案と同様の規律を設けることについては，取り上げていない。

（後注1）共有者を知ることができず，又はその所在を知ることができないときとは，必要な調査を尽くしても，共有者の氏名又は名称やその所在を知ることができないときをいう。また，共有者が法人である場合には，その本店及び主たる事務所が判明せず，かつ，代表者が存在しない又はその所在を知ることができないときに，「所有者の所在を知ることができない」ときに該当することを想定している。

所在を知ることができないかどうかの調査方法については，少なくとも，①所有者が自然人である場合には，登記簿上及び住民票上の住所に居住していないかどうかを調査する（所有者が死亡している場合には，戸籍を調査して，その戸籍の調査で判明した相続人の住民票を調査する）ことや，②所有者が法人である場合には，イ）法人の登記簿上の所在地に本店又は主たる事務所がないことに加え，ロ）代表者が法人の登記簿上及び住民票上の住所に居住していないか，法人の登記簿上の代表者が死亡して存在しないことを調査することが想定されるが，その他にどのような調査を行うのかや，その在り方については，その判断をどの機関が行うことになるのかを含め，引き続き検討する。

また，自然人である共有者が死亡しているが，戸籍を調査しても相続人が判明しない場合と戸籍の調査によって判明した相続人が全て相続放棄をした場合について，民法第951条以下の手続（この手続を経れば，特別縁故者がいない限り，他の共有者は持分を無償で取得することができる。民法第255条）を経ずに，ア及びイの制度を利用して有償で他の共有者の持分を取得することが可能とすることについては，特別縁故者が存在し得ることを念頭に，慎重に検討する。

（後注2）供託金の法的性質は，所在不明共有者又は不特定共有者の時価請求権又は按分額請求権についての一種の弁済供託と位置付ける。時価請求権又は按分額請求権の額につき争いがある場合には，最終的には，訴訟でその額を確定する。所在不明共有者又は不特定共有者は，請求することができる額が供託金額を超えると判断した場合には，訴訟でその差額を請求することができる。

（後注3）持分の取得等の効果が生ずるためには，その旨の公告をしなければならないものとするとともに，その公告から一定の期間（例えば，3か月）を経ても，異議の申出がないことを，効果が生じるための要件とする方向で検討する。

なお，具体的な公告の手続については，アの【甲案】と【乙案】の採否を踏まえて検討する。

（後注4）他の共有者が同様に請求権を行使する機会を保障する観点から，他の共有者が公告から一定の期間内に同様に請求権を行使した場合には，請求した共有者らは，その持分の価格に応じて，所在不明共有者又は不特定共有者の持分を按分して取得するものとすることについて，引き続き検討する。

また，請求をした共有者以外の共有者の上記の機会を保障する観点から，①請求をした共有者以外の者も所在不明共有者又は不特定共有者の持分の取得を希望する場合には，一定の期間内に申出をすべき旨を公告すること，②登記がされている共有者には，公告とは別に，その登記上の住所に宛てて通知をすることについて，引き続き検討する。

　　　なお，具体的な公告の手続については，アの【甲案】と【乙案】の採否を踏まえて検討する。

　　（後注５）この制度の対象を不動産（土地及び建物）の所有権又は共有権以外の権利又は不動産以外の財産にも広げるものとするかどうかについては，アの【甲案】と【乙案】の採否を踏まえて引き続き検討する。

（補足説明）
1　共有者を知ることができず，又はその所在を知ることができないとき（試案第1の2（後注1））について
　　　試案第1の2（後注1）では，所在不明共有者又は不特定共有者の不動産の共有持分の取得等の規律を適用するためには，必要な調査を尽くさなければならないことを明記したほか，共有者が法人である場合の調査の対象を明らかにしている。

　　　また，自然人である共有者が死亡しているが，戸籍を調査しても相続人が判明しない場合や戸籍の調査によって判明した相続人が全て相続放棄をした場合についても取り上げている。

　　　これらの場合には，民法第951条以下の相続財産管理制度が準備されており，特別縁故者がいなければ，その相続財産管理制度における手続を経て，他の共有者が持分を無償で取得することができる（民法第255条，最判平成元年11月24日民集43巻10号1220頁参照）。

　　　そのため，試案第1の2(2)ア又はイの制度を利用して有償で他の共有者の持分を取得することができるようにする必要はないとも考えられるほか，これを認めると，当該共有物を取得する可能性があった特別縁故者の利益を害する可能性もある。

　　　もっとも，相続財産管理の手続を経る方が生じるコストが高い可能性もあるし，特別縁故者の利益は試案第1の2(2)ア又はイの制度によって生じる代金債権等を代償物として取得させることによって確保することも考えられることから，この場面において持分の有償取得の規律を設けることについて慎重に検討することを提案している。
2　供託金（試案第1の2(2)（後注2））について
　　　試案第1の2(2)（後注2）では，供託金について取り上げている。

　　　供託金の法的性質については，所在不明共有者又は不特定共有者の時価請求権又は按分額請求権についての一種の弁済供託と位置付けることを提案している。そのため，一般的な弁済供託と同様に，所在不明共有者及び不特定共有者が後に現れた場合には，供託金の還付請求をすることができるようにすることが考えら

45

れる（民法第４９８条第１項参照）。

　なお，一般的な弁済供託と同様に，持分の取得等を請求した共有者は，所在不明共有者等が供託を受諾等しない間は，供託金を取り戻すことができるとすることも考えられる（民法第４９６条第１項参照）が，供託金が取り戻されると，供託がされなかったものとみなされ，供託を要件として生じた効果（所在不明共有者の持分の移転等の効果）も消滅することになると解される（同項参照）が，部会では，供託金の取戻権については，一定の段階に至れば，これを行使することはできないとすべきとの指摘があった。

　また，時価請求権又は按分額請求権の額につき争いがある場合には，最終的には，訴訟でその額を確定する。所在不明共有者又は不特定共有者は，請求することができる額が供託金額を超えると判断した場合には，訴訟でその差額を請求することができるとしている（試案第１の２(2)アの補足説明４参照）。

３　公告手続（試案第１の２(2)（後注３））について

　試案第１の２(2)（後注３）では，持分を喪失することになる所在不明共有者や不特定共有者に異論を述べる機会を保障する観点から，利益保護の観点から，持分の取得等の効果を生じさせるためには，その旨の公告をしなければならないものとするとともに，その公告から一定の期間（例えば，３か月）を経ても異議の申出がないことを，効果発生のための要件とする方向で検討することを提案している。一定の期間として３か月を例示しているのは，いわゆる普通失踪における失踪宣告の際の公告期間（家事事件手続法第１４８条第３項）を参考にしている。

　あわせて，具体的な公告の手続については，試案第１の２(2)アの甲案と乙案の採否を踏まえて検討することを提案している。

　例えば，甲案をとる場合には，請求をした共有者が自ら公告をした上で，移転の登記の際に，訴訟手続又は登記申請において，そのことを立証する方法をとることになると思われる。ただし，試案第１の２(2)ア（注２）から（注４）までとも関連するが，特に，裁判所の手続を経ずに登記手続を行う方法を認める場合に，いわば準備段階において，その後に登記手続を行う法務局が公告等に関与することなども考えられる。

　乙案をとる場合には，裁判手続の中で，公告等をすることが考えられる。具体的には，現在の相続人不存在の場合における相続財産管理人の選任を参考に，申立人が不明であることを立証した場合には，裁判所は，処分をする前に，不明共有者の探索等を行うための公告をし，不明共有者からの異議がなければ，処分をするということが考えられる。

４　他の共有者との関係（試案第１の２(2)（後注４））について

(1)　例えば，A，B及びCが各３分の１の持分で不動産を共有するケースで，Cの所在等が不明であり，A及びBのいずれもがCの持分を取得するために請求権を行使することが可能である場合において，Aが請求権を行使した後に，Bが請求権を行使することができるかが問題となり得る。

　このような場合には，請求権行使の先後で優劣を決するとすることも考えられ

るが，上記のケースでは，Aが持分の過半数を有することになり，Bに与える影響が大きくなるため，請求権行使の先後のみで決してよいのかについては疑問も残る。

そのため，請求権の行使につき競合を認めることとし，ある共有者がアの請求権を行使した場合に，他の共有者が公告（後記(2)参照）から一定の期間内に同様に請求権を行使したときは，請求権を行使した共有者らは，その持分の割合に応じて，所在不明共有者又は不特定共有者の持分を取得するものとすることにつき，引き続き検討することを提案している。

(2) また，請求をした共有者以外の共有者の上記の機会を保障する観点から，①請求をした共有者以外の者も所在不明共有者又は不特定共有者の持分の取得を希望する場合には，一定の期間内に申出をすべき旨を公告すること，②登記がされている共有者には，公告とは別に，その登記上の住所に宛てて通知をすることが考えられる。

具体的な公告の手続については，アの甲案と乙案の採否を踏まえて検討する必要がある

甲案をとる場合には，請求をした共有者が，自ら公告や通知をすることになると考えられる。その上で，登記手続は，請求や申出をした共有者がそれぞれ行うことになると考えられる。

他方で，乙案をとる場合には，裁判手続の中で，公告や通知をすることが考えられる。具体的には，現在の相続人不存在の場合における相続財産管理人の選任を参考に，申立人が不明であることを立証した場合には，裁判所は，処分をする前に，公告や通知をし，他の共有者からの申立てがなければ，処分をするということが考えられる。

(3) なお，以上の議論は，所在不明共有者の持分を請求をした共有者に取得させるケース（試案第1の2(2)ア甲案①a及び乙案①a）を念頭に置いている。

不動産の所有権を第三者に譲渡することができる権限を請求をした共有者に付与する規律（試案第1の2(2)ア甲案①b及び乙案①b）では，所在不明共有者以外の共有者全員の同意を得なければ，その権限を行使して不動産の所有権を第三者に譲渡することはできないので，他の共有者の権利を保障する機会を別途設ける必要はないと考えられる。

5　不動産以外の共有物への拡大（試案第1の2(2)（後注5））について

不動産（土地及び建物）の所有権若しくは共有権以外の権利又は不動産以外の財産への拡大については，不動産の所有権又は共有権についての仕組みを検討した上で，その仕組みを他の共有物に広げることの可否や，その必要性について検討することが考えられる（試案第1の2(2)ア補足説明1(4)参照）。

第2　財産管理制度
1　所有者不明土地管理制度等
(1) 所有者が不明である場合の土地の管理命令
所有者不明土地を管理するための新たな財産管理制度として，次のような

規律を設ける。

ア　土地管理人による管理を命ずる処分

　裁判所は，所有者（土地が数人の共有に属する場合にあっては，共有持分を有する者）を知ることができず，又はその所在を知ることができない土地（土地が数人の共有に属する場合において，共有持分の一部について所有者を知ることができず，又はその所在を知ることができないときにあっては，その共有持分）について，必要があると認めるときは，利害関係人の申立てにより，その申立てに係る土地又は共有持分を対象として，土地管理人による管理を命ずる処分（以下「土地管理命令」という。）をすることができる。

（注１）所有者を知ることができず，又はその所在を知ることができないときとは，必要な調査を尽くしても，所有者の氏名又は名称やその所在を知ることができないときをいう。また，所有者が法人である場合には，その本店及び主たる事務所が判明せず，かつ，代表者が存在しない又はその所在を知ることができないときに，「所有者の所在を知ることができない」ときに該当することを想定している。

　　　所在を知ることができないかどうかの調査方法については，少なくとも，①所有者が自然人である場合には，登記簿上及び住民票上の住所に居住していないかどうかを調査する（所有者が死亡している場合には，戸籍を調査して，その戸籍の調査で判明した相続人の住民票を調査する）ことや，②所有者が法人である場合には，イ）法人の登記簿上の所在地に本店又は主たる事務所がないことに加え，ロ）代表者が法人の登記簿上及び住民票上の住所に居住していないか，法人の登記簿上の代表者が死亡して存在しないことを調査することが想定されるが，その他にどのような調査を行うのかは，定められた要件を前提に，最終的には，裁判所において適切に判断されることを想定している。

　　　なお，所有者が死亡して戸籍等を調査しても相続人が判明しないときや，判明した相続人全員が相続の放棄をした場合には，所有者を知ることができないときに当たるとすることを想定している。

（注２）土地の所有者が法人でない社団又は財団である場合には，その代表者が存在しない，又はその所在を知ることができず，かつ，当該法人でない社団又は財団の全ての構成員を特定することができず，又はその所在を知ることができないときに，「所有者を知ることができず，又はその所在を知ることができないとき」に該当するとすることが考えられる。

（注３）所有者を特定することができない場合と所有者を特定することができるがその所在を知ることができない場合とで，イ以下の土地管理人の権限等も含め別個の規律とする考え方がある。

（注４）土地が数人の共有に属する場合において，共有持分を有する者を誰も知ることができず，又はその所在を知ることができないときは，土地全体について土地管理命令を発することができる。

　　　また，例えば，土地が三人の共有に属する場合において，一人の共有持分についてはその所有者及び所在が判明しているが，他の二人の共有持分について所有者を

民法・不動産登記法（所有者不明土地関係）等の改正に関する中間試案の補足説明

知ることができず，又はその所在を知ることができないときは，他の二人の共有持
　　　分についての土地管理命令を発することができる。

　　　　なお，共有者は，利害関係人として，他の共有持分について土地管理命令の申立
　　　てをすることができる。

　　（注5）「土地が数人の共有に属する場合」には，土地の所有者が死亡し，土地が複
　　　数の相続人の遺産共有に属する場合が含まれるが，土地管理人が遺産分割の当事者
　　　になることはできない。

　　（注6）裁判所は，土地管理命令において，管理行為の内容，管理方法，管理期間等
　　　を定めることができ，これを変更する必要が生じた場合には，土地管理命令を変更
　　　することができる。

（補足説明）
1　提案の趣旨
　（1）土地の円滑な管理が困難になる所有者不明土地の典型として，土地所有者が
　　　従来の住所又は居所を去って容易に帰来する見込みがない不在者になっている
　　　場合や，土地所有者が死亡したが，相続人があることが明らかでなく，相続財
　　　産法人が成立している場合（民法第951条）がある。特に，土地の所有権の
　　　登記名義人が死亡し，当該土地を数人の相続人が相続したが，遺産分割がされ
　　　ないまま放置され，更にその相続人の全部又は一部が死亡していわゆる数次相
　　　続が生じ，土地が多数の相続人による遺産共有状態になった場合においては，
　　　複数の相続人が不在者になっているケースや，複数の相続人が死亡し，これら
　　　の者について相続財産法人が成立しているケースもある。

　　　　このような土地を管理する必要が生じた場合には，現行法では，不在者財産
　　　管理制度（民法第25条第1項）及び相続財産管理制度（民法第952条第1
　　　項）が活用されている。

　　　　もっとも，これらの制度において選任された財産管理人は，不在者の財産全
　　　般又は相続財産全般を管理することとされているため，特定の財産にのみ利害
　　　関係を有する申立人の申立てにより財産管理人が選任された場合であっても，
　　　財産全般を管理することを前提とした事務作業や費用等の負担を強いられ，事
　　　案の処理にも時間を要しているとの指摘がある。

　　　　また，財産管理人の報酬を含む管理費用を賄うために，申立人が管理費用相
　　　当額の予納金の納付を求められることがある。

　　　　さらに，前述のように，数次相続が生じており，複数の相続人が不在者等に
　　　なっている場合には，各不在者等について別の財産管理人を選任されることが
　　　あり，時間的にも金銭的にもコストが増大することになる。

　　　　こうした事情から，土地の管理が必要な状態になっているにもかかわらず，
　　　このような負担を負うことができないため，結局，土地が管理されずに放置さ
　　　れ続けることになりかねない。

　　　　そこで，試案第2の1(1)では，不在者財産管理制度又は相続財産管理制度と
　　　は異なる，利害関係人の利益にも配慮しながら所有者不明土地の円滑かつ適正

な管理を実現するための新たな財産管理制度（所有者不明土地管理制度）を創設することを提案している。

　なお，所有者不明土地管理制度とは別に，所有者が土地を管理していない場合に土地を円滑かつ適正に管理するための仕組みとして，管理不全土地管理制度の創設についても併せて提案されている（試案第２の２(1)参照）。

(2) 所有者不明土地管理制度の創設の趣旨については，次のように整理することができる。

　すなわち，民法は，社会経済における土地の特殊性に着目して，土地所有権の内容に特別の調整を図る規律を設けているが（第２０７条，第２０９条以下参照），土地に関しては，社会経済情勢の変化を背景に，所有者の土地への関心が薄れがちになり，一方で土地の所有者が死亡しても相続登記がされないこと等を原因として，不動産登記簿により所有者が直ちに判明せず，又は判明しても連絡がつかない所有者不明土地が発生するとともに，他方で土地が管理されずに放置されて周囲に悪影響を及ぼす事態が発生している。

　このような現代における社会経済情勢に鑑みると，土地を適切に管理することが困難な状態になっているときは，土地所有権に制約を加え，その土地を適切に管理することを可能とする制度を設けて，土地所有権の内容に新たな調整原理を導入する必要があると考えられる。

　そして，必要な調査を尽くしても土地の所有者又は共有地の持分権者が不明であり，又はその所在が不明であるときは，土地を適切に管理することが著しく困難になることがあることから，こうした土地の円滑かつ適正な管理を図るため，当該土地の管理に特化した制度（所有者不明土地管理制度）を創設することが考えられる。

(3) なお，所有者不明土地管理制度の創設とは別に，現行の不在者財産管理制度や相続財産管理制度についても，上記(1)のような課題が指摘されていることから，その合理化を含め見直しを図ることが必要である。そこで，試案第２の３及び４において，現行の財産管理制度の見直しについても別途検討を行っている。

2　土地管理人による管理を命ずる処分について（試案第２の１(1)ア）

　土地の所有者を知ることができず，又はその所在を知ることができないとき（その定義については，試案第２の１(1)ア（注１）で注記している。）は，土地の保存，利用，改良行為等の管理がされずに管理不全状態に陥ることが多く，また，将来にわたって土地の十分な管理が困難になるおそれがあるなど，土地の社会経済上の効用を阻害する要因となる。

　そこで，土地の所有者の利益を保護しつつ，土地を適切に上記のような管理をすることを可能とするために，管理人を選任して土地の管理に当たらせる制度（所有者不明土地管理制度）を設ける必要があると考えられる。

　試案第２の１(1)アは，管理人を選任するための要件及び申立権者について提案するものである。

(1) 所有者を知ることができず，又はその所在を知ることができないときについ

て（試案第2の1(1)ア（注1）から（注3）まで）

ア　試案第2の1(1)アでは，管理の対象となる土地を，「所有者を知ることができず，又はその所在を知ることができない土地（土地が数人の共有に属する場合において，共有持分の一部について所有者を知ることができず，又はその所在を知ることができないときにあっては，その共有持分）」とし，対象となる土地を所有者の特定ができない土地及び所有者の所在が不明な土地に限定している。

どのような調査をすれば土地所有者を知ることができず，又はその所在を知ることができないといえるかにつき，最低限行うことが想定されるものについて，試案第2の1(1)ア（注1）及び（注2）で記載している。なお，部会においては，管理人による管理を安易に認めるのはその効果との関係で相当ではなく，調査を尽くしてもなお所有者又はその所在を知ることができない場合に限るべきとの指摘があった。

イ　自然人である所有者が死亡しており，戸籍を調査しても相続人が判明しない場合や，相続人全員が相続の放棄をした場合については，土地の所有者を特定することができないことから，所有者を知ることができないときに該当することを想定している。

また，所有者が自然人又は法人である場合に所在を知ることができないと判断するために少なくとも必要とされる調査方法は，試案第2の1(1)ア（注1）の①及び②にそれぞれ記載しているとおりである。なお，登記記録の表題部に所有者の氏名又は名称及び住所が全部記録されていることによって，所有者は特定されているものの，その所在が不明であるときは，所有者の所在を知ることができないときに該当するとすることを想定している。

なお，所有権の登記がない土地のうち，登記記録の表題部に所有者の氏名又は名称及び住所の全部又は一部が登記されていないものについても，所有者の特定が困難なことがある。これを所有者を知ることができないときに当たるとして，本制度の対象とすることも考えられるが，他方で，このような土地については，表題部所有者不明土地の登記及び管理の適正化に関する法律（令和元年法律第15号）において，既に立法的手当がされている（表題部所有者不明土地については，所有者の発見が特に困難なものとして，登記官による探索が予定されており，その探索を経てもなお所有者が特定できない場合のために特別の管理制度が設けられている。）。このことを踏まえ，所有者不明土地管理制度と同法において設けられている管理制度の関係を引き続き検討する必要がある。

ウ　土地の所有者が法人でない社団又は財団である場合は，その代表者又は管理人がないか，その所在を知ることができない場合であって，かつ，当該法人でない社団等の全ての構成員を特定することができず，又はその所在が明らかでないときに，所有者を知ることができず，又はその所在を知ることができないときに該当するとすることが考えられる。そこで，その旨を試案第2の1(1)ア（注2）で記載している。

51

エ　また，所有者を特定することができない場合と所有者を特定することができるがその所在を知ることができない場合とでは，土地管理人の選任後に土地の所有者との間で当該土地について取引行為を行う第三者が現れる可能性が異なるなど，状況が異なり，土地管理人の権限をはじめとする規律も異なり得るとの考え方がある（試案第2の1(1)イ（注1）及びその補足説明参照）ことから，その旨を試案第2の1(1)ア（注3）で記載している。

(2) 共有地について（試案第2の1(1)ア（注4））

　土地が数人の共有に属する場合において，共有者の一部が所在不明であるときは，他の共有者は，変更・処分に当たる行為をすることができず，また，不明共有者の持分が2分の1以上であるときは，管理に関する事項に当たる行為をすることもできなくなるため，土地の十全な管理を阻害する要因となるという意味では，土地が単独所有されている場合と大きく異ならないと考えられる。

　もっとも，所在等が不明でない共有者は，その意思に基づいて自己の持分を使用，収益又は処分することができるのであり，不明共有者の持分について管理人が選任されたとしても，所在等が不明でない共有者自身の持分に基づく権利行使が管理人によって制限されるとすることは不適当である。部会においても，土地管理人が選任されたとしても，管理人が所在不明でない共有者の意思に反してその持分を処分することを許容することはできない旨の意見があった。

　そこで，試案第2の1(1)アでは，土地が数人の共有に属する場合において，共有持分の一部について所有者を知ることができず，又はその所在を知ることができないときにあっては，その共有持分について，管理人を選任することを可能とすることとしている。

　このような仕組みとするのであれば，管理人の管理対象は土地それ自体ではなく，土地の所有権又は共有持分であると考えられる。その具体的な適用関係については，試案第2の1(1)ア（注4）で記載しているとおりである。

　なお，不明共有者以外の共有者は，不明共有者の持分の管理について利害関係を有するから，利害関係人として，他の共有持分について土地管理命令の申立てをすることができると考えられる。

　また，数人の共有に属する土地の中には，共有者を特定することはできるが，その共有持分割合が不明なものもある。このような場合であっても，その共有持者の所在が不明である場合には，共有持分の一部について所有者の所在を知ることができないときに該当するとすることが考えられる。

(3) 必要があると認めるときについて

　「必要があると認めるとき」の要件は，土地管理命令を発するための要件であり，当該土地の状況を踏まえて，土地管理人に管理をさせる必要がないと考えられるときは，この要件を欠くため，申立てを却下し，又は管理命令を取り消す場合があることを想定している。

　例えば，土地の所有者の所在は不明であるが，第三者が適法な権原に基づき

当該土地を管理しているケースについては，事案ごとの判断ではあるが，発令までにその管理の事実が判明している場合には申立てを却下し，発令後にその管理の事実が判明した場合には管理命令を取り消すことがあると考えられる。

(4) 利害関係人について

土地管理制度において申立権を有する利害関係人は，土地について利害関係を有する者が想定される。

部会においては，土地の購入を希望する者が利害関係人に含まれるかどうかについて特に意見交換が行われたところ，公共事業の実施者が土地について利害関係を有するといえるとすることについては概ね異論がなかった。他方で，単に土地を購入したいという者については，利害関係人に含めることに慎重にみる向きもあったが，これに対して，私人が土地の購入をする場合であっても，事案によっては利害関係人に含めるべきとの意見もあった。

また，土地の隣地所有者なども，土地の適切な管理に強い利害関係を有することがあるから，事案によっては，利害関係人に当たると解することが可能と考えられる。

いずれにせよ，どのような者が利害関係人といえるかについては，一律に決せられる問題ではなく，上記の制度趣旨を踏まえ，事案に応じて適切に判断されるものと考えられる。

なお，利害関係人とは別に，地方公共団体に土地管理制度についての申立権を付与すべきかは，土地管理に関する地方公共団体の役割や負担の在り方等の地域行政の観点から検討されるべき事柄であると考えられる（所有者不明土地の利用の円滑化等に関する特別措置法第38条参照）。

(5) 土地管理人の選任等の手続について

土地管理人の選任等の手続は非訟事件手続によることが想定されるが，詳細については，他の法令（表題部所有者不明土地の登記及び管理の適正化に関する法律など）を参考に検討を進めることが考えられる。

3　遺産共有との関係（試案第2の1(1)ア（注5））について

土地を所有していた者が死亡し，土地が複数の相続人の遺産共有に属する場合にも，その相続人の所在等が不明であるために，土地の適切な管理がされないことがある。そこで，このようなケースでも，土地管理人を通じた土地の管理を可能とするために，「土地が数人の共有に属する場合」には，土地が複数の相続人の遺産共有に属する場合も含まれる旨を試案第2の1(1)ア（注5）で記載している。

もっとも，土地管理人が有する管理処分権は，当該土地の共有持分に関するものに限られ，被相続人が有していたそれ以外の財産（遺産）にまで及ぶものではないことから，土地管理人は遺産分割の当事者になることはできないことを，併せて試案第2の1(1)ア（注5）で明記している。

4　管理を命ずる処分の内容（試案第2の1(1)ア（注6））について

管理を命ずる処分の具体的内容は更に検討が必要であるが，試案第2の1(1)ア（注6）では，裁判所が，管理人の選任のほかに，土地管理命令において，管理

53

行為の内容，管理方法，管理期間等を定めることができるとすることについて注記している。

　イ　土地管理人の選任・権限等
　　①　裁判所は，土地管理命令をする場合には，当該土地管理命令において，土地管理人を選任しなければならない。
　　②【甲案】　①の規律により土地管理人が選任された場合には，土地管理人は，土地管理命令の対象とされた土地又は共有持分及びその管理，処分その他の事由により土地管理人が得た財産の管理及び処分をする権利を有する。
　　　【乙案】　（土地管理人が選任された場合には，その旨の登記をすることを前提として）①の規律により土地管理人が選任された場合には，土地管理命令の対象とされた土地又は共有持分及びその管理，処分その他の事由により土地管理人が得た財産の管理及び処分をする権利は，土地管理人に専属する。
　　③　土地管理人が次に掲げる行為の範囲を超える行為をするには，裁判所の許可を得なければならない。
　　　a　保存行為
　　　b　土地の性質を変えない範囲内において，その利用又は改良を目的とする行為
　　④　③の規律に違反して行った土地管理人の行為は，無効とする。
　　⑤　土地管理命令が発せられた場合には，当該土地管理命令の対象とされた土地又は共有持分に関する訴えについては，土地管理人を原告又は被告とすることができる。
　（注１）②の【甲案】及び【乙案】につき，所有者を特定することができない場合と所有者を特定することができるがその所在を知ることができない場合とで別異に解するとの考え方もある。
　（注２）③の規律に違反して行った行為の相手方の保護をどのようにして図るかについては，不在者財産管理人等と同様に，表見代理の規定の要件を満たす場合にはこれを適用又は類推適用することによって対応すべきとの考え方と，特に取引の安全を図る見地から，②につき【乙案】をとることを前提に，土地管理人の行為の無効を善意の相手方に対抗することができないとの規定を置くとの考え方がある。
　（注３）⑤は，土地管理人が選任された場合であっても，土地の所有者が特定されているときは，その所有者を被告とし，公示送達の方法によって訴状を送達して，訴訟手続を進行することもできることを意味する。
　　　⑤とは別に，土地管理人が選任されている場合には，土地管理人の訴訟追行によって土地の所有者の手続の保障を図る観点から，土地の所有者ではなく，土地管理人を被告としなければならないとの考え方がある。

（補足説明）

1 土地管理命令における土地管理人の選任（試案第2の1(1)イ①）について

　例えば，不在者財産管理制度では，家庭裁判所は不在者の財産の管理について必要な処分を命ずることができるとされ，管理人の選任以外にも，不在者の財産には様々なものが含まれ得ることを前提に，財産の供託，封印，競売，弁済等の様々な行為が必要な処分として命令することが想定されている。

　これに対し，所有者不明土地管理制度は，所有者の所在等が不明となっている土地について，土地の所有者の利益を保護しつつ，その適切な管理を図るためのものであり，これを実現するためには，管理人を選任して管理に当たらせることが最も効果的であると考えられる。

　そこで，試案第2の1(1)イ①では，裁判所は，所有者不明土地管理命令をする場合には，当該土地管理命令において，土地管理人を選任しなければならない旨を明記している。

2 土地管理人の権限（試案第2の1(1)イ②から④まで）について

(1) 試案第2の1(1)イ②から④までにおいては，土地管理人が選任された場合の土地所有者の管理処分権（②），土地管理人の権限の範囲（③），土地管理人が権限を越えて行った行為の効力（④）が提案されている。

　なお，土地管理人の地位については，土地所有者の権利保護を重視すれば，土地管理人を所有者の代理人と位置付けることに一定の親和性があると考えられるのに対し，土地の適切な管理の実現を目的として利害関係人の利益のためにも職務を行うものであることを重視すれば，土地の管理をその職責とする職務上の管理者と位置付けることもできると考えられる。

　もっとも，いずれにしても，土地管理人の法的地位からその権限が演繹的に導き出されるわけではなく，所有者の所在等が不明となっている土地について，土地の所有者の利益を保護しつつその適切な管理を図るという制度の趣旨を踏まえて，その権限の内容を検討することが必要であると考えられる。

　なお，どのような者を土地管理人に選任すべきかは，その役割を踏まえ，事案に応じて適切に判断される必要がある。例えば，申立人である利害関係人を土地管理人に選任することについては，土地管理人と土地所有者との間に一定の緊張関係があることを踏まえて，慎重な判断が求められる。

ア 試案第2の1(1)イ②及び（注1）について

　所有者の所在等が不明となっている土地の適切な管理を図るためには，管理人が，その土地又は共有持分及びその価値代替物についての管理処分権を行使することを可能とする必要がある。

　もっとも，所有者不明土地管理制度の対象には，所有者の所在の特定が困難ではあるものの所有者自体は判明しているケースが含まれており，土地管理人による管理の開始後もその所有者が別の地で当該土地を売却するなどの法律関係を形成している場合もあり得る。そのため，土地管理人が選任された後に，土地の所有者との間で取引をした相手方の取引の安全に配慮する必要があるが，一方で，土地管理人との間で取引を行った者の取引の安全についても配慮する必要がある。

55

そこで，甲案は，土地管理人に土地等の管理処分権を与えるが，所有者の管理処分権を制限することはしないとするものである。甲案では，土地管理人による売却の相手方と土地の所有者による売却の相手方との優劣は，登記の先後で決することになる（民法第１７７条）。

　これに対し，乙案は，土地管理人と取引をした相手方の取引の安全を重視し，土地管理人に管理処分権を専属させるとするものであるが，この場合には，土地管理人に管理処分権が専属していることを知らないまま土地の所有者と取引をする第三者が現れると，その者の取引の安全が不当に害されるおそれがあることから，このような事態を予防するために，土地管理人が選任された旨の登記をすることで，土地の管理処分権が土地管理人に専属している旨を公示することを前提としている。

　また，土地管理人の選任後に土地の所有者との間で当該土地について取引行為を行う第三者が現れる可能性は，当該土地の所有者が特定可能かどうかによって異なるため，甲案及び乙案につき，所有者を特定することができない場合と所有者を特定することができるがその所在を知ることができない場合とで別異に解するとの考え方もあることから，その旨を試案第２の１(1)イ（注１）で記載している（試案第２の１(1)ア（注３）及びその補足説明参照）。

イ　試案第２の１(1)イ③について

　土地管理制度は，土地を適切に管理することができるようにすることを目的とするものであるから，土地管理人の権限は，土地の保存，利用，改良行為を中心とすることになる。そこで，試案第２の１(1)イ③では，土地管理人の権限は，基本的にこれらに限られることとし，処分行為など，それを超える行為をするには，土地所有者の財産に与える影響が大きいことに配慮し，裁判所の許可を得る必要があるとしている。

　また，土地管理制度は，土地の適切な管理を図ることを目的とするが，事案によっては，土地を第三者に売却することが最も適切であると認められる場合も想定される。

　そのような場合には，裁判所の許可を得て土地を売却することになるが，所有者の所在が明らかでない場合，所有者を特定することができない場合で，それぞれ事情が異なり得ると考えられる。所有者の所在が明らかでないケースを対象とする場合には，その許否は，売却代金の相当性はもとより，所有者の帰来可能性も考慮した上で判断されると考えられる。これに対して，そもそも所有者を特定することができない場合には，所有者の帰来可能性を考慮することは想定し難い。

　なお，裁判所がいかなる場合に許可をするかの判断の基準については，引き続き検討を要する。

ウ　試案第２の１(1)イ④及び（注２）について

　試案第２の１(1)イ④は，裁判所の許可が必要な行為について，その許可を得ずに行った場合には，その効果は無効とするものである。

56

部会では，試案第２の１(1)イ②につき，土地管理人に管理処分権を専属させることを前提に，表題部所有者不明土地の登記及び管理の適正化に関する法律第２１条第３項等を参考に，裁判所の許可が必要な行為について，その許可を得ずに行った場合には，その効果は無効とし，善意の相手方には対抗できないとする規律を設けるとする案を検討していた。

しかし，これに対しては，土地管理人に管理処分権を専属させること自体について慎重な意見があったほか，不在者財産管理制度とは異なる規律を設けることについての異論もあった。

現行民法の不在者財産管理制度においては，管理人が裁判所の許可を得ずにその権限を超える行為をしたときは，本人に対してその効力を生じないものと解され（民法第１１３条第１項），取引の相手方を含む第三者に代理人の権限があると信ずべき正当な理由があるときは，表見代理の規定（民法第１１０条）が適用されるものと解される。

そこで，試案第２の１(1)イ（注２）では，試案第２の１(1)イ③の規律に違反して行った行為の相手方の保護をどのようにして図るかについて，試案第２の１(1)イ②につき甲案をとることを前提に，不在者財産管理制度等と同様に，表見代理の規定の要件を満たす場合にはこれを適用又は類推適用することによって対応すべきとの考え方と，特に取引の安全を図る見地から，試案第２の１(1)イ②につき乙案をとることを前提に，土地管理人の行為の無効を善意の相手方に対抗することができないとの規定を置くとの考え方を併記している。

エ　債務の弁済について

土地管理人は，土地を管理するものであり，土地所有者の債務（固定資産税債務を含む。）を管理するものではなく，その債務の弁済はその職務の内容に当然には含まれない。なお，土地管理人がその職務を行うに際し負った債務については，土地管理人は，後記のとおり裁判所が定める額の費用の前払を受けて，そこから支弁することになる。

この点に関連し，債務の弁済が土地管理人の職務に含まれるかという上記の問題とは視点が異なる問題として，土地管理人が土地を処分する際に，その処分にとって支障となる障害があるとき（例えば，土地に抵当権の登記がされているとき）に，これを除去するため（例えば，その被担保債権の弁済をして抵当権の登記を抹消するため）に，試案第２の１(1)イ②の裁判所の許可を得て，土地管理人が得ている財産から金銭を支出する（金銭を処分する）ことができるかについても問題となり得る。

そして，その障害があることによって当該土地を適正に管理することができる者に売却することができないといった事情や，そのような金銭の支出をすることで当該土地を高額で売却することができ，土地所有者に不利益が生じないといった事情がある場合には，裁判所がこの金銭の処分を許可することもあり得るとも思われる。

しかし，債務の弁済は，土地の管理権限のみを有する土地管理人の権限を

大きく超えるものである上，その許否を判断するためには所有者のみならず
債権者の利益等も考慮する必要がある。そうであるにもかかわらず，土地管
理人には他の債務を含む所有者の財産及び負債の状況を調査する権限がない
ことからすると，裁判所の許可制度の中でその適否を判断することは困難で
あると考えられる。

オ　管理人が選任された旨の登記について

　試案第2の1(1)イ②において乙案をとる場合には，管理処分権が土地管理
人に専属していることを公示するため，土地管理人が選任された旨の登記を
嘱託によって行うことが考えられる。

　この場合の登記の方法としては，対象となっている土地が所有権の登記が
ある土地かどうかによっても異なり得るが，いずれにせよ，引き続き検討を
要する。

3　土地管理人による訴訟追行（試案第2の1(1)イ⑤）について

(1)　試案第2の1(1)イ⑤は，土地管理命令が発せられた場合において，当該土地
管理命令の対象とされた土地又は共有持分に関する訴えについては，土地管理
人を原告又は被告とすることができる旨を提案するものである。

(2)　土地の適切な管理を実現する観点からは，所有者が所在不明等となっている
土地に関して，訴えを提起する必要がある場合（例えば，土地上に第三者の所
有する動産があり，管理の妨げとなる場合において，この動産の撤去を求める
妨害排除請求訴訟を提起する場合）には，土地管理人を原告として訴えの提起
を可能とすることが相当であると考えられる。

　また，土地についての訴えを提起しようとする者がいる場合には，土地管理
人は被告としての応訴活動もすることができるとすることが考えられる。

　そこで，試案第2の1(1)イ⑤では，当該土地管理命令の対象とされた土地又
は共有持分に関する訴えについては，土地管理人を原告又は被告とすることが
できることとしている。

　試案第2の1(1)イ⑤は，管理処分権を土地管理人に専属させるか否かにかか
わらず，土地管理人を原告又は被告とすることができるとすることを提案する
ものである。

(3)　この点に関連して，土地管理命令の対象となっている土地を時効取得したと
主張する者が，土地管理人を相手として所有権移転登記手続請求訴訟を提起す
ることができるかという問題がある。これは，土地管理人が所有権の登記に関
する実体法上の権限を行使できるかという問題であると考えられるが，土地管
理人が土地又はその共有持分の管理処分権を行使することとすれば，所有権の
登記に関する実体法上の権限についても管理人が行使することができるとする
ことが考えられる。

4　土地所有者を被告とする訴えの取扱いについて（試案第2の1(1)イ（注3））

(1)　所有者が特定されているが，その所在が不明となっている土地について訴え
を提起しようとする者は，少なくとも土地管理命令が発せられていない場合で
あれば，その所有者を被告とし，公示送達の方法によって訴状を送達して，訴

訟手続を進行することもできる。そして，たまたま土地管理命令が発せられているかどうかによって，被告となるべき者が異なることになるのは，訴えを提起しようとする者にとって，不便を招くおそれがある。

　　試案第2の1(1)イ⑤は，土地管理命令の対象とされた土地について訴えを提起しようとする者は，土地管理人を被告とすることもできるが，従前どおり土地所有者を被告とすることも妨げないとすることを提案するものであり，その趣旨を試案第2の1(1)イ（注3）で確認的に記載している。

(2) 試案第2の1(1)イ⑤の考え方とは別に，土地管理人が選任されている場合には，土地管理人の訴訟追行によって土地の所有者の手続の保障を図る観点から，土地の所有者ではなく，土地管理人を被告としなければならないとの考え方もあるため，試案第2の1(1)イ（注3）では，その旨を注記している。なお，部会においては，試案第2の1(1)イ②の乙案をとり，管理処分権が土地管理人に専属するのであれば，当事者適格も専属するというのが素直な考え方ではないかという意見もあった。

　　ウ　土地管理人の義務
　　　①　土地管理人は，善良な管理者の注意をもって，その職務を行わなければならない。
　　　②　土地管理人は，土地が数人の共有に属する場合において，それらの共有持分について選任されたときは，土地管理命令の対象とされた共有持分を有する者全員のために，誠実かつ公平にその権限を行使しなければならない。
　　エ　報酬等
　　　土地管理人は，土地管理命令の対象とされた土地及びその管理，処分その他の事由により土地管理人が得た財産から裁判所が定める額の費用の前払及び報酬を受けることができる。
　　オ　供託等
　　　①　土地管理人は，土地管理命令の対象とされた土地の管理，処分その他の事由により金銭が生じたときは，その所有者のために，当該金銭を当該土地の所在地の供託所に供託することができる。
　　　②　土地管理人は，①の規律による供託をしたときは，その旨その他一定の事項を公告しなければならない。
　　カ　土地管理命令の取消し
　　　裁判所は，所有者を知ることができないことを理由に土地管理人を選任した場合においてその所有者を知ることができたとき，所有者の所在を知ることができないことを理由に土地管理人を選任した場合において所有者の所在が判明したとき，土地管理人が管理すべき財産がなくなったとき（土地管理人が管理すべき財産の全部がオ①により供託されたときを含む。），その他土地管理命令の対象とされた土地の管理を継続することが相当でなくなったときは，所有者，土地管理人若しくは利害関係人の申立

てにより又は職権で，土地管理命令を取り消さなければならない。
　（注）土地管理人の辞任，解任等に関する規律についても，引き続き検討する。

（補足説明）
1　土地管理人の義務（試案第2の1(1)ウ）
　　試案第2の1(1)ウは，土地管理人の善管注意義務及び誠実公平義務について提
　案するものである。
　(1)　善管注意義務
　　　土地管理人は，土地を適切に管理することを職務としており，善良な管理者
　　の注意をもってその職務を行う義務を負うと考えられることから，試案第2の
　　1(1)ウ①のとおり提案している。
　　　部会においては，この職務上の注意義務が誰に向けられたものであるかにつ
　　いても意見交換がされたが，土地管理人の職務内容からすれば，土地所有者と
　　利害関係人の双方に一定の配慮をする必要があることから，土地所有者のみな
　　らず利害関係人に対してもその義務を負うことになるのではないかとの意見が
　　複数あった。これを踏まえ，試案第2の1(1)ウ①では，義務の相手方を土地所
　　有者に限定することはしていない。
　(2)　誠実公平義務
　　　土地が共有であり，共有持分権者の複数人が所在不明等である場合には，土
　　地管理人は，これらの複数の所在不明者の共有持分を対象として選任されるこ
　　ともあり得るが，このような場合には，土地管理人は，特定の共有者の利益を
　　犠牲にして他の共有者の利益を図るような行為をすることは適当ではない。そ
　　こで，試案第2の1(1)ウ②では，土地管理人は，土地管理命令の対象とされた
　　土地の所有者のために，誠実かつ公平にその権限を行使しなければならないと
　　することを提案している。
2　報酬等（試案第2の1(1)エ）
　　試案第2の1(1)エは，管理人に報酬を受ける権利があること及び報酬の具体的
　な内容は裁判所が定めることを定めるとともに，土地の管理には費用の支出を要
　することから，管理人が費用の前払を受けられる旨を提案するものである。
　　また，試案第2の1(1)エでは，裁判所は，土地管理命令の対象とされた土地及
　びその管理，処分その他の事由により土地管理人が得た財産から報酬を支払うこ
　とができることとしている（財産管理人の報酬を含む管理費用は，予納金から拠
　出されることも想定される。）。
　　なお，部会では，管理費用を土地所有者が負担することについて疑義を呈する
　意見があった。もっとも，土地管理制度は，土地所有者が不明である場合には土
　地が将来にわたって適切に管理されないことから，これを適切に管理することを
　目的とするものであって，結果的に不明状態になることで土地の適切な管理を阻
　害する原因を作出しているのは土地所有者であることからすると，管理費用を土
　地所有者に負担させることが相当であると考えられる。
3　供託等（試案第2の1(1)オ）

民法・不動産登記法（所有者不明土地関係）等の改正に関する中間試案の補足説明

試案第2の1(1)オでは，管理人が，土地から生じた金銭を供託することによって管理を終了させることができるようにするために，新たに供託原因を創設した上で，供託の要件及び対象並びに公告の手続について提案している。
(1)　供託の要件及び対象
　　試案第2の1(1)オでは，土地管理人は，土地の管理，処分その他の事由により金銭が生じたときは，その所有者のために，当該金銭を対象土地の所在地の供託所に供託することができること，この供託をしたときは，その旨その他一定の事項を公告しなければならないこととしている。
　　これにより，土地管理人が土地を売却した場合には，その売却代金を供託することで，その管理を終了させること（選任の取消しを受けること）を可能とすることを想定している。
(2)　公告の手続
　　この規律に基づいて供託がされた場合には，土地所有者は，供託金還付請求権を取得する。また，土地所有者に対する債権者は，当該供託金還付請求権について差押えをすることも可能である。
　　もっとも，供託がされることで，土地所有者が有していた財産が，土地から供託金還付請求権へと転じることになるため，土地所有者であった者に対して供託金還付請求権の行使が可能である旨を知らせる必要があると考えられることから，土地管理人は，試案第2の1(1)オ①の規律による供託をしたときは，その旨その他一定の事項を公告しなければならないとしている。なお，どのような事項を公告すべきかについては，省令等において定めることが想定される。
4　土地管理命令の取消し（試案第2の1(1)カ）
　試案第2の1(1)カでは，土地管理命令の取消しをすべき場合，その取消しの申立権者，裁判所の職権による取消しについて提案するものである。
(1)　取消しをすべき場合
　　取消しをすべき場合としては，①所有者を知ることができないことを理由に土地管理人を選任した場合においてその所有者を知ることができたとき，②所有者の所在を知ることができないことを理由に土地管理人を選任した場合において所有者の所在が判明したとき，③土地管理人が管理すべき財産がなくなったとき（土地管理人が管理すべき財産の全部が上記試案第2の1(1)オ①により供託されたときを含む。），④その他土地管理命令の対象とされた土地の管理を継続することが相当でなくなったときを並列的に掲げている。
　　④は一般的・包括的な取消事由としているが，これは，土地の管理の必要性がなくなった場合や，管理費用を賄うのが困難である場合などを想定している。
(2)　取消しの申立権者等
　　取消しの申立権者については，所有者，土地管理人又は利害関係人とすることを提案している。
　　また，申立てがなくても，裁判所において取消事由を把握した場合には管理

61

命令を取り消すべきと考えられることから，管理命令の取消しを職権で行うことも可能とすることを併せて提案している（不在者の財産管理に関する家事事件手続法第１４７条参照）。

(3) その他

そのほか，不在者財産管理人及び相続財産管理人といった他の類型の管理人との権限の競合関係が問題となる。

部会においては，土地管理人が選任された後に不在者財産管理人の選任の申立てがあった場合には，不在者の財産全般の管理の観点から，土地管理人による管理を継続するのは相当でないことが多いのではないかとの意見があった。これについては，確かに，基本的に管理者の権限が競合した場合はこれを解消すべきであり，多くのケースで土地管理人の選任処分を取り消すことになると考えられるものの，管理の状況にもよるものと思われることから，常に土地管理人の選任処分を取り消すことを前提とした規律を設けることまでは想定していない。

なお，土地管理制度と他の財産管理制度（共有者が選任する共有物の管理者を含む。）等との棲み分けについては，各制度における管理人の権限等の在り方を踏まえつつ，引き続き検討する必要がある。

5 土地管理人の辞任，解任等について（試案第２の１(1)カ（注））

試案第２の１(1)カ（注）において，土地管理人の辞任，解任等に関する規律についても引き続き検討する旨を注記しているが，この検討に際しては，表題部所有者不明土地の登記及び管理の適正化に関する法律における特定不能土地等管理者の辞任，解任に関する規定（同法第２５条，第２６条）を参考にすることが考えられる。

キ 土地上の動産の取扱い

所有者不明土地管理制度における土地上の動産の取扱いについて，次のような規律を設ける。

土地管理人は，土地管理命令の対象となる土地に土地所有者の所有する動産がある場合において，必要があるときは，裁判所の許可を得て，当該動産を処分することができる。

(注) 土地管理命令の対象となる土地上の動産の所有者が不明である場合でも，土地管理人が裁判所の許可を得てこれを処分することができるとすることについては，そのような規律の是非を含めて引き続き検討する。

（補足説明）

1 土地上の動産の処分

土地の適切な管理を実現するためには，その土地上の動産を処分する必要がある場面も想定される。

そのための方策として，個別の動産についての管理制度を設けることも考えられるが，動産は，土地上に多数存在することも想定されるところ，それらの動産

民法・不動産登記法（所有者不明土地関係）等の改正に関する中間試案の補足説明

について独自の管理制度を設けて対応することは煩雑であり，一定の要件の下に土地管理人による処分を可能とすることが望ましいと考えられる。

そこで，試案第2の1(1)キでは，土地管理人が選任された場合において，所在不明となっている土地所有者が所有する動産が土地上に残されているときは，土地管理人が動産を処分することができるとすることを提案している。

これに対して，対象土地上に存する動産が土地所有者以外の第三者の所有するものである場合にまで，土地管理人がこれを処分をすることができるとすることは相当でないと考えられる。そのため，土地管理人が土地上の動産の処分をすることができるのは，土地所有者と動産所有者が一致する場合に限ることとしている。

なお，対象土地上に土地所有者以外の第三者の所有する動産がある場合には，当該動産は，対象土地の所有権を妨害していることになるから，土地管理人は，第三者に対して所有権に基づき妨害排除請求権を行使することが可能である。

2　所有者が特定できない動産について（試案第2の1(1)キ（注））

動産については，建物とは異なり，その所有者が厳密には特定できないケースも少なくない。もっとも，所有者が特定できない動産の処分は，本来的には土地管理人の権限外の行為であることから，動産の所有者が不明である場合でも土地管理人が裁判所の許可を得てこれを処分することができるとする規律の是非を含めて引き続き検討することを試案第2の1(1)キ（注）において記載している。なお，土地管理の対象土地上に廃棄物が投棄されている場合には，所有者のない動産として土地管理人において処分することができるケースも多いと考えられる。

(2) 所有者が不明である場合の建物の管理命令

所有者不明建物の管理に関する制度の創設の是非に関しては，次の各案について引き続き検討する。

【甲案】　裁判所は，所有者（建物が数人の共有に属する場合にあっては，共有持分を有する者）を知ることができず，又はその所在を知ることができない建物（建物が数人の共有に属する場合において，共有持分の一部について所有者を知ることができず，又はその所在を知ることができないときにあっては，その共有持分）について，必要があると認めるときは，利害関係人の申立てにより，その申立てに係る建物又は共有持分を対象として，建物管理人による管理を命ずる処分をすることができる。

【乙案】　裁判所は，土地管理命令の対象とされた土地の上にその土地の所有者又は共有持分を有する者が所有する建物（建物が数人の共有に属する場合にあっては，その共有持分）がある場合において，必要があると認めるときは，利害関係人の申立てにより，その申立てに係る建物又は共有持分を対象として，土地管理人による建物の管理を命ずる処分をすることができる。

【丙案】　建物の管理に関する特別の規律は設けない。

（注１）【甲案】又は【乙案】をとる場合において，区分所有建物の専有部分及びその
　　　敷地利用権を対象とすることについては，区分所有建物の管理に関する規律を踏まえ
　　　て慎重に検討する。
　　（注２）上記の検討に当たっては，前記(1)のイからキまでの検討と同様の検討をする。

（補足説明）
1　提案の趣旨
　　民法は，土地所有権については，民法第２０７条及び相隣関係の規定など，詳
　細な規定を設けているが，建物についてはこれに類する規定はない。
　　もっとも，建物も土地に定着して土地と同様に重要な機能を果たす不動産であ
　り，建物の所有者又は共有者やその所在が不明である場合には，建物の利用・管
　理に支障が生じ，土地と同様に社会経済に悪影響を与えると考えられる。そして，
　建物についても近時，所有者やその所在等が直ちには把握できないものが増加し
　ているとの指摘もある。
　　そこで，建物についても，現行の不在者財産管理制度等では不在者等の財産全
　般を管理しなければならないことに伴うコスト等の負担を軽減する観点から，不
　在者財産管理制度等とは別に，建物の管理に特化した新たな財産管理制度（所有
　者不明建物管理制度）を設けることが考えられる。
　　これに対して，部会では，所有者不明建物管理制度を設けることには困難な部
　分があり，所有者不明土地管理制度の延長にあるものとして位置付けるという観
　点があり得るとの指摘があった。
　　試案第２の１(2)では，これを踏まえ，所有者不明建物管理制度を所有者不明土
　地管理制度とは別個に設ける甲案，不明者が土地とその上の建物の両方について
　所有権を有している場合に限り，所有者不明土地管理人が建物を管理することが
　できるとする乙案，建物の管理に関する特別の規律は設けないとする丙案をそれ
　ぞれ提示している。
2　提案の内容
　(1)　甲案について
　　ア　甲案は，所有者不明土地管理制度と同様に，建物又はその共有持分につい
　　　て所有者不明状態となっており，管理が必要であるとき（建物が早晩管理不
　　　全状態に陥りそうなケースや，建物の購入希望者が現れたケース）に，裁判
　　　所が，利害関係人の申立てにより，建物又は共有持分の管理について必要な
　　　処分を命ずることができるものとするものである。
　　　　甲案では，土地と建物についてそれぞれ所有者の所在が不明である場合に
　　　おいて，その双方を管理の対象とするためには，建物についての管理人の選
　　　任の申立てと，土地についての管理人の選任の申立てとをそれぞれ行うこと
　　　になる（事案に応じて，土地管理人と建物管理人とに同一の者を選任するこ
　　　とも妨げられないと考えられる。）。
　　イ　建物についての管理人の管理権限等は，土地についてのものと同様にする
　　　ことが考えられる。甲案では，借地上に存する建物についてのみ所有者の所

在が不明であるケースでも，建物管理人の選任を申し立てることができる点で，乙案と異なる。

　もっとも，例えば，建物を所有する借地人が所在不明となり，地代を長期間滞納しているケースでは，賃貸人が賃貸借契約を解除してその終了に基づき建物収去土地明渡請求をすることが可能である。このようなケースでも建物管理人の選任を可能とすると，建物管理人がその建物の存立を維持するために地代の支払をすることの要否・可否などの問題が生ずることに留意する必要がある。

　また，甲案では，建物の管理のために建物を取り壊すことができるかが問題となるが，建物の管理は建物の存立を前提とするものであり，建物の取壊しを認めることは，建物管理制度の趣旨と必ずしも整合しないとも考えられる。

(2) 乙案について

ア　乙案は，建物自体を管理する制度を設けるのではなく，土地管理命令の対象とされた土地の所有者又は共有者が，その上の建物を所有し又は共有している場合において，土地の管理の観点から必要があるときに限って，その建物又は共有持分の管理を可能とするものであり，いわば土地管理制度の延長において建物の管理を認めるものである。

イ　土地管理人が選任された場合において，管理の対象である土地の上に占有権原のない他人の建物があるときは，土地管理人は，土地の管理のために必要であれば，建物所有者に対し，建物収去土地明渡請求や不法行為に基づく損害賠償請求をすることができると考えられる。

　また，土地管理制度の対象土地の上に占有権原のある他人の建物があるときは，土地管理人は，基本的に建物の管理に関与することができないと考えられる。

　これに対して，所在不明の土地所有者又は共有持分を有する者が，土地の上の建物についても所有権を有しているときは，土地管理人が建物の管理について関与することは，土地管理の観点からも有益であることが多いと考えられる。また，仮に土地の管理の観点から対象土地を売却することが相当と認められる場合に，その上の建物については売却することができないとすると，対象土地の売却の際，所在不明の建物所有者には土地の占有権原を付与することができないから，建物は存立の基礎を失い，収去されざるを得なくなるが，そのような帰結は社会経済上必ずしも合理的ではないと考えられる。

　そこで，乙案では，土地の管理を行うに際して必要があるときには，土地管理人に対し，建物についての除却や売却を含めた管理行為を行う権限を付与することを提案している。

　なお，乙案によっても，建物の管理のために当該建物を取り壊すことが可能かが問題となるが，建物が極めて危険な状態になっている場合などでは，土地の適切な管理の観点から建物を取り壊すべきと考えることも不可能では

ないと思われる。もっとも，乙案の場合，土地又は建物の所有者が不明であり，双方の所有者が一致するかどうかが不明である場合には対応し得ず，実効性を欠くのではないかとの指摘が考えられる。

(3) 丙案について

部会においては，甲案に対し，土地所有者の責務といった土地の特殊性にも鑑みて管理制度を創設するとしても，建物は別ではないか，また，区分所有建物の場合には更に困難な問題があるのではないか，さらに，建物の管理は，土地の管理に比べて管理の負担が重く，管理人の負担や管理コストが過大になるのではないかといった観点から複数の消極的な意見があり，こうした意見は，乙案に対しても当てはまるものと考えられる。

丙案は，こうした指摘を踏まえ，建物の管理を可能とする制度は設けないとすることを提案している。

3 区分所有建物の専有部分及び敷地利用権について（試案第2の1(2)（注1））

甲案又は乙案をとるとしても，区分所有建物の専有部分及びその敷地利用権も建物管理制度の対象とすることについては，区分所有建物の管理に関する規律を踏まえて慎重に検討する必要があると考えられる。

すなわち，区分所有建物の専有部分が管理されずに放置されている場合には，それによって害が及ぶのは同じ区分所有建物の他の専有部分の所有者以外には考えにくく，区分所有建物の内部の問題であるといえる。

そして，区分所有者が建物の管理に関し区分所有者の共同の利益に反する行為をした場合又はそのおそれがある場合には，その管理の適正化の観点から，他の区分所有者の全員又は管理組合法人は，その行為の停止措置等を請求することができ，所定の要件を満たせば，相当期間の専有部分の使用の禁止や，区分所有権及びその敷地利用権の競売の請求をすることもできることとされている（建物の区分所有等に関する法律第57条から第59条まで）。具体的には，騒音，振動，悪臭などの発散が共同の利益に反する行為に該当すると解されており，管理費の不払についても，これに含まれるとする裁判例がある。

そのため，これらの規定によって，管理が適正に行われない場合についての対処は可能であるということができる。

また，区分所有者が不明である場合には，管理費の不払になることが通常であり，同様に対処が可能であるといえる。

このように，区分所有建物の専有部分及びその敷地利用権を対象とする管理制度を創設することについては，建物の区分所有等に関する法律においてその管理についての特別の規律があり，一定の対応が可能であることから，慎重に検討することを試案第2の1(2)（注1）で注記している。

4 所有者不明建物の管理人の権限等について（試案第2の1(2)（注2））

所有者不明建物の管理人の権限等については，所有者不明土地管理人の権限等の検討と同様の検討をする旨を試案第2の1(2)（注2）で注記している。

管理人の権限との関係では，建物を取り壊すことができるかが問題となる点は，前記2(1)イ及び(2)イのとおりである。

66

2 管理不全土地管理制度等
(1) 所有者が土地を管理していない場合の土地の管理命令

　　所有者が土地を現に管理していない場合において，所有者が土地を管理していないことによって他人の権利又は法律上の利益が侵害され，又は侵害されるおそれがあるときであって，必要があると認めるときは，裁判所は，利害関係人の申立てにより，当該土地について，土地管理人による管理を命ずる処分をし，土地管理人に保存行為をさせることができるとすることについて，引き続き検討する。

　（注１）例えば，所有者が土地を現に管理していないことによって崖崩れや土砂の流出，竹木の倒壊などが生じ，又はそのおそれがある場合を想定しているが，要件については，他の手段によっては権利が侵害されることを防止することが困難であることを付加するかどうかなども含めて更に検討する。

　（注２）所有者を知ることができず，又はその所在を知ることができない場合であっても，所有者が土地を管理していないことによって他人の権利又は法律上の利益が侵害され，又は侵害されるおそれがあるときは，必要に応じて(1)の土地管理人を選任することが可能とすることを想定している。

　（注３）土地管理人の権限については，保存行為を超えて，当該土地を利用し，又は裁判所の許可を得て売却する権限を付与するとの考え方もあるが，慎重に検討する。

　（注４）所有者の手続保障を図る観点から，管理命令の手続の在り方についても検討する。

　（注５）本文の制度を設ける場合には，土地管理人は，善良な管理者の注意をもってその職務を行うこととし，土地管理人の報酬及び管理に要した費用は土地所有者の負担とし，管理命令の取消事由については所有者が土地を管理することができるようになったときその他管理命令の対象とされた土地の管理を継続することが相当でなくなったときとする方向で検討する。

　（注６）所有者が土地上に建物を所有しているが，建物を現に管理していないケースが，「土地を現に管理していない場合」に該当するかについては，後記(2)の管理命令の検討と併せて検討する。

　（注７）土地管理人は，管理命令の対象となる土地に土地所有者の所有する動産や所有者が不明である動産がある場合において，必要があるときは，裁判所の許可を得て，当該動産を処分することができるとすることについても，検討する。

（補足説明）
1　提案の趣旨
(1) 所有者不明土地管理制度に関する補足説明で述べたように，民法は，社会経済における土地の特殊性に着目して，土地所有権の内容に特別の調整を図る規律を設けているが（第２０７条，第２０９条以下参照），土地に関しては，社会経済情勢の変化を背景に，所有者の土地への関心が薄れがちになり，一方で土地の所有者が死亡しても相続登記がされないこと等を原因として，不動産登

記簿により所有者が直ちに判明せず，又は判明しても連絡がつかない所有者不明土地が発生するとともに，土地が管理されずに放置されて周囲に悪影響を及ぼす事態が発生している。

このような現代における社会経済情勢に鑑みると，土地の所有者及びその所在が明らかである場合であっても，現に土地が管理不全状態になっているときは，土地所有権に制約を加え，その土地を適切に管理することを可能とする土地管理制度を設けて，土地所有権の内容に新たな調整原理を導入することが考えられる。

そこで，試案第2の1の所有者不明土地管理制度とは別に，管理不全となっている土地を対象とする管理制度を「管理不全土地管理制度」として試案第2の2で取り上げている。

(2) 問題となるケースの分類

所有者が土地を適切に管理していないことによって問題が生じているケースとしては，①所有者が遠隔地に居住しており，当該土地を全く利用していないなど，所有者が土地を現に管理していない場合において，所有者が土地を管理していないことによって他人の権利又は法律上の利益が侵害され，又は侵害されるおそれがあるケースと，②所有者が当該土地上に所有する建物に居住し，当該土地を現に利用しているなど，所有者が土地を現に管理している場合において，所有者が土地を適切に管理していないことによって他人の権利又は法律上の利益が侵害され，又は侵害されるおそれがあるケースがある。ここでは，①のケースを中心に検討し，②のケースは試案第2の2（後注1）で扱っている。

2 提案の内容

(1) 所有者が土地を現に管理していない場合の土地管理命令

上記①のケースのように，土地が現に管理されておらず，そのことによって他人の権利又は法律上の利益が受忍限度を超えて侵害され，又は侵害されるおそれがあるときは，現行法でも，当該他人は，土地の所有者に対し，物権的請求権や人格権に基づき，是正措置を求めることができる。もっとも，例えば，継続的な管理が必要となるケースや，あらかじめ是正措置の内容を確定することが困難であり，訴訟手続で権利行使をすることが困難であるケースなどでは，土地管理人による管理を認めることが必要な場合もあるとも考えられる。

そこで，試案第2の2(1)では，こうしたケースを念頭に，管理不全土地管理制度を創設することにつき，引き続き検討することを提案している。

ア 所有者が土地を現に管理していない場合について

「所有者が土地を現に管理していない場合」とは，例えば，土地の所有者が遠隔地に居住しており，当該土地を全く利用していないケースなどがこれに該当し，土地の所有者及びその所在が判明している場合もこれに当たり得る。

これに対し，土地が管理不全状態になっているとしても，所有者が当該土地を現に利用している場合には，「所有者が土地を現に管理していない場

合」には当たらないことを想定している（試案第2の2（後注1）及びその補足説明参照）。

　また，土地が共有である場合において，共有者の一部でも土地を現に管理している者がいるときは，「所有者が土地を現に管理していない場合」には当たらない（共有持分単位で管理人を選任することはしない。）ものとすることが考えられる。

　イ　所有者が土地を管理していないことによって他人の権利又は法律上の利益が侵害され，又は侵害されるおそれがあるときについて（試案第2の2(1)（注1））

　　　「所有者が土地を現に管理しないことによって他人の権利又は法律上の利益が侵害され，又は侵害されるおそれ」があるケースの具体的な例として，所有者が土地を現に管理していないことによって崖崩れや土砂の流出，竹木の倒壊などが生じ，又はそのおそれがある場合を想定している旨を試案第2の2(1)（注1）で注記している。なお，この要件は，他人の権利又は法律上の利益が受忍限度を超えて侵害される場合を意味するものと解される。また，「必要があると認めるとき」の要件は，侵害の内容等を踏まえ，土地管理人による管理の要否の観点から判断されることになると考えられる。

　　　もっとも，ここでの検討対象は，土地所有者の所在が判明しているケースであるから，基本的には，所有者に対して是正措置を求める訴えを提起するなどして権利を実現すべきであるとも考えられる。そこで，更に要件を絞り，土地管理人による管理をするのは，他の手段によっては権利又は法律上の利益が侵害されることを防止することが困難であるときに限るとすることも考えられることも試案第2の2(1)（注1）で注記している。

　　　なお，他の手段によっては権利又は法律上の利益が侵害されることを防止することが困難であるときとは，例えば，継続的な管理が必要となるケースや，あらかじめ是正措置の内容を確定することが困難であり，訴訟手続で権利行使をすることが困難なケースなどが想定される。

(2) 土地管理人の権限

　管理不全土地管理制度における土地管理人は，飽くまでも土地が管理されていないことによって他人の権利又は法律上の利益が侵害されることを防止するものであり，また，土地の所有者の所在が判明している場合を排除するものではなく，その場合にはその意見を聴取することも可能であるから，土地の所有者の意向を無視して，土地管理人が，当該土地を利用したり，更に進んで売却したりすることは認められず，土地管理人の権限は，保存行為をする権限に限られると解される。そのため，試案第2の2(1)では，管理不全土地管理人の権限につき，「保存行為をさせることができる」旨を記載している。

　なお，これとは異なる考え方があることについては，試案第2の2(1)（注3）のとおりである（補足説明後記4参照）。

3　所有者を知ることができず，又はその所在を知ることができない場合（試案第2の2(1)（注2））について

試案第2の1(1)では，所有者不明土地管理制度の創設を提案しているが，所有者を知ることができず，又はその所在を知ることができない土地が管理不全状態となったときは，所有者不明土地管理制度と管理不全土地管理制度の要件を同時に満たすケースもあり得る。このようなケースでも，必要に応じて管理不全土地管理制度の申立てをし，土地管理人を選任することも可能とすることを想定しており，その旨を試案第2の2(1)（注2）で注記している。

　なお，所有者不明土地管理制度と管理不全土地管理制度では，選任される管理人の権限が異なる（所有者不明土地管理人は，保存行為だけでなく，土地の利用・改良行為もすることができ，さらに，裁判所の許可を得れば処分行為をすることができる。）ことから，双方の要件を満たすときにいずれの申立てをするかについては，申立人の選択に委ねられることを想定している。

　もっとも，同一の土地について，所有者不明土地管理人の選任と管理不全土地管理人の選任が別々に両方申し立てられた場合には，管理人の重複が生じ得ることになるが，これをどのようにして回避・解消するかについては引き続き整理を要する。

4　土地管理人の保存行為を超える権限について（試案第2の2(1)（注3））

　試案第2の2(1)で提案しているのは，土地管理人の権限を保存行為をする権限に限るとするものであることは上記のとおりであるが，土地管理人による管理に要した費用を回収するために，当該土地を利用し，又は売却することを認める必要がないかが問題となり得ることから，試案第2の2(1)（注3）では，本文とは別の考え方を提示している。

　すなわち，土地管理人による管理に要した費用や土地管理人の報酬が，申立人があらかじめ予納した金銭によって賄われた場合には，申立人は，その後，別途，土地の所有者に求償することになるが，所有者がこの求償金の支払を拒絶し，所有者に見るべき財産がない場合には，所有者に対して求償金請求訴訟を提起し，その認容判決を得た上で，これを債務名義として当該土地を競売することも可能である。このように，最終的に土地を競売することまで可能であるのであれば，訴訟提起等の手続を経ることなく，土地管理人において当該土地を任意売却して，その代金をその費用等に充てることを可能とすることも考えられる，

　もっとも，部会においては，所有者及びその所在が判明している土地を管理不全土地管理人が売却することを許容することについては消極的な意見が多かった。土地管理人にこのような売却権限を与えなくても，上記のとおり，申立人は，判決を得た上で，当該土地を競売するなど強制執行の手続をとることによってその権利を実現することは可能であるのであり，土地管理人に売却権限を認めることには，慎重である必要があると考えられることから，その旨を試案第2の2(1)（注3）に記載している。

　また，別の観点として，土地管理人による管理がいつまでも継続し，費用がかさむことを防止するために，土地の所有者に異論がないことを前提に，裁判所の許可を得て，土地管理人において，当該土地を売却することも認めることも考えられるが，そもそも，土地の所有者に異論がないのであれば，土地の所有者にお

いて当該土地を売却すれば足りるのであり，土地管理人に売却権限を付与する必要はないと考えられる。

　なお，管理不全土地管理制度では，基本的に土地の所有者及びその所在が判明していることが多く，この場合には，土地に関する訴訟を提起しようとする者は，土地の所有者を被告として訴訟手続を進めれば足り，土地管理人を被告とする必要はないと考えられる。また，土地に関する訴訟に土地管理人が被告として応訴することや執行手続の債務者となることを認めるとすると，当該所有者が自ら応訴する機会を失いかねない。

　そのため，本文の「保存行為」には，当該土地に関する訴訟に土地管理人が被告として応訴することや，執行手続の債務者となることは含まれないと考えられ，当該土地に関する訴訟や執行手続は，土地の所有者を相手方として追行すべきことになる。

5　手続の在り方について（試案第2の2(1)（注4））

　管理不全土地管理制度を創設するに当たっては，所有者の手続保障を図る観点から，その手続の在り方についても検討する必要があるので，試案第2の2(1)（注4）では，その旨を注記している。

　なお，試案第2の2(1)本文のように，土地管理人の職務を保存行為に限るとするのであれば，所有者の利益と適合することが多いと考えられる。もっとも，管理不全土地管理制度では，所有者が所在も含め判明している場合があり，この場合には，所有者自らが保存行為を行う機会を与える必要があるとも思われ，管理を始めたことを所有者に通知するといった手続保障の規律を設けるべきとも考えられるところであり，引き続き検討を要する。

6　土地管理人の義務等について（試案第2の2(1)（注5））

　試案第2の2(1)本文の管理制度の検討に当たっては，報酬及び費用の負担が問題となるが，上記のように土地管理人の職務を保存行為に限るとするのであれば，所有者の利益と適合することが多いと考えられ，管理不全土地の保存行為に要する費用は土地所有者が支弁すべきと考えられることから，所有者の負担とすることを想定している。

　これに加えて，土地管理人は，善良な管理者の注意をもってその職務を行うこととし，管理命令の取消事由については所有者が土地を管理することができるようになったときその他管理命令の対象とされた土地の管理を継続することが相当でなくなったときとする方向で検討する旨を試案第2の2(1)（注5）で記載している。

7　所有者が土地上に建物を所有しているが，建物を現に管理していないケースについて（試案第2の2(1)（注6））

　所有者が土地上に建物を所有しているが，建物を現に管理していないケースが，「土地を現に管理していない場合」に該当するかについては，試案第2の2(2)の所有者が建物を管理していない場合の建物の管理命令の検討と併せて検討する旨を試案第2の2(1)（注6）で記載している。その詳細は，試案第2の2(2)（注1）及びその補足説明を参照されたい。

8 土地上の動産の取扱いについて（試案第２の２(1)（注７））

　　土地管理人は，管理命令の対象となる土地上に土地所有者の所有する動産や所有者が不明である動産がある場合において，必要があるときは，裁判所の許可を得て，当該動産を処分することができるとすることについても，検討する旨を試案第２の２(1)（注７）で記載している。なお，管理不全土地管理制度では，所有者が所在も含め判明している場合があり，この場合には，当該動産が処分されることによって所有者を喪失する所有者の意見をどのようにして考慮するかといった点を含め，裁判所の許可の在り方等については引き続き検討を要する。

(2) 所有者が建物を管理していない場合の建物の管理命令

　　所有者が建物を管理していない場合の建物の管理に関する制度の創設の是非に関しては，次の各案について引き続き検討する。

　　【甲案】　所有者が建物を現に管理していない場合において，所有者が建物を管理していないことによって他人の権利又は法律上の利益が侵害され，又は侵害されるおそれがあるときは，裁判所は，利害関係人の申立てにより，必要があると認めるときは，当該建物について，建物管理人による管理を命ずる処分をし，建物管理人に保存行為をさせることができる。

　　【乙案】　土地管理人が選任された土地の所有者がその土地上に建物を所有している場合において，所有者が建物を現に管理しておらず，所有者が建物を管理していないことによって他人の権利又は法律上の利益が侵害され，又は侵害されるおそれがあるときは，裁判所は，利害関係人の申立てにより，必要があると認めるときは，当該建物について，土地管理人による管理を命ずる処分をし，土地管理人に保存行為をさせることができる。

　　【丙案】　管理不全建物の管理に関する特別の規律は設けない。

　　（注１）【乙案】は，所有者が土地上に建物を所有し，その建物を現に管理していない場合には，所有者が土地を現に管理していない場合に該当するとすることを前提としている。

　　（注２）建物管理人の権限については，保存行為を超えて，当該建物を利用し，又は売却する権限を付与するとの考え方もあるが，慎重に検討する。

　　（注３）所有者が建物を管理していない場合の建物の管理に関する制度の検討に当たっては，(1)「所有者が土地を管理していない場合の土地の管理命令」の（注１），（注４），（注５）及び（注７）の検討と同様の検討をする。

（補足説明）

1　提案の趣旨

　　試案第２の１(2)（所有者不明建物管理制度）の補足説明の冒頭で述べたように，民法上，建物所有権については土地所有権のような詳細な規定はないが，建物も土地に定着して土地と同様に重要な機能を果たす不動産であり，管理不全状

態となっている場合には，管理不全土地と同様に社会経済に悪影響を与えかねないことにかんがみると，管理不全建物についても，建物所有権に制約を加え，適切に管理することを可能とする管理制度を設けることが考えられる。

試案第2の2(2)では，試案第2の1(2)の所有者不明建物管理制度と同様に，管理不全建物自体を管理することとする甲案，管理不全土地管理制度の延長としてその上の建物を管理することとする乙案，管理不全土地管理制度の範囲で対応することとし，管理不全建物の管理に関する特別の規律は設けないとする丙案を提案している。

2　提案の内容

(1) 試案第2の2(2)甲案について

建物の老朽化などにより，壁面の崩落や建物自体の倒壊の危険が生ずる場合があるが，これによって損害を受け，又は受けるおそれがある者は，現行法では，管理不全土地と同様に，物権的請求権等によって対処することが可能であるが，甲案は，管理不全建物の適切な管理の実現手段を拡充するために，建物自体についての管理制度を設けるものである。

もっとも，土地の場合と異なり，建物の管理不全の場合には，あらかじめ是正措置の内容を確定することが比較的容易であり，また，これに対応するための工事も，基本的には，危険な部分の防護や補強が想定されるところであり，管理不全土地に比べると適切な管理の実現手段を拡充する必要は大きくないとも考えられる。

(2) 試案第2の2(2)乙案及び（注1）について

試案第2の2(2)乙案は，所有者不明土地管理制度の下での土地建物管理命令と同様の趣旨から，土地所有者がその上の建物を所有している場合には，土地管理人に建物の管理を命ずる処分をすることができるとするものである。

もっとも，所有者不明土地管理制度の下では，土地が所有者不明状態になっているが，建物の所有者は判明しているというケースも想定されるため，所在不明の所有者が土地と建物の両方を所有しているときに限って，管理の合理化を図るために，土地管理人が建物も管理することができるとする別個の規律を置くことにも一定の理由があると考えられるが，後記のとおり，建物が管理不全状態になっているときは，土地も管理不全状態になっていることが通常であり，土地と建物の所有者が共通しているときにだけ別個の規律を置くことに合理性があるかという問題がある。

なお，試案第2の2(2)乙案では，土地上の建物の管理は土地の管理の延長線上で捉えられることになるから，土地の所有者がその土地上に建物を所有し，そのことによって土地を占有していると評価される場合であっても，その建物を現に管理していないときは，所有者が「土地を現に管理していない場合」に該当すると整理される旨を試案第2の2(2)（注1）に記載している。

(3) 試案第2の2(2)丙案について

建物は，土地とは別個の不動産として扱われるものの，土地に定着する物であり，建物が管理不全状態になっているときは，土地も管理不全状態になって

73

いることが通常であると考えられる。また，土地自体の管理という観点から見ても，建物に倒壊・崩落の危険があるときは，土地に損害が及ぶおそれがあるといえる。

そのため，管理不全土地管理制度を創設すれば，建物に倒壊・崩落の危険があるときは，土地と建物の所有者が異なる場合であっても，土地について管理人を選任することが可能であり，土地管理人は，土地の管理の観点から，土地上に柵や防護ネットを設けたりして，建物から生ずる被害を防止することで対応することができるとも考えられる。

そうであるとすれば，建物管理に関する特別の規律を置いて権利関係を複雑にする必要はないとも考えられることから，試案第２の２(2)丙案を提案している。

3　建物管理人の権限について（試案第２の２(2)（注２））

建物管理人の権限については，保存行為を超えて，当該建物を利用し，又は売却する権限を付与するとの考え方もあるが，試案第２の２(1)（注２）と同様の観点から，慎重に検討する旨を試案第２の２(2)（注２）で記載している。

なお，建物の場合には，土地と異なり，これを取り壊すことができるかが問題となる。建物の経済的価値がほとんどなく，管理費用が継続的に生ずるケースでは，管理を継続せずに，建物を収去した方が合理的と考えられるケースもあり得るが，管理不全建物管理制度では，基本的には，建物の所有者及びその所在が判明していることが多く，この場合には，管理人において，所有者の意向に沿わない形で，建物の収去まで認めるのは妥当ではないと考えられる。

4　その他の検討すべき点について（試案第２の２(2)（注３））

試案第２の２(2)で甲案又は乙案をとる場合には，その制度設計に当たり，試案第２の２(1)「所有者が土地を管理していない場合の土地の管理命令」の（注１：要件の厳格化），（注４：手続の在り方），（注５：土地管理人の義務等）及び（注７：土地上の動産の取扱い）の検討と同様の検討をする旨を試案第２の２(2)（注３）で記載している。

（後注１）所有者が土地又は建物を現に管理している場合において，所有者が土地又は建物を適切に管理していないことによって他人の権利又は法律上の利益が侵害され，又は侵害されるおそれがあるときは，裁判所は，利害関係人の申立てにより，必要があると認めるときは，当該土地又は建物について，土地管理人又は建物管理人による管理を命ずる処分をし，土地管理人又は建物管理人に保存行為をさせることができるとすることについては，慎重に検討する。

（補足説明）

所有者が当該土地上に所有する建物に居住し，当該土地や建物を現に利用しているなど，所有者が土地又は建物を現に管理している場合において，所有者が土地又は建物を適切に管理していないことによって他人の権利又は法律上の利益が侵害され，又は侵害されるおそれがあるケースにおいても，その管理を適切なものとするために，管理人に保存行為を行わせることによって対応することも考えられる。

もっとも，このケースでは，所有者と権利又は法律上の利益を侵害される者との間で意見の対立が大きいことが想定され，所有者の利用等を排除した上で，管理人によって管理を行うことには困難を伴い，そのような管理の是正は，既存の制度である物権的請求権としての妨害排除請求や妨害予防請求，現在検討をしている管理措置請求（試案第3の4）などによって図ることが相当であると考えられ，慎重な検討が必要である旨を試案第2の2（後注1）で記載している。

（後注2）所有者が土地又は建物を管理せず，又は適切に管理していないことによって，他人の権利が侵害され，又は侵害されるおそれがあるときは，裁判所は，利害関係人の申立てにより，必要な処分を命ずることができるものとすることについては，既存の制度とは別にこれを設ける必要性を踏まえながら，慎重に検討する。

（補足説明）
　部会では，相隣関係規定における管理措置請求制度の規律とは別に，崖崩れ，土砂の流出，工作物の倒壊，汚液の漏出又は悪臭の発生その他の事由に他人に損害を及ぼし，又はそのおそれがある場合には，利害関係人の申立てにより，管理人の選任その他の必要な処分を命ずることについて検討された。
　そこで想定していた管理人の選任以外の処分は，所有者に対して是正措置を命ずること等であり，その実質は，相隣関係規定で検討している管理措置請求制度（第3の4）と同様の措置を求めることについて，手続保障を手厚くした非訟事件として処理することを前提に，土地の所有者以外にもその権利を認めるかどうかについての検討を提案するものであった（管理措置請求制度で検討しているような，裁判がなくても権利者が自力で是正措置を行うことについては想定していない。）。
　もっとも，特に所有者が土地又は建物を現に使用しているものの適切に管理していないケースでは，所有者と利害関係人との間の紛争性が高いため，端的に，訴訟手続を通じてその適切な管理の実現を図るべきと考えられる。また，所有者が土地又は建物を管理せず，又は適切に管理していないことによって，他人の所有権等の権利が侵害され，又は侵害されるおそれがあるときは，物権的請求権等の既存の制度によって一定の救済を図ることが可能であることを踏まえると，既存の制度とは別に，申立権者の外縁を画することが必ずしも容易でない新たな制度を設けることについては，慎重な検討を要すると考えられる。
　以上から，試案第2の2（後注2）では，この問題については，既存の制度とは別にこれを設ける必要性を踏まえながら，慎重に検討することとしている。

　3　不在者財産管理制度の見直し
　　不在者財産管理人による供託とその選任の取消しに関し，次のような規律を設ける。
　　①　管理人は，不在者の財産の管理，処分その他の事由により金銭が生じたときは，不在者のために，当該金銭を供託することができる。
　　②　管理人は，供託をしたときは，その旨その他一定の事項を公告しなければ

ならない。
　③　家庭裁判所は，管理人が管理すべき財産の全部が供託されたときは，管理
　　人若しくは利害関係人の申立てにより又は職権で，管理人の選任に関する処
　　分の取消しの審判をしなければならない。
　（注1）不在者財産管理人の職務内容を合理的な範囲のものとし，その不在者財産管理人の
　　職務の終期を明確にする観点から，家庭裁判所が，その不在者財産管理人を選任する際
　　に，その職務の内容（不在者財産管理人の権限の内容を含む。）をあらかじめ定めること
　　ができることを明確にすることについては，引き続き検討する。
　（注2）管理人の選任の申立権者の範囲についての現行民法の規律は改めないものとする。
　（注3）申立人自身に管理行為を行わせる（不在者財産管理人に選任することを含む。）こ
　　とが可能であることや，複数の不在者について一人の管理人を選任して行う財産管理が可
　　能であることを前提として，特定の行為について申立人と不在者との間で又は複数の不在
　　者の間で利益が相反する場合に当該行為をすることは認められないとする規律を設けるこ
　　とについては，既存の利益相反行為の規定（民法第108条）とは別にこれを設ける必要
　　性の観点から，引き続き検討する。

（補足説明）
1　提案の趣旨
　　現行法の下では，所有者が従来の住所又は居所を去って容易に帰来する見込みの
　ない土地の管理については，不在者財産管理制度（民法第25条以下）が活用さ
　れている。
　　不在者財産管理人の事件においては，財産の管理の必要性や財産の価値に比して
　管理の費用が不相当に高額となった場合など，財産の管理を継続することが相当
　でなくなったときは，その選任処分の取消しの審判をすることとされている（家
　事事件手続法第147条）。
　　しかし，管理対象財産として，現金や預金債権のみが残存している場合には，
　「財産の管理を継続することが相当でなくなったとき」に該当するといえるか判
　然とせず，実務上は，金銭が存在する限り管理を継続している事案があるとの指
　摘がある。このような事案で不在者の財産の管理を継続するしかないとすると，
　不在者財産管理人の負担の増加を招くこととなるほか，管理費用や報酬が増加し，
　そこには不在者の財産が充てられるため，不在者の利益にむしろ反する結果とな
　ってしまう可能性がある。
　　そこで，不在者の利益を図りながら，管理事務の適正化を図るため，不在者財産
　管理人は，管理している金銭を供託することができることとし，この供託がされ
　た場合には「財産の管理を継続することが相当でなくなったとき」に該当し，選
　任処分の取消しの審判がされることにより，手続を終了させることを可能とする
　規律を設けることが考えられることから，試案第2の3において提案している。
2　提案の内容
　　試案第2の3①から③までにおいては，不在者財産管理人が管理する不在者の金
　銭について，管理人による供託を可能とするとともに（①），供託がされた事実

を不在者や第三者が認識することができるようにするために，供託をしたときは管理人に公告を義務付け（②），また，財産管理の手続を終了させるために，管理すべき財産の全部が供託されたときは管理人の選任の処分が取り消されること（③）を提案している。

　この場合に不在者財産管理人がする供託の性質は，債権者が受領不能である場合の弁済供託（民法第４９４条）に類似するものと位置付けることが考えられる。

　なお，試案第２の３①では，管理人が不在者の財産管理の過程で金銭を取得したときは，不在者のためにその金銭を供託することができるとしているが，金銭を取得するたびに供託をすることは想定しておらず，基本的には任務の終了が近づいたときにまとめて供託をすることで足りると考えられる。

3　不在者財産管理人の職務を限定すること（試案第２の３（注１））

　不在者財産管理制度は，一般に，不在者の財産全般を管理するものと理解されているため，事務作業等の負担を強いられ，事案の処理に時間を要し，費用も高額になりがちであることから，不在者の特定の財産について管理制度を用いることができるようにすべきとの指摘がある。

　不在者財産管理人は，不在者の財産全般を管理することができるが，他方で，実際の事例では，特定の財産について特定の行為をすることを念頭に，不在者財産管理人選任の申立てがされることもあり，実際上もその行為をすれば，財産の管理として必要十分であるケースもある。そして，こういったケースでは，あらかじめ不在者財産管理人の職務の内容を限定し，その職務が終了すれば，不在者財産管理人選任の取消しをすることとすれば，不在者財産管理人の負担も軽減され，ひいては申立人の負担も軽減されるとの指摘も考えられる。

　もっとも，部会では，不在者財産管理人の職務の内容を特定し，その負担を軽減することに賛同する意見もあったが，他方で，不在者財産管理人の職務の内容を限定することについて，家庭裁判所が不在者財産管理人を選任の要否を判断する段階においては申立人の主張や提出する資料以上の事情を把握しておらず，申立人が求める具体的な職務のみを管理人に行わせることが不在者の利益に反しないかを判断することは難しいことから，これに慎重な意見や，不在者の財産全体に対する利益を保護するという制度趣旨との関係を整理する必要があるとの指摘もあった。

　以上を踏まえ，試案第２の３（注１）では，この問題について引き続き検討することとしている（特定の財産についての財産管理を可能とすべきとの指摘を受け，新制度の創設（試案第２の１及び２）も検討していることは，試案第２の１（所有者不明土地管理制度の創設）の補足説明の冒頭を参照されたい。）。

4　管理人の選任の申立権者の範囲（試案第２の３（注２））

　部会では，不在者財産管理人の選任の申立権者である利害関係人の範囲に，①不在者の特定の財産の取得希望者，②隣地所有者，③地方公共団体が含まれるかについて検討がされたが，消極の意見があった。

　いずれも，現行法の下でも事案によっては利害関係人に該当するものと解され，特別の規律を設ける必要性は大きくないといえる。また，③については，申

立権を付与する必要がある場合には，所有者不明土地の利用の円滑化等に関する特別措置法を参考に，特別法において個別に定めれば足りると考えられる。

そこで，試案第2の3（注2）では，管理人の選任の申立権者の範囲について現行の規律は改めないことを注記している。

5　利益相反行為に関する規律（試案第2の3（注3））について

部会において，家庭裁判所は，申立人自身に管理行為を行わせる（不在者財産管理人に選任することを含む。）ことが可能であることや，複数の不在者のために一人の管理人を選任することが可能であることを前提に，利益相反行為をする際には特別代理人等の選任を申し立てることとする規律を設けることを取り上げた。

申立人自身が不在者財産管理人に選任され，又は複数の不在者のために一人の管理人が選任されたとしても，いずれにせよ，申立人と不在者又は不在者相互間の利益相反行為をすることを認めることはできない。例えば，相続人の中に不在者が複数いるケースにおいて，その複数の相続人に一人の管理人が選任されたとしても，不在者財産管理人は，その複数の相続人を代理して遺産分割をすることはできないと解される。

そして，そのような観点からすると，特定の行為について複数の不在者同士の間で利益が相反する場合に当該行為をすることは認められないとする規律を設けることについて検討することが考えられる。

もっとも，利益相反行為に関しては，既に民法第108条に規定が置かれているので，この規定を適用することとして，別途規定を設ける必要がないとの指摘も考えられる。

以上を踏まえ，試案第2の3（注3）では，特定の行為について申立人と不在者との間で又は複数の不在者同士の間で利益が相反する場合に当該行為をすることは認められないとする規律を設けることについては，引き続き検討することとしている。

なお，申立人自身を不在者財産管理人に選任することや複数の不在者のために一人の管理人を選任することを認めるかどうかは，家庭裁判所の判断に委ねられるものと考えられる（現在の実務では，実質的な利害関係があることも想定して，申立人自身を管理人に選任しないという取扱いが多く，また，複数の不在者のために一人の管理人を選任することについても同様である。）。

4　相続財産管理制度の見直し

（1）相続人が数人ある場合における遺産分割前の相続財産管理制度

現行の相続財産管理制度を見直し，熟慮期間の経過後も，相続財産を保存するための新たな相続財産管理制度として，次の規律を設けることについて，引き続き検討する。

① 相続人が数人ある場合において，必要があると認めるときは，家庭裁判所は，遺産分割がされるまでは，利害関係人又は検察官の請求によって，相続財産管理人の選任その他の相続財産の保存に必要な処分を命ずることができる。

② ①の規律により選任された相続財産管理人の権限・義務等については，民法第９１８条第２項の相続財産管理人と同様の規律を設ける。

③ ①の規律により選任された相続財産管理人は，相続債務の弁済をすることはできない。

④ 家庭裁判所は，相続人が相続財産を管理することができるようになったとき，遺産の分割がされたときその他相続財産の管理を継続することが相当でなくなったときは，相続人，相続財産管理人若しくは利害関係人の申立てにより又は職権で，①の規律による相続財産管理人の選任その他の相続財産の保存に必要な処分の取消しの審判をしなければならない。

（注１）「必要があると認めるとき」については，例えば，相続財産に属する不動産が荒廃しつつあったり，物が腐敗しつつあったりする場合において，相続人が保存行為をしないためにその物理的状態や経済的価値を維持することが困難であるときに認められることを想定して，引き続き検討する。

（注２）①の相続財産管理人は，②のとおり，民法第９１８条第２項の相続財産管理人と同様に保存行為，利用・改良行為及び裁判所の許可を得て処分行為をする権限を有するが，基本的に，その職務は保存行為をすることにあり，例えば，相続財産を保存するための費用を捻出するために相続財産の一部を売却することが必要かつ相当であるという事情がないのに，相続財産の一部を売却するなど保存行為を超える行為をすることは，職務上の義務に反し，裁判所も許可をしないことを想定している。

　他方で，②とは別に，①の相続財産管理人の権限は保存行為をすることに限られるとするとの考え方がある。

（注３）第三者が相続財産に関して権利を有する場合には「必要があると認めるとき」に該当するとして，相続財産管理人の選任を認めた上で，相続財産管理人が，相続財産に関する訴訟の被告となって応訴することや相続財産に対する強制執行の債務者となることを認めることについては，相続人の手続保障に留意して，慎重に検討する。

（注４）家庭裁判所が，相続財産管理人の選任その他の相続財産の保存に必要な処分を命ずるに際し，相続人の範囲を調査し，全ての相続人から，意見を聴取する手続を経なければならないものとするかどうかについては，相続財産管理人の職務が基本的に保存行為にあることなどを踏まえて，引き続き検討する。

（注５）家庭裁判所は，相続財産の中から，相当な報酬を管理人に与えることができる。①の相続財産管理人の選任その他の相続財産の保存に必要な処分に要する費用は，「相続財産に関する費用」（民法第８８５条参照）として扱う。

（注６）適切な遺産分割の実現のために，相続人が相続財産管理の請求をすることを可能とすることについては，保存に必要な処分として相続人の管理処分権を制限することの是非と併せて，慎重に検討する。

（補足説明）

1　相続財産管理制度の見直しに関する提案の概要（試案第２の４）

　所有者不明土地問題の一つとして，相続財産に属する土地が放置されて荒廃し，近隣への迷惑，周辺環境への悪影響を及ぼすことがあり，相続財産管理制度を利

用して，土地を含めた相続財産を適切に管理することができるようにする必要が
あるが，現在の相続財産管理制度には改善すべき問題があるとの指摘がある。

　例えば，法定相続人の全員が相続の放棄をしたときなどに用いられる，相続人の
あることが明らかでない場合における相続財産管理制度（民法第９５１条以下）
は，相続財産の清算を目的とするものであるため，手続が重く，コストがかかる
ことから，土地を含めた相続財産を適切に管理しようとしても，この制度を利用
することができない場合があるとの指摘があるほか，清算手続についても，期間
を短縮化するなどより合理的なものとすべきといった指摘がある。

　また，相続人が数人あり，相続財産に属する財産が遺産分割前の暫定的な遺産共
有状態にある場合において，共同相続人が相続財産の管理について関心がなく，
相続財産の管理をしないときについては，民法上，相続財産の保存に必要な処分
を命ずる相続財産管理制度が設けられておらず，相続財産の管理不全化に対応す
ることができない。

　さらに，法定相続人の全員が相続の放棄をした場合に放棄をした者がどのような
責任を負うのかが問題となるが，現行法の規定上，その内容は明確ではない。

　以上を踏まえ，試案では，①共同相続人間で遺産分割がされていない段階での相
続財産や相続人のあることが明らかでない相続財産の保存に必要な処分を命ずる
新たな相続財産管理制度の整備（試案第２の４(1)及び(2)），②相続人のあるこ
とが明らかでない場合における相続財産管理制度の清算手続の合理化（試案第２
の４(3)），③相続放棄をした者の管理義務の明確化（試案第２の４(4)）につい
て提案している。

　なお，試案第２の４では，基本的に相続財産全般に関わる規律について提案して
おり，必ずしも土地に関する規律に限定しているものではない。

2　相続人が数人ある場合における遺産分割前の相続財産管理制度（試案第２の４
(1)）

(1) 提案の趣旨

　　前記補足説明１のとおり，現行民法は，相続の承認及び放棄に関する財産管理
につき，相続の承認又は放棄まで（第９１８条第２項），限定承認がされた後
（第９２６条第２項），相続の放棄後次順位者が相続財産の管理を始めるまで
（第９４０条第２項）の各段階については，相続財産管理制度をそれぞれ設けて
いる。一方で，承認後遺産分割前の相続財産の保存のための財産管理に関する規
定は設けられていないが，相続財産を適切に管理することができる仕組みを整備
する観点から，この場合についても相続財産管理制度を設けるべきであるとの指
摘がある。

　　そこで，試案第２の４(1)では，相続財産に属する財産の物理的状態や経済的
価値を維持することが困難であるときを念頭に，相続人が数人あるときであっ
ても，遺産分割前の相続財産の管理を可能とすることを提案している。

(2) 提案の内容

　ア　要件及び申立権者（試案第２の４(1)①，（注１））

　　　試案第２の４(1)①では，相続人が数人あること，必要があると認めるとき

に当たることを，要件として提案している。そして，これらが認められる具体的なケースとしては，例えば，相続財産に属する不動産が荒廃しつつあったり，物が腐敗しつつあったりする場合において，共同相続人が保存行為をしないためにその物理的状態や経済的価値を維持することが困難であるケースを想定して，引き続き検討する旨を試案第2の4(1)（注1）で記載している。

　また，申立権者としては，現行の民法第918条第2項等の相続財産管理制度と同様に，利害関係人又は検察官とすることを提案している。

　イ　相続財産管理人の職務内容（試案第2の4(1)②，（注2））

　　試案第2の4(1)②では，遺産分割前の相続財産管理人の権限・義務等につき，民法第918条第2項等の相続財産管理人と同様の規律を設けることを提案しており，保存行為，利用・改良行為及び裁判所の許可を得て処分行為をする権限を有することとしている。

　　また，遺産分割前の相続財産管理人の職務は，相続財産の保全を図ることにあるから，例えば，相続財産に属する財産を保存する費用を捻出するために相続財産の一部を売却することが必要かつ相当であるという事情がないのに，相続財産の一部を売却するなどの保存行為を超える行為をすることは，職務上の義務に反し，裁判所も許可をしないことが想定されるため，試案第2の4(1)（注2）ではその旨を記載し，相続財産管理人が，相続財産を自由に処分することはできないことを明らかにしている。

　　他方で，遺産分割前の相続財産管理人の職務が相続財産の保全を図ることにあることからすると，その権限を保存行為に限定することも考えられるため，試案第2の4(1)（注2）では，その旨を記載している。もっとも，このような考え方をとる際には，既存の民法第918条第2項等の相続財産管理人の権限も保存行為に限定する必要がないかを併せて検討する必要がある。

　ウ　相続債務の扱い（試案第2の4(1)③）

　　試案第2の4(1)③では，相続債務の取扱いについて記載している。

　　相続人が数人ある場合には，相続債務は，相続人のあることが明らかでない場合（後記試案第2の4(2)の補足説明1(2)ウ参照）とは異なり，共同相続人に承継されているため，遺産分割前の状態にある財産を管理する相続財産管理人が相続債務を管理するものと解するのは難しいと考えられる。

　エ　取消事由（試案第2の4(1)④）

　　試案第2の4(1)④は，ここでの相続財産管理の審判の取消事由について提案している。

　　基本的には民法第918条第2項の管理人と同様の規律としているが（家事事件手続法第201条第1項において準用する同法第125条第7項参照），相続財産について遺産分割がされたときは，暫定的な遺産共有状態が解消するため，相続財産管理人の審判の取消事由とすることが相当であることから，試案第2の4(1)④でその旨を記載している。

３　相続財産管理人の応訴権限（試案第2の4(1)（注3））

例えば，第三者が被相続人名義の土地を時効により取得したとして相続人に対して登記移転請求をする場合など第三者が相続人に対して権利行使をする際に，相続人の探索の負担を軽減する観点から，遺産分割前の相続財産管理人の選任を受けた上でこの相続財産管理人に対して訴えを提起することを認めるべきとの指摘も考えられる。

しかし，部会では，相続人が不分明である場合の相続財産管理人の場合と異なり，遺産分割前の相続財産管理人が選任されるケースでは，相続人は存在しているから，そのような場合には，相続人を被告として訴えを提起し，訴状の送達も相続人に対して行うべきであり，相続人を被告とせず，送達もしないまま，訴訟手続を進めることは，手続保障の観点から問題があるなどの理由から，この考え方に消極的な意見があった

そこで，試案第２の４(1)（注３）では，第三者が相続財産に関して権利を有する場合に，相続財産管理人の選任を認めた上で，相続財産管理人が，相続財産に関する訴訟の被告となって応訴することや相続財産に対する強制執行の債務者となることを認めることについては，相続人の手続保障に留意して，慎重に検討することとしている。

4　手続の在り方（試案第２の４(1)（注４））

試案第２の４(1)（注４）では，家庭裁判所における手続の在り方について記載している。

相続人の手続保障の見地から，相続財産管理人の選任その他の相続財産の保存に必要な処分を命ずるに際し，相続人の範囲を調査し，全ての相続人から意見を聴取する手続を経なければならないものとするかどうかが問題となる。

手続保障の在り方は，「必要な処分」の内容としてどのようなものを想定するのかを踏まえて検討する必要があるが，その典型例である相続財産管理人の選任についていえば，その職務が基本的に保存行為にあることを踏まえ，全ての相続人から意見を聴取する手続を経なければならないものとするとの規律を設けずに，意見聴取の要否は裁判所の合理的な判断に委ねるとすることも考えられる（なお，現行の民法第９１８条第２項の処分においても，相続人からの意見聴取手続は設けられていない。）。

もっとも，そのような規律を設けないとしても，「必要があると認めるとき」の要件の立証のため，個別の事案において，申立人において相続人の範囲や所在等の調査をする必要があるケースもあると思われる。

5　報酬及び相続財産管理人の費用（試案第２の４(1)（注５））

試案第２の４(1)（注５）では，民法第９１８条第２項の場合と同様に，家庭裁判所は，相続財産の中から，相当な報酬を遺産分割前の相続財産管理人に与えることができること，この相続財産管理人の選任その他の相続財産の保存に必要な処分に要する費用は，他の「相続財産に関する費用」（民法第８８５条参照）と同様に扱うことを記載している。

なお，遺産共有状態にある相続財産の管理費用については，民法第２５３条第１項が適用されるとの見解もあるが，民法第８８５条が適用されるとの解釈が有

力である。また，学説の中には，民法第８８５条の解釈として，遺産共有状態に
ある相続財産の管理費用は，相続人の負担とすることを意味する（相続人の固有
財産も責任財産となる）との解釈をとる見解もある。試案第２の４(1)（注５）に
おいて，相続財産の保存に必要な処分に要する費用を「相続財産に関する費用」
として扱うこととしているのは，この費用の負担は，上記のような同条の解釈に
委ねることを意味している。

6 適切な遺産分割の実現のために，相続人が相続財産管理の請求をすることを可能
とすることの是非（試案第２の４(1)（注６））

　共同相続人の一人が，遺産分割前に，他の相続人による相続財産に属する土地
の持分の売却の防止を求める場面については，現行法においても，遺産の分割の
審判事件を本案とする保全処分（家事事件手続法第２００条第２項）として，処
分禁止の仮処分を含む必要な保全処分をすることができるとされており，一定の
要件の下では，相続人の管理処分権を制約すること自体は許容され得ると考えら
れる。

　もっとも，遺産分割を円滑に行うために相続人が相続財産管理の請求をするこ
とを可能とすることについては，部会において，そのような形で相続人の相続財
産に属する財産を処分する権限を制約するのは行き過ぎであるという意見があっ
た。そこで，試案第２の４(1)（注６）では，遺産分割を円滑に行うために相続人
が相続財産管理の請求をすることを可能とすることについては，相続財産管理人
が選任された場合に相続人の管理処分権を制限することや，保存に必要な処分と
して相続人の管理処分権を制限することの是非と併せて，慎重に検討することを
注記している。

(2) 相続人のあることが明らかでない場合における相続財産の保存のための相
続財産管理制度
　現行の相続財産管理の制度を見直し，清算を目的とする民法第９５２条の
相続財産管理人の選任の申立てをすることができる場合であっても，清算を
目的としない相続財産の保存のための相続財産管理制度を利用することがで
きるようにするため，次のような規律を設けることについて，引き続き検討
する。
① 相続人のあることが明らかでない場合において，必要があると認めると
きは，家庭裁判所は，利害関係人又は検察官の請求によって，相続財産管
理人の選任その他の相続財産の保存に必要な処分を命ずることができる。
ただし，民法第９５２条の相続財産管理人が選任されている場合には，こ
の限りではない。
② ①の規律により選任された相続財産管理人の権限・義務等については，
民法第９１８条第２項の相続財産管理人と同様の規律を設ける。
③ ①の規律により選任された相続財産管理人は，相続債務の弁済をするこ
とはできない。
④ 家庭裁判所は，相続人が相続財産を管理することができるようになった

とき，管理する財産がなくなったときその他財産の管理を継続することが相当でなくなったときは，相続人，相続財産管理人若しくは利害関係人の申立てにより又は職権で，①の規律による相続財産管理人の選任その他の相続財産の管理に関する処分の取消しの審判をしなければならない。

（注1）「必要があると認めるとき」については，例えば，相続財産に属する不動産が荒廃しつつあったり，物が腐敗しつつあったりする場合において，相続人のあることが明らかでないためにその物理的状態や経済的価値を維持することが困難であるときに認められることを想定して，引き続き検討する。

（注2）①の相続財産管理人は，民法第918条第2項の相続財産管理人と同様に，保存行為，利用・改良行為及び裁判所の許可を得て処分行為をする権限を有するが，基本的に，その職務は保存行為をすることにあり，例えば，相続財産を保存するための費用を捻出するために相続財産の一部を売却することが必要かつ相当であるという事情がないのに，相続財産の一部を売却するなど保存行為を超える行為をすることは職務上の義務に反し，裁判所も許可をしないことを想定している。

　他方で，②とは別に，①の相続財産管理人の権限は相続財産につき保存行為をすることに限られるとするとの考え方がある。

（注3）第三者が相続財産に関して権利を有する場合には「必要があると認めるとき」に該当するとして，相続財産管理人の選任を認めた上で，相続財産管理人が，相続財産に関する訴訟につき応訴することを認めることについては，引き続き検討する。

（注4）①の規律により相続財産管理人の選任その他の相続財産の保存に必要な処分をしたときは，家庭裁判所は，遅滞なく，その旨及び相続人があるならば一定の期間内にその権利を主張すべき旨を公告しなければならないとすることについても，引き続き検討する。

（注5）①の規律により相続財産管理人が選任された場合には，その相続財産管理人は，清算を目的とする民法第952条の相続財産管理人の選任の申立てをすることができる。

（補足説明）
1　相続人不分明の場合の保存のための相続財産管理制度
　（1）提案の趣旨
　　　法定相続人がいない相続財産や，法定相続人の全員が相続の放棄をした相続財産は，相続人のあることが明らかでないものとして，相続財産法人が成立する。

　　　そして，このような相続財産に属する財産には，土地のみならず，建物や動産なども含まれているが，相続人がいなくなる結果，これらが放置されて腐敗・荒廃し，周辺に悪影響を及ぼすこともある。

　　　現行法では，相続人のあることが明らかでない相続財産を管理する制度として，民法第951条以下の相続財産管理制度があるが，相続財産の清算を目的とするものであるため，手続が重く，コストがかかることから，相続財産に属する財産を適切に管理しようとしても，この制度を利用することができない場合があるとの指摘がある。

　　　そこで，相続財産を適切に管理することができる仕組を整備するために，

試案第２の４(2)は，相続人不分明の場合の保存のための相続財産管理制度を設けることを提案するものである。
(2) 提案の内容
　ア　要件及び申立権者（試案第２の４(2)①，（注１））
　　試案第２の４(2)①では，相続人があることが明らかでないこと，必要があると認められることを，要件として提案している。「必要があると認めるとき」に該当する具体例として想定されるケースについては，試案第２の４(2)（注１）で注記している。
　　また，申立権者としては，現行の民法第９１８条第２項等の相続財産管理制度と同様に，利害関係人又は検察官とすることを提案している。
　　他方で，試案第２の４(2)の相続財産管理制度と民法第９５２条の相続財産管理制度は，相続人のあることが明らかでない場合に選任されるという点で共通することから，両者の相互関係が問題となる。
　　試案第２の４(2)に基づく相続財産管理人の権限は，相続財産の管理に限られるが，民法第９５２条に基づく相続財産管理人の権限は，相続財産の管理のみならずその清算も含まれるから，後者が前者を包摂する関係にある。したがって，民法第９５２条に基づく相続財産管理人が先に選任されていた場合には，試案第２の４(2)に基づく相続財産管理人の選任請求をすることはできないこととしている（試案第２の４(2)①ただし書）。
　　なお，試案第２の４(2)に基づく相続財産管理人が先に選任されていた場合において，民法第９５２条に基づく相続財産管理人が選任されたときについては，試案第２の４(2)に基づく相続財産管理人による財産の管理を継続することが相当でなくなったとして，基本的にその選任を取り消すことが考えられる。
　イ　相続財産管理人の職務内容（試案第２の４(2)②，（注２））
　　試案第２の４(2)②では，相続人不分明の場合の保存のための相続財産管理人の権限・義務等については，民法第９１８条第２項の相続財産管理人と同様の規律を設けることを提案しており，民法第９１８条第２項の相続財産管理人と同様に保存行為，利用・改良行為及び裁判所の許可を得て処分行為をする権限を有することとしている。
　　また，ここでの相続財産管理人の職務は，相続財産の保全を図ることにあるから，例えば，相続財産に属する財産を保存するための費用を捻出するために相続財産の一部を売却することが必要かつ相当であるという事情がないのに，相続財産の一部を売却するなど保存行為を超える行為をすることは職務上の義務に反し，裁判所も許可をしないことが想定されるため，試案第２の４(2)（注２）ではその旨を記載し，相続財産管理人が，相続財産を自由に売却することはできないこととしている。
　　他方で，その職務が相続財産の保全を図ることにあることからすると，その権限を保存行為に限定することも考えられることから，試案第２の４(2)（注２）ではその旨等を記載している。もっとも，このような考え方をとる

際には，既存の民法第９１８条第２項等の相続財産管理人の権限も保存行為に限定する必要がないかを併せて検討する必要がある。

ウ　相続債務の弁済（試案第２の４(2)③）

相続人のあることが明らかでない場合には，相続債務は，相続財産法人に帰属する（民法第９５１条）が，現行法では，民法第９５２条以下の手続を経た上で，申出をした相続債権者その他知れている相続債権者に平等に弁済する（民法第９５７条において準用する同法第９２９条）などとされているから，そのような手続を経ないまま，試案第２の４(2)①の相続財産管理人が弁済をすることは許されないと解される。

そこで，試案第２の４(2)③では，この場合の相続財産管理人が相続債務の弁済を想定していない旨を記載している。

なお，相続債権者が弁済を求めるためには，別途，民法第９５２条以下の手続をとることになる。

エ　取消事由（試案第２の４(2)④）

試案第２の４(2)④では，現行の家事事件手続法第２０８条において準用する同法第１２５条第７項と同様の取消事由を記載している。

2　第三者による権利行使と相続財産管理人の選任（試案第２の４(2)（注３））

現行法上，相続人のあることが明らかでない場合において，相続財産に属する財産について権利行使をしようとする者は，民法第９５２条の相続財産管理人の選任を受けた上で，相続財産法人を被告として訴え提起をすることができる（このほか，相続財産法人を被告とする訴訟において，一定の場合には，特別代理人（民事訴訟法第３５条）の選任の申立てをすることもできる。）。

相続人不分明の場合の保存のための相続財産管理制度を新たに設けるとすると，第三者が相続人不分明の相続財産に属する財産について権利行使をするために，ここでの相続財産管理人の選任を受けた上でその管理人を被告として訴えを提起することができるかが問題となる。

ここでの相続財産管理人の職務が基本的に相続財産の保存行為にあることを重視すると，相続財産管理人が，相続財産に関する訴訟につき応訴することは職務上の義務に反し，許されず，そのような立場の者に応訴権限は認められないとも考えられる。

他方で，相続人が不分明であるため，相続財産に対して権利行使をしようとしても，被告の立場で訴訟を追行すべき者がいない点で，遺産分割前の相続財産管理人が選任される場合とは状況が異なっており，上記応訴を認める規律を設けることも考えられることから，引き続き検討することを試案第２の４(2)（注３）で記載している。

なお，試案第２の４(2)③のとおり相続債務の弁済権限を相続財産管理人に付与しないとすれば，仮に，相続財産管理人に応訴権限を認めたとしても，相続債務に関する訴訟については応訴権限が認められないことになるから，例えば相続財産に属する土地を時効取得したと主張する者が土地の所有権移転登記手続訴訟を提起するケース等の限られた場合にのみ応訴権限が認められると考えられる。

3 公告（試案第２の４(2)（注４））

　　ここでは，相続人があることが明らかでないことを踏まえ，民法第９５２条の
相続財産管理人が選任された場合と同様に，相続人の探索を行うために，公告を
しなければならないとすることも考えられることから，試案第２の４(2)（注４）
において注記している。

4 清算手続への移行（試案第２の４(2)（注５））

　　試案第２の４(2)①の規律により相続財産を保存したとしても，相続人のあるこ
とが明らかでないという状態においては，相続財産の最終的な清算をすることが
望ましい。そこで，試案第２の４(2)（注５）では，試案第２の４(2)①の規律に
より相続財産管理人が選任された場合には，その相続財産管理人は，清算を目的
とする民法第９５２条の相続財産管理人の選任の申立てをすることができるとし
ている。

　　なお，試案第２の４(2)に基づく相続財産管理人が先に選任されていた場合にお
いて，民法第９５２条に基づく相続財産管理人が選任されたときについては，試
案第２の４(2)に基づく相続財産管理人の選任を基本的に取り消すことが考えられ
ることは，上記１(2)オのとおりである。

**（後注）(1)及び(2)の相続財産管理制度と，現行の相続財産管理制度を一つの制度とし，熟慮期
間中に選任された相続財産管理人が熟慮期間経過後遺産分割前又は全員により相続放棄のされ
た後にもそのまま相続財産を管理することができるようにすることを認めることについては，
その終期の在り方や，本文(1)及び(2)の各①の相続財産管理制度と現行の相続財産管理制度の
異同を踏まえ，引き続き検討する。**

（補足説明）

　　現行法において民法第９１８条第２項の相続財産管理制度の申立てができるのは，
相続人全員が相続の承認又は放棄をするまでの間に限られると解されている。

　　これに対し，試案第２の４(1)及び(2)の相続財産管理制度を設け，熟慮期間経過
後遺産分割前又は全員により相続放棄のされた後にも相続財産管理人による相続財産
の管理が可能とするのであれば，これと現行の相続財産管理制度を一つの制度とする
ことによって，熟慮期間中に選任された相続財産管理人が熟慮期間経過後遺産分割前
又は全員により相続放棄のされた後もそのまま相続財産を管理することができるよう
にすることを可能とすることが考えられる。

　　もっとも，これらを一つの制度とすることができるかについては，各段階におけ
る相続財産管理の取消事由などその終期の在り方や，試案第２の４(1)及び(2)の相続
財産管理制度と現行の相続財産管理制度の相違点（例えば管理人の権限を保存行為に
限るか）を踏まえる必要があることから，試案第２の４(2)（後注）ではその旨を注
記している。

(3) 民法第９５２条以下の清算手続の合理化

　　民法第９５２条第２項，第９５７条第１項及び第９５８条の公告に関し，

次のような規律に改めることについて，引き続き検討する。
① 民法第９５２条第１項の規定により相続財産管理人を選任したときは，家庭裁判所は，遅滞なく，その旨及び相続人があるならば一定の期間内にその権利を主張すべき旨を公告しなければならない。この場合において，その期間は，【３箇月】【６箇月】【１０箇月】を下ることができない。
② ①の公告があったときは，相続財産管理人は，遅滞なく，全ての相続債権者及び受遺者に対し，一定の期間内にその請求の申出をすべき旨を公告しなければならない。この場合において，その期間は，【２箇月】【４箇月】を下ることができない。

（補足説明）
1　提案の趣旨
　現行民法は，㋐家庭裁判所による選任の公告（民法第９５２条第２項）を２箇月間行い，その後に，㋑相続債権者らに対する請求申出を求める公告（民法第９５７条第１項）を２箇月間行い，その後に，㋒相続人捜索の公告（民法第９５８条）を６箇月間行うこととしている。これに対しては，公告手続を何回も行わなくてはならず，権利関係の確定に合計１０箇月以上を要するため，必要以上に手続が重くなっており，相続財産の管理費用も必要以上に高くなっているとの指摘がある。
　これを踏まえ，試案第２の４(3)では，相続人のあることが明らかでない場合における相続財産管理制度の清算手続の合理化として，㋐家庭裁判所による選任の公告（民法第９５２条第２項），㋑相続債権者らに対する請求申出を求める公告（民法第９５７条第１項），及び㋒相続人捜索の公告（民法第９５８条）を並行して行い，かつ，公告期間を短縮することについて提案している。
2　提案の内容
　(1)　公告の並行実施
　　㋐の選任公告と㋒の捜索公告は，相続人に出現ないし権利主張を促すという点では趣旨が共通し，㋑の請求申出公告と㋒の捜索公告は，相続債権者等に権利主張を促すという点では趣旨が共通する。そして，それらの各公告は，その順に行わなければならないとする必然性はなく，失権の前提として権利主張の機会が与えられていれば十分であるとも考えられる。
　　そこで，試案第２の４(3)①及び②では，これらの３つの公告を並行して行うこととし，事務の合理化を図ることを提案している。
　(2)　公告の期間
　　ア　現行法においては，㋒の捜索公告は，㋑の請求申出公告の後にすることとされている（民法第９５８条）。この段階においては，手続を急ぐ必要がなく，できるだけ相続人を探すべきであるとして，民法制定時には１年以上の公告期間が定められていた。その後，通信，交通手段の発達を踏まえ，昭和３７年の民法改正においては，管理人の相続財産の管理の煩わしさを軽減するために，現行の６箇月という期間に短縮された。

もっとも，その時点から更に５０年以上が経過した現在においては，その当時よりも更に通信，交通手段が発達している。平成２５年に制定された家事事件手続法においても，失踪宣告の手続における不在者による生存の届出期間等が短縮され，従来，普通失踪の場合は６箇月以上，危難失踪の場合は２箇月以上とされていたものが，普通失踪の場合は３箇月以上，危難失踪の場合は１箇月以上とされたところである。

　　そこで，全体の手続期間を短縮することが考えられる。

　イ　試案第２の４(3)①は全体の公告期間を定めるものであるが，その期間については，失踪宣告の期間と同様に３箇月とする案，現行法の相続人捜索の期間と同様に６箇月とする案，現行法の全体の期間と同様に１０箇月とする案を示しており，実態を踏まえて引き続き検討する。

　　　また，試案第２の４(3)②は現行法の請求申出期間と同様に２箇月とする案，現行法の管理人選任時から請求申出期間の終了時までの期間と同様に４箇月とする案を示しており，実態を踏まえて引き続き検討する。

(3)　その他

　　部会においては，㋐の選任公告と㋑の捜索公告を並行して実施することについて，㋑の捜索公告の期間満了の効果（民法第９５８条の２，第９５８条の３）との関係について今後整理する必要があるといった指摘があったほか，㋐の選任公告後遅滞なく㋑の請求申出公告及び知れたる債権者等への催告を行うことについて，㋑の請求申出公告の時点では，管理人が相続財産を調査できていない状況が生じ，調査を進めれば判明したであろう相続債権者に対する個別の催告がされなくなるという事態も生じ得ることから，この点も踏まえた検討が必要であるとの指摘もあった。

　　なお，東京家庭裁判所本庁及び大阪家庭裁判所本庁において，直近１年間で民法第９５２条第１項により相続財産管理人の選任がされた後に相続人としての権利を主張する者が出現したケースの有無等について，裁判所書記官を対象としたアンケート調査が実施された。その内容については，第１０回会議参考資料５を参照されたい。

(4)　相続放棄をした放棄者の義務

　　民法第９４０条第１項の規律を次のように改める。

　　相続の放棄をした者がその放棄の時に相続財産に属する財産を現に占有している場合には，相続人又は相続財産法人に対して当該財産を引き渡すまでの間，その財産を保存する義務を負う。この場合には，相続の放棄をした者は，自己の財産におけるのと同一の注意をもって，その財産を保存すれば足りる。

　　（注１）保存義務の具体的な内容については，①財産を滅失させ，又は損傷する行為をしてはならないことに加え，財産の現状を維持するために必要な行為をしなければならないことを意味するとの考え方と，②財産の現状を滅失させ，又は損傷する行為をしてはならないことのみを意味するとの考え方がある。

89

（注2）相続の放棄をした者は，相続財産の管理又は処分をする権限及び義務（保存行為をする権限及び義務を除く。）を負わないことを前提としている。

（注3）相続の放棄をした者が負う義務等の程度については，善良なる管理者の注意とする考え方もある。

（注4）次順位の相続人が財産の引渡しに応じない場合や，次順位の相続人がいない場合に放棄者が保存義務を免れるための方策（例えば，①次順位相続人に対して一定期間内に相続財産の引渡しに応じるよう催告をし，その期間が経過したときは保存義務が終了するものとすることや，②相続財産を供託することによって保存義務が終了することを認める方策）については，引き続き検討する。

（補足説明）

1　提案の趣旨

（1）相続の放棄をした者は，その放棄によって相続人となった者が相続財産の管理を始めることができるまで，自己の財産におけるのと同一の注意をもって，その財産の管理を継続しなければならないとされている（民法第940条1項）。

　　この管理継続義務は，次順位の相続人が相続財産の管理を始めることができるまでの管理についてのものである（共同相続人の一人が相続放棄をした場合に，他の共同相続人が相続財産の管理を始めることができない特別の事情があるときも，同条の適用はあると解されている。）。そのため，法定相続人の全員が相続放棄をし，次順位の相続人が存在しない場合にも同規定が適用されるかについては，必ずしも明らかではない。また，相続放棄者が，相続財産を占有していない場合や，相続財産を把握していない場合にまで，管理継続義務を負うかどうかも必ずしも明らかでないほか，その義務の内容も，明らかではない。

（2）このように，現行法の解釈が必ずしも明らかではないため，実際の適用場面で疑問が生ずることがあり，その義務内容等の整理を行うことが必要であると考えられる。

　　そこで，このような観点から，試案第2の4(4)では，相続放棄をした者の相続財産の管理に関する義務の内容，発生要件，終期等を整理した規律を設けることを提案するものである。

2　提案の内容

（1）義務の性質と発生要件

　　試案第2の4(4)は，相続の放棄をしたからといって，その者に一律に責任を負わせるべきではないが，他方で，相続財産に属する財産を占有している相続放棄者については，その占有を開始した以上，その財産を他の相続人や相続財産法人に引き渡すまでは，保存する義務を負わせるものである。

　　例えば，第一順位の相続人Aが相続財産に属する土地を占有して管理していたが，相続の放棄をし，第二順位の相続人Bは当該土地の管理には一切関与しないで相続の放棄をした場合には，保存の義務を負うのはAであり，Bは管理したことのない土地についての保存義務を負わないことになる。

(2) 保存義務の内容等（試案第２の４(4)（注１））
  ア　義務の内容（保存義務）
　　　相続放棄者が負うべき保存義務の具体的内容としては，次順位の相続人の
　　ために相続財産の価値を維持する義務を負うとの考え方と，そこまでの義務
　　は負わず，相続財産を積極的に害してはならない義務を負うにとどまるとの
　　考え方があり得ることから，これらを試案第２の４(4)（注１）で記載してい
　　る。
　　　例えば，相続財産に属する土地があり，放棄者がこれを占有していた場合
　　には，次順位の相続人のために相続財産の価値を維持する義務を負うとの考
　　え方によれば，次順位の相続人や相続人のあることが明らかでない場合に選
　　任された相続財産管理人に引き渡す前にその土地の管理を放棄したときは義
　　務違反を問われる可能性があるのに対し，相続財産を積極的に害してはなら
　　ない義務を負うにとどまるとの考え方によれば，そのような義務を負わない
　　ことから，その土地の管理を放棄してその土地から立ち去ったとしても，義
　　務違反を問われることはないものと考えられる。
　　　なお，相続財産を保存する義務の相手方は，放棄によって相続人となった
　　者又は相続財産法人（その放棄により相続人のあることが明らかでなくなっ
　　た場合）になると考えられる。
  イ　義務の終期
　　　放棄者が相続人又は相続財産法人に当該財産を引き渡して占有を移転した
　　ときは，当該財産の保存は相続人又は相続財産法人においてすることができ
　　るので，当該財産に関する保存義務が終了するとすることが考えられる。
(3) 管理処分の権限及び義務がないこと（試案第２の４(4)（注２））
　　　相続の放棄をした者は，もはや相続財産に属する財産の管理処分権を失って
　　いるため，相続財産の管理又は処分をする権限及び義務（保存行為をする権限及び
　　義務を除く。）がないとすることを前提としている旨を試案第２の４(4)（注
　　２）に記載している。
(4) 注意義務の程度（試案第２の４(4)（注３））
　　　放棄者が負う注意義務の程度としては，現行の民法第９４０条第１項の規律と
　　同様に，自己の物に対する注意をもってすれば足りるものとしている。もっと
　　も，これに対して，放棄によって相続財産は既に他人の財産となっている以上，
　　放棄者が負う注意義務の程度としては，善良なる管理者の注意を要するとの考え
　　方もあることから，その旨を試案第２の４(4)（注３）で注記している。
(5) 義務を免れるための方策（試案第２の４(4)（注４））
　　　放棄者は，相続財産を引き渡すまで，相続財産の保存義務を負うことになる
　　が，これに対しては，次順位の相続人が財産の引渡しに応じない場合や，次順位
　　の相続人がいない場合には，過度な負担ではないかとの指摘があり得る。そこ
　　で，放棄者が保存義務を免れるための方策も講ずる必要がある。
　　　そこで，次順位の相続人が財産の引渡しに応じない場合や，次順位の相続人
　　がいない場合に放棄者が保存義務を免れるための方策（例えば，①次順位相続

91

人に対して一定期間内に相続財産の引渡しに応じるよう催告をし，その期間が経過したときは保存義務が終了するものとすることや，②相続財産を供託することによって保存義務が終了することを認める方策）について引き続き検討する旨を試案第2の4(4)（注4）に記載している。

　なお，放棄者が保存義務を負っている相続財産が，土地などの金銭以外の財産であって，これが供託に適さない場合には，放棄者は，裁判所の許可を得て，これを競売に付し，その代金を供託することができるとすること（民法第497条参照）が考えられる。

(6)　なお，法定相続人の全員が相続の放棄をした相続財産の中に不動産があり，その不動産が管理不全状態に陥っているケースにつき，相続放棄者に管理をさせる観点から，㋐次順位者に対する管理義務に加えて，第三者に対しても管理義務を負わせることや，㋑放棄者の全員又は最後に相続放棄をした者に民法第952条の相続財産管理人の選任請求義務を負わせることを検討すべきとの指摘も考えられる。

　しかし，部会では，㋐については，相続による不利益を回避するという相続放棄制度の趣旨からすると，そもそも次順位者が現れるまで放棄者が管理を継続しなければならないということ自体に疑問があり，また，第三者に対する管理継続義務を観念することも困難であるとの意見があった。また，㋑については，相続財産管理人の選任請求をするには予納金が必要となることがあるが，放棄者に相続財産管理人選任請求義務を課すと，放棄者は予納金を負担しなければならず（特に相続財産の価値が乏しい場合には予納金を回収することが困難になる。），結局，相続による不利益を負担させられてしまうのではないかとの意見があった。

　このように，㋐及び㋑については消極的意見が多かったため，試案では提案していない。なお，相続放棄された結果管理のされていない土地が第三者に害悪を及ぼしている場合には，相続の放棄をした者に管理の義務を負わせるのではなく，既に提案している土地管理制度の創設や，相続財産管理制度の合理化等により，土地の適切な管理を図ることが想定される。

第3　相隣関係

1　隣地使用権の見直し

　民法第209条第1項の規律を次のように改める。

①　土地の所有者は，次に掲げる目的のために必要な範囲内で，隣地所有者に対して，隣地の使用の承諾を求めることができる。

　a　境界又はその付近における障壁又は建物その他の工作物の築造又は修繕

　b　後記2の規律に基づいてする越境した枝の切除

　c　境界標の調査又は境界を確定するための測量

②　土地の所有者は，①の規律にかかわらず，次に掲げるときは，①の各号に掲げる目的のために必要な範囲内で，隣地を使用することができる。

　a　隣地所有者に対して，次に掲げる事項を通知したにもかかわらず，相当

の期間内に異議がないとき。

　(a) 隣地の使用目的，場所，方法及び時期

　(b) 所有者が一定の期間内に異議を述べることができる旨

　b　隣地所有者を知ることができず，又はその所在を知ることができない場合において，次に掲げる事項を公告したにもかかわらず，相当の期間内に異議がないとき。

　(a) 隣地の使用目的，場所，方法及び時期

　(b) 所有者が一定の期間内に異議を述べることができる旨

　c　急迫の事情があるとき

（注１）土地の所有者は，隣地の所有権の登記名義人から承諾を得れば，真の所有者の承諾がなくても，隣地を使用することができるとする規律を設けることについて，引き続き検討する。

（注２）隣地が共有地である場合には，持分の価格の過半数を有する隣地共有者から承諾を得れば足りるとすることについて，引き続き検討する。

（注３）境界標の調査又は境界を確定するための測量の目的で隣地を使用することに加えて，必要な行為を認める規律を設けることについて，引き続き検討する。

（注４）隣地の使用において隣人の住家に立ち入る必要があるケースは限られると考えられるが，特に必要がある場合には，住家への立入りの承諾を求めることができるとすることについて，引き続き検討する。

（注５）隣地使用請求に限らず，相隣関係における紛争全般について民事調停を前置する規律を設けることについて，引き続き検討する。

（注６）①及び②に関して，使用目的に照らして必要な範囲を超えて隣地使用がされた場合には，必要な範囲を超える部分の隣地使用は違法である。

（補足説明）

1　隣地使用目的の拡張（試案第３の１①）について

　(1) 提案の趣旨

　　民法第２０９条第１項は，土地の所有者は，境界又はその付近において障壁又は建物を築造し又は修繕するために必要な範囲内で，他人の所有する隣地の使用を請求することができる旨定めている。しかし，同項に挙げられていない工事等の際に，隣地の使用を請求できるかは必ずしも明らかではなく，土地の利用が制限されているとの指摘がある。

　　そこで，類型的に隣地を使用する必要性が高いと考えられる試案第３の１①に列挙する所定の目的のために，隣地の使用を請求することができる規律を設けることを提案している。

　(2) 提案の内容

　　試案第３の１①において，境界線付近における工作物の築造又は修繕（試案第３の１①ａ），後記試案第３の２の規律に基づいてする越境した枝の切除（試案第３の１①ｂ），土地の境界標の調査又は土地の測量（試案第３の１①ｃ）の３つの目的を列挙している。

試案第３の１①ａは，民法第２０９条第１項に挙げられた障壁及び建物以外の工作物を境界線付近に配置する場合等についても，隣地の使用を認めることが合理的であると考えられることから，土地所有者が，境界又はその付近における工作物（工作物の例示として障壁又は建物を挙げている。）の築造又は修繕の工事のために，隣地所有者に対して，隣地の使用を請求することができるとする規律を設けることを提案している。なお，部会において，いわゆるライフラインの導管等の設置工事のための隣地使用を認めるべきであるという意見が多くあったが，試案第３の１①ａの「工作物の築造」は，後記試案第３の３で提案する導管等の設置又は接続のための工事を含むものとすることを想定している。

　試案第３の１①ｂは，竹木の地盤面と越境された土地の地盤面とに高低差がある斜面地などにおいては，竹木の存する土地に立ち入らなければ枝を切除することができないとの指摘があることを踏まえて，後記試案第３の２（越境した枝の切除）の規律に基づいて，土地所有者が自ら越境した枝を切除する際に，必要な範囲で隣地の使用を請求することができる規律を設けることを提案している。なお，隣地に立ち入らなくとも枝を切除することができる場合には，隣地使用の必要性が認められないため，試案第３の１①ｂの規律に基づく隣地使用請求は認められないと考えられる。

　試案第３の１①ｃは，土地を売却する場合や，土地上に建物等を建築する場合などにおいては，当該土地の境界や面積を明らかにする必要があり，土地の境界（所有権界）を明らかにすることは，不動産に関する社会経済活動を支えるものとして重要であると考えられるため，境界標の調査又は境界を確定するための測量の目的で隣地使用を認める規律を設けることを提案している。

　なお，土地の境界には，所有権の境界（民法第２０９条第１項参照）と，いわゆる筆界（登記がされた際に土地の範囲を区画するものとして定められた線。不動産登記法第１２３条参照）とがある。所有権の境界と筆界とは一致することも多いが，例えば，一筆の土地の一部につき売買がされたり，取得時効が成立したりした場合には，一致しないことがある。ここでいう境界を確定するための測量は，最終的に所有権の境界を確定するための測量を指している。

２　隣地使用権の行使方法（試案第３の１①及び②）について
　(1)　提案の趣旨

　現行法下では，工事のために隣地を使用する必要のある者は，隣地所有者を探索した上で，その承諾を求め，隣地所有者の所在が不明であるときは，承諾に代わる判決を得ない限り，隣地を使用することができないため，相当の時間や労力を費やすこととなり，土地の利用を阻害する要因となっているとの指摘がある。

　そこで，試案第３の１①においては，土地所有者は，隣地所有者の隣地の使用の承諾又はこれに代わる判決を得ることを原則としつつ，試案第３の１②においては，隣地所有者が隣地使用について異議を述べない場合等の一定の条件のもとで，隣地所有者の承諾等が得られなくても土地所有者の隣地使用を認め

る規律を設けることを提案している。
(2) 提案の内容
　ア　原則的規律の考え方（試案第３の１①）
　　　試案第３の１①は，現行法下の実務において多く行われている対応と同様に，土地所有者が隣地を使用するためには，原則として隣地所有者の承諾を要し，承諾が得られない場合には，隣地所有者に対して承諾を命ずることを求め，承諾に代わる判決（令和元年法律第２号による改正後の民事執行法第１７７条参照）を得る必要があること，隣地所有者が飽くまでも隣地使用を妨害するケースでは，設置工事の妨害禁止請求も行ってこれを差し止めるべきことを前提としている。

　　(ｱ)　請求権者
　　　試案第３の１①は，土地所有者が隣地使用権の請求権者であるとしている。なお，相隣関係の規定が準用される地上権者に加えて（民法第２６７条），永小作権者や土地賃借人（土地賃借人については対抗要件を備えている者に限るとする見解もある。）も隣地使用権の主体となり得ると解されており，かかる解釈を明確化すべきであるという指摘もある。

　　(ｲ)　請求の相手方
　　　試案第３の１①は，隣地の使用を許諾することができるのは隣地所有者であることを前提として，請求の相手方を隣地所有者としている。なお，現行法は請求の相手方を「隣人」としているが，その解釈として，権原に基づいて隣地を現に占有する者が客体となり得るとも解されており，かかる解釈を明確化すべきであるという指摘もある。

　　　また，土地の所有者は，隣地の所有権の登記名義人から承諾を得れば，真の所有者の承諾がなくても，隣地を使用することができるとすべきであるという考え方があることを踏まえて，試案第３の１（注１）において，そのような規律を設けることについても引き続き検討することとしている（後記補足説明３参照）。

　　　また，隣地が共有地である場合には，土地所有者に，隣地共有者全員から承諾を得させることは負担であると考えられる。隣地共有者にとっては，工作物の築造・修繕等のために必要な範囲で土地所有者に隣地を使用させることは，一般に共有物の変更又は処分（民法第２５１条参照）には該当せず，管理に関する事項（民法第２５２条）に当たり，共有者の価格の持分に従い，その過半数で決することができると考えられることから，試案第３の１（注２）において，その範囲で承諾を得れば足りるとすることについて検討することを注記している（後記補足説明４参照）。
　イ　土地所有者による隣地使用の特則（試案第３の１②）
　　(ｱ)　隣地所有者による異議がない場合の特則（試案第３の１②ａ）
　　　試案第３の１②ａは，土地所有者が，隣地所有者に対して，隣地の使用目的，場所，方法及び時期（試案第３の１②ａ(a)）並びに所有者が一定の期間内に異議を述べることができる旨（試案第３の１②ａ(b)）を通知した

158

95

にもかかわらず，相当の期間内に異議がない場合に，土地所有者に隣地使用を認めることを提案している。

　これは，土地所有者による隣地使用の必要性がない場合や，使用目的に比して隣地使用の程度が過大である場合には，土地所有者による隣地使用が認められないことを前提として，隣地所有者に諾否を判断する機会を与え，相当の期間内に異議がない場合には，隣地所有者の承諾又は承諾に代わる判決を得なくても，土地所有者が隣地を使用することを認めるものである。この「相当の期間」としては，隣地が使用されることについて十分な検討期間を与える必要があることからすれば，例えば，数週間から1か月程度と考えられる。

　また，相当の期間内に隣地所有者による異議がなく，隣地使用権が発生した場合であっても，実際に，土地所有者が隣地を使用する際に，隣地所有者によって当該使用が拒絶され，又は抵抗されたときには，土地所有者としては，試案第3の1②の隣地使用権に基づき，妨害禁止請求を行ってこれを差し止めることが考えられる。

　もっとも，この考え方に対しては，土地所有者による隣地使用はできるだけ平穏にされるべきであるという観点から，相当の期間経過後に異議が出されれば，原則どおり，差止めの判決だけでなく，承諾に代わる判決も得る必要があるという考え方もあり得るが，迂遠であるとも考えられる。

(イ) 隣地所有者を知ることができない場合等の特則（試案第3の1②b）

　試案第3の1②bは，土地所有者が，隣地所有者を知ることができず，又はその所在を知ることができない場合に，隣地の使用目的，場所，方法及び時期（試案第3の1②b (a)）並びに所有者が一定の期間内に異議を述べることができる旨（試案第3の1②b (b)）を公告したにもかかわらず，相当の期間内に異議がないときに，土地所有者に隣地使用を認めることを提案している。

　これは，土地所有者による隣地使用の必要性がない場合や，使用目的に比して隣地使用の程度が過大である場合には，土地所有者による隣地使用が認められないことを前提として，隣地所有者を知ることができず，又はその所在を知ることができないときに，公告により隣地所有者にこれを判断する機会を与え，相当の期間内に異議がない場合には，土地所有者が隣地所有者の承諾又は承諾に代わる判決を得なくても，必要な範囲内において隣地を使用することを認めるものである。この特則が適用されるのは，隣地所有者に直接，隣地使用の目的等を通知することができない場面であるから，隣地所有者に隣地使用の可否を判断する機会を十分に付与するために，試案第3の1②bの「相当の期間」は，試案第3の1②aの「相当の期間」よりも長期となることが想定され，例えば1か月から3か月程度と考えられる。

(ウ) 急迫の事情がある場合の特則（試案第3の1②c）

　試案第3の1②cは，急迫の事情がある場合に，土地所有者に隣地使用

を認めることを提案している。これは，相応の時間を要する通常の裁判手続や試案第3の1②a又はbの手続による暇がないような場合には，必要な範囲で隣地利用を認めることも許されると考えられることから，急迫の事情があるときに隣地使用を認めるものである。

　　例えば，㋐暴風雨により，土地上の建物の一部が崩落する危険が生じ，崩落を防ぐための工事を行うために，隣地において足場を組む必要がある場合や，㋑地震により破損した給排水設備の修繕工事のために，隣地の一部を掘り起こす必要がある場合等が考えられる。

3　請求の相手方を登記名義人とする考え方（試案第3の1（注1））について

　　試案第3の1①の請求の相手方の規律（前記補足説明2(2)ア(ア)参照）に関連して，土地の所有者は，隣地の所有権の登記名義人から承諾を得れば，真の所有者の承諾がなくても，隣地を使用することができるとすべきであるという考え方があることを踏まえて，試案第3の1（注1）において，そのような規律を設けることについても引き続き検討することとしている。

　　なお，現行法では，隣地の譲受人は，土地の所有者から相隣関係上の義務の履行を請求された場合には，登記をしない間でも義務の履行を免れることはできないと解されているが，土地の所有者が隣地の所有権の登記名義人である譲渡人に対して相隣関係上の義務の履行を請求したケースの処理については必ずしも明らかではない。

　　土地の所有者は，隣地の譲渡人との関係で，隣地についての物権変動における対抗関係に立つわけではないが，土地は必然的に隣地を伴うものであり，相隣関係に関して土地の所有者は隣地の所有権の帰属につき重大な利害関係を有することに着目すれば，上記のケースでは，土地所有者は隣地の譲渡による所有権の喪失を否定してその帰属を争う点で，隣地についての物権変動における対抗関係に似た関係に立つと考え，隣地の所有権の登記名義人である譲渡人は，土地所有者に対して登記なくして所有権の喪失を対抗することができないと考えることもできる（土地所有権に基づく建物収去土地明渡請求の相手方に関する最判平成6年2月8日民集48巻2号373頁参照）。このように考えるならば，隣地の所有権の登記名義人である譲渡人に対しては，特に規律を設けなくても，民法第177条の解釈として，本提案における隣地使用の承諾を求めることができると解することも可能と考えられる。

　　他方で，隣地の所有権の登記名義人が死亡した場合には，土地所有者としては，登記名義人からの承諾を得ることはできないから，結局，相続人の承諾を求めざるを得ず，特別な規律を設けることや，上記のような解釈をとることは困難であるとの指摘も考えられる。

4　隣地が共有地である場合における承諾の考え方（試案第3の1（注2））について

　　隣地が共有地である場合には，土地所有者に，隣地共有者全員から承諾を得させることは負担であると考えられる。隣地共有者にとっては，工作物の築造・修繕等のために必要な範囲で土地所有者に隣地を使用させることは，一般に共有物

の変更又は処分（民法第２５１条参照）には該当せず，管理に関する事項（民法第２５２条）に当たり，共有者の価格の持分に従い，その過半数で決することができると考えられることから，試案第３の１（注２）において，その範囲で承諾を得ることで足りるとすることについて検討することを注記している。

仮に試案第３の１（注１）で隣地の所有権の登記名義人が死亡した場合の土地所有者の隣地使用権の行使に関する負担軽減を図ることが困難であるとしても，試案第３の１（注２）で隣地の共同相続人の価格の持分に従いその過半数の承諾を得ることで足りるとすることができれば，土地所有者の負担軽減を図ることができるとも考えられる。

なお，隣地の使用について，隣地の共有者の持分の価格に従いその過半数の承諾を得れば足りるとした場合には，土地所有者は，任意の履行が予測されるときは，過半数の持分を有する共有者のみを被告として承諾を命ずることを求める訴訟を提起し，勝訴判決を得ればよいと考えられるが，任意の履行が期待できない場合には，実際上，共有者全員を被告として，承諾とともに妨害禁止も求めて勝訴判決を得る必要があることが多いと考えられる。

5 土地の境界標等の調査又は土地の測量のために必要な行為（試案第３の１（注３））について

前記補足説明１(2)のとおり，土地を売却する場合や，土地上に建物等を建築する場合などにおいては，当該土地の所有権の境界や面積を明らかにする必要があり，所有権の境界を明らかにすることは，不動産に関する社会経済活動を支えるものとして重要であると考えられるため，試案第３の１（注３）において，境界標の調査又は境界を確定するための測量のために必要な行為を認める規律を設けることについて引き続き検討することとしている。部会においては，必要な行為として，境界標等の調査又は土地の測量のために，隣地所有者の承諾なく土地を掘り起こしたり構造物の基礎の部分を削ったりするなどの行為を認めるべきとの意見もあったが，慎重な意見が多数であった。

仮に，境界標の調査又は境界を確定するための測量のために必要な行為を認める規律を設ける場合には，行為者は土地又は構造物を原状回復する義務を負い，隣地所有者が損害を被ったときには，償金を支払う義務を負う規律を設けるべきであると考えられる。

また，部会において，土地所有者は，隣地所有者に対して，土地の所有権の境界を明確にするための協議を求めることができるとする規律を設けることについても検討されたが，仮にそのような規律を設けたとしても，協議に応じないことについて義務違反の効果を持たせることについては慎重な意見が多数であり，また，訓示的な規律を設けるとした場合に新たな規律を設ける意義があるか慎重に検討すべきであるという意見があったことを踏まえ，引き続き検討する。

6 住家への立入り（試案第３の１（注４））について

民法第２０９条第１項ただし書の解釈として，隣人の住家に立ち入るためには，必ずその隣人の承諾が必要であり，隣人はこれを自由に拒否することができ，判決をもってこの承諾に代えることはできないと解する見解が多数説であ

る。もっとも、隣地の使用において隣人の住家に立ち入る必要があるケースは限られると考えられるが、特に必要がある場合には、住家立入りのための条件を判決において付するなどして承諾に代わる判決を得ることができるという見解もあることを踏まえて、試案第3の1（注4）において住家への立入りの承諾を求めることができるとすることについて注記している。

7　民事調停前置（試案第3の1（注5））について

相隣関係における紛争については、一般に、第三者が関与するなどして柔軟に解決することが望ましい事例が多いと考えられることから、試案第3の1（注5）において、相隣関係における紛争全般について民事調停を前置する規律を設けることについて引き続き検討することとしている。

8　隣地使用が認められる範囲（試案第3の1（注6））について

試案第3の1①及び②のいずれについても、土地の使用者は、隣地の使用が必要な範囲内にあるかをその使用目的に照らして判断することができると考えられるから、必要な範囲を超えて隣地使用がされた場合には、その超える部分の隣地使用は認められない（違法となる）と考えられる。そこで、このことを試案第3の1（注6）において注記している。

2　越境した枝の切除

民法第233条第1項の規律を次のいずれかの案のように改める。

【甲案】　隣地の竹木の枝が境界線を越えるときは、土地所有者は、自らその枝を切り取ることができる。

【乙案】 ①　隣地の竹木の枝が境界線を越えるときは、土地所有者は、その竹木の所有者に、その枝を切除させることができる。

②　隣地の竹木の枝が境界線を越える場合において、土地所有者は、次に掲げるときは、自らその枝を切り取ることができる。

a　竹木の所有者に枝を切除するよう催告したにもかかわらず、相当の期間内に切除されないとき。

b　竹木の所有者を知ることができず、又はその所在を知ることができないとき。

c　急迫の事情があるとき。

（注1）土地所有者が、自ら枝を切り取った場合における枝の切取りにかかる費用負担の在り方については、現行法における枝の切除に関する費用負担の解釈を踏まえつつ、引き続き検討する。

（注2）乙案については、竹木が共有されている場合には、持分の価格の過半数を有する竹木共有者から承諾を得れば足りるとすることについて、引き続き検討する。

（注3）土地所有者は、土地の管理のため必要な範囲内で、境界を越えて隣地内の枝を切り取ることができる規律を設けることについても引き続き検討する。

（注4）隣地の竹木の根が境界線を越えるときには、土地の所有者が自らその根を切り取ることができるとする現行の取扱いを維持することを前提としている。

（注5）土地所有者が本文の規律に基づいて切り取った枝又は隣地の竹木から境界線を越え

て落ちた果実を処分することができる規律の要否については，竹木の根に関する現行法の規律を踏まえて引き続き検討する。

（補足説明）
1　越境した枝の切除の規律について
　(1)　提案の趣旨
　　　現行民法第233条第1項は，隣地の竹木の枝が境界線を越えるときは，竹木の所有者に対して枝を切除させることができるとしている。そのため，竹木の所有者が枝を切除しない場合には，越境した竹木の枝により土地の利用が妨げられている土地の所有者（権原に基づいて占有する者も同じ。）は，竹木の所有者の所在を探索し，当該所有者に対する枝の切除請求訴訟を提起して，請求認容判決を得た上で，これを債務名義として強制執行を申し立て，竹木所有者の費用負担で第三者に切除させる方法（民事執行法第171条第1項，第4項）によらなくてはならないが，この手続には相応の時間や労力を要し，土地の円滑な管理の妨げになっているとの指摘がある。他方で，民法第233条第2項により，越境した竹木の根については，判決を取得しなくても自ら切り取ることができるとされ，枝と根とで異なる取扱いがされている。
　　　そこで，第3の2において，隣地の管理をより円滑に行うことを可能とする観点から，越境された土地の所有者が枝を自ら切り取ることを認める方向で越境した枝の切除に関する規律を見直すことを提案している。部会においては，隣地の竹木の枝が境界線を越えるときは，土地所有者が一律にその枝を切り取ることができるとすべきであるという意見と，土地所有者が，原則として竹木所有者に枝を切除させ，竹木の所有者を知ることができない場合等の一定の条件の下で，土地所有者が枝を切り取ることができるとすべきであるという意見が出された。本提案は，これらの意見を踏まえたものである。
　(2)　提案の内容
　　ア　枝の切取りに関する権利行使方法（試案第3の2甲案）について
　　　　試案第3の2甲案は，越境された土地所有者の利益の保護を重視し，根を切り取る場合と同様，当該土地所有者が自ら越境した枝を切り取ることができるようにすることを提案している。
　　イ　枝の切取りに関する権利行使方法（試案第3の2乙案）について
　　　(ア)　枝の切除請求権の行使に関する原則的規律（試案第3の2乙案①）
　　　　　試案第3の2乙案①は，枝の切除請求における隣地所有者の利益に配慮し，隣地の竹木の枝が境界線を越えるときは，現行法と同様に，土地所有者は，その竹木の所有者に，その枝を切除させることができるとする原則的規律を設けることを提案している。すなわち，越境した枝の切除は，竹木に物理的変更を加え，場合によってはその価値にも影響を与えるため，その所有権を有する者が行うとすることが合理的であり，かつ，適切であると考えられることから，土地所有者は，原則として，竹木所有者に対する枝の切除請求訴訟を提起して，請求認容判決を得た上で，これを債務名

義として強制執行を申し立て，竹木所有者の費用負担で第三者に切除させる方法（民事執行法第１７１条第１項，第４項）によらなくてはならないこととしている。

(イ) 竹木所有者が切除しない場合の特則（試案第３の２乙案②ａ）

　竹木の所有者が枝を切除する機会を与えられたにもかかわらず，相当の期間内に必要な切除を行わない場合には，竹木所有者による枝の切除を期待することができず，土地所有者による直接の切除を認めることが具体的妥当性を持つと考えられることから，試案第３の２乙案②ａにおいて，竹木の所有者に枝を切除するよう催告したにもかかわらず，相当の期間内に切除されないときに，土地所有者が隣地所有者に対する認容判決を得なくとも，枝を切り取ることができるとすることを提案している。

(ウ) 竹木所有者を知ることができない場合等の特則（試案第３の２乙案②ｂ）

　土地所有者が，竹木所有者を知ることができず，又はその所在を知ることができない場合には，通常は竹木所有者による枝の切除を期待することができず，土地所有者による直接の切除を認めることが具体的妥当性を持つと考えられることから，試案第３の２乙案②ｂにおいて，土地所有者が隣地所有者に対する認容判決を得なくとも，枝を切り取ることができるとすることを提案している。

(エ) 急迫の事情がある場合の特則（試案第３の２乙案②ｃ）

　試案第３の２乙案②ｃは，急迫の事情がある場合に，土地所有者が枝を切り取ることができるとすることを提案している。

　相応の時間を要する通常の裁判手続による暇がないような，枝を切り取る急迫の必要がある場合には，土地所有者が枝を切り取ることができるとすることが具体的妥当性を持つと考えられることから，土地所有者が隣地所有者に対する認容判決を得なくとも，枝を切り取ることができるとするものである。

　例えば，地震により破損した建物の修繕工事のための足場を組むために，隣地から越境した枝を切り取る必要がある場合等が考えられる。

2　枝の切除費用（試案第３の２（注１））について

　竹木の所有者が枝を越境させ，土地の利用に支障を生じさせていること，現行法でも，枝の切除に関する強制執行をする際には，竹木の所有者の費用負担で第三者に切除させる代替執行の方法によることになることに鑑みて，枝の切取りに関する費用については，竹木所有者の負担とすることが考えられる。

　これに対して，試案第３の２甲案は，隣地の竹木の枝が境界線を越えるときは，土地所有者が一律に事前通告なしにその枝を切り取ることができるとするものであるから，その費用を竹木の所有者に負担させることが必ずしも公平ではなく，土地の所有者が枝の切除に関する費用を負担すべきであるという考え方もあり得る（民法第２１５条参照）。

　また，土地の所有者が枝の切除に関する費用を負担すべきであるという考え方

は，試案第３の２乙案でも採用し得るが，竹木所有者に切除の機会が与えられていることに鑑みれば，試案第３の２甲案による場合よりも正当化が難しい面もある。

　このような見解があることに鑑みて，試案第３の２（注１）において，費用負担の規律の在り方について引き続き検討することとしている。

３　竹木が共有されている場合における承諾の考え方（試案第３の２（注２））について

　竹木が共有されている場合には，土地所有者に，竹木共有者を探索した上で，竹木共有者に対する枝の切除請求訴訟を提起して，請求認容判決を得，これを債務名義として強制執行を申し立てなくてはならないとすると，土地所有者は相当の時間や労力を費やすこととなり，土地の利用を阻害する要因となり得るため妥当でないとも考えられる。現行法の解釈として，共有されている竹木の枝の切除については，共有物の物理的変更であり，共有物の変更として共有者全員の同意が必要と解することも可能である一方で，隣地使用権の内容として隣地上の樹木の伐採も認められ得るという見解があること，竹木の共有者が枝を適切に管理せずに越境させていることからすると，枝の切除は共有物の保存行為と見る余地もあり，そうでないとしても，竹木の改良行為に類するものとして共有物の管理に関する事項に当たると整理することも可能であることを踏まえれば，枝の切除についても，持分の価格の過半数を有する共有者から承諾を得れば足りるとすべきとも考えられ，このことを（注２）において注記している。

４　切り取る枝の範囲（試案第３の２（注３））について

　枝が土地の境界線を越えている状態を是正するためには，最低限，境界線を越えた部分の切取りを認めることで足りるとも考えられるが，竹木の枝は，その性質上，いずれまた伸びることが予想されるのであり，一定の範囲で土地の境界線よりも幹側で枝を切り取ることを可能とするのが合理的とも考えられる。そこで，試案第３の２（注３）において，土地所有者は，土地の管理のため必要な範囲内で，境界を越えて隣地内の枝を切り取ることができる規律を設けることについて引き続き検討することとしている（なお，隣地の竹木の枝を切り取る際には，隣地に立ち入る必要がある場合もあることから，その立入りを隣地使用権の内容として認めることについては，試案第３の１①ｂを参照）。

　なお，現行法の下では，竹木の枝が境界線を越えている場合ですら，土地所有者に何らの損害を与えないときは，土地所有者が枝の切除を請求することは権利の濫用となるとする裁判例もあるから，仮に，一定の範囲で土地の境界線よりも幹側で枝を切り取ることを可能とするとしても，境界を越えて隣地内の枝を切り取ることができるのは，土地所有者に何らかの損害を与えるおそれがある場合に限られるとすることも考えられる。

５　根に関する規律（試案第３の２（注４））について

　試案第３の２の提案は，隣地の竹木の根が境界線を越えるときについては，土地の所有者が自らその根を切り取ることができるとする現行の規律（民法第２３３条第２項）を維持することを前提としており，試案第３の２（注４）において

102

このことを注記している。

　なお，現行法における根の切取り費用の負担については，法文上必ずしも明らかでなく，土地所有者が負担するものと解する余地もある。これに対しては，土地所有者は竹木の所有者に対し，土地所有権に基づく妨害排除請求として根の切除を請求することも可能と解され，その場合の強制執行の方法は枝の切除請求の場合と同様であって，竹木所有者の費用負担で第三者に切除させる代替執行の方法によることになると考えられることからすれば，隣地所有者が民法第２３３条第２項に基づいて切り取る場合の費用も，竹木の所有者の負担と整理することも考えられる。もっとも，根は枝に比べ，その性質上，どの竹木由来のものであるか特定することが困難な場合が多いという実務上の課題がある。

6　切り取った枝等の規律（試案第３の２（注５））について

　土地所有者が切り取った枝が竹木の所有者のものであるとすると，土地所有者は越境した枝を切り取ることができるが，切り取った枝を自ら処分できないこととなり実務上問題が生じる。他方で，切除した竹木が大量にあるような場合には，竹木の所有者に除去させるべきとも思われるため，隣地所有者は自己で処分するか，竹木の所有者に除去させるかを選択することができる建付けとすべきであるとも考えられる。他方で，根については，民法第２３３条第２項に基づいて，隣地所有者は切り取った根の所有権をも取得すると解されており，切除した枝についても同様の扱いとすることも考えられる。

　また，隣地の竹木から境界線を越えて落下した果実の所有権は竹木所有者に帰属すると考える見解が通説であるとされるが，隣地所有者に帰属させるべきとの見解も有力である。通説とされる見解は，果実の帰属先に関する明文がないことを理由に竹木の所有者に帰属させるべきであるとしているが，この見解を前提とすると隣地所有者は落下した果実を自ら処分できないことになり実務上問題が生じてしまう。かかる不都合に鑑みれば，隣地所有者に果実を帰属させることを明文化することが望ましいと考えられる。他方で，落下した果実が大量にあるような場合には，竹木の所有者に除去させるべきとも思われるため，隣地所有者は自己で処分するか，竹木の所有者に除去させるかを選択することができる建付けとすべきであるとも考えられる。

　そこで，試案第３の２（注５）において，土地所有者が試案第３の２の規律に基づいて切り取った枝又は隣地の竹木から境界線を越えて落ちた果実を処分することができる規律を設けることについて引き続き検討することについて注記している。

3　導管等設置権及び導管等接続権

　相隣関係上の権利として，次のような導管等設置権及び導管等接続権の規律を設ける。

　(1) 権利の内容

　　【甲案】①　他の土地に囲まれて，電気，ガス若しくは水道水の供給又は下水の排出その他の継続的給付を受けることができない土地（以下

103

「導管袋地」という。）の所有者（以下「導管袋地所有者」という。）は，継続的給付を受けるために，その土地を囲んでいる他の土地に自己の導管若しくは導線を設置し，又は他人が設置した導管若しくは導線に自己の導管若しくは導線を接続することができる。

② 導管又は導線の設置場所又は接続方法は，導管袋地所有者のために必要であり，かつ，他の土地又は他人が設置した導管若しくは導線（以下「他の土地等」という。）のために損害が最も少ないものを選ばなければならない。

（注１）導管等を設置又は接続する工事のために隣地を使用する場合には，本文１で提案している隣地使用権の要件を別途満たす必要があるとするかについて引き続き検討する。

【乙案】① 他の土地に囲まれて，電気，ガス若しくは水道水の供給又は下水の排出その他の継続的給付を受けることができない土地（以下「導管袋地」という。）の所有者（以下「導管袋地所有者」という。）は，継続的給付を受けるために，その土地を囲んでいる他の土地又は他人が設置した導管若しくは導線（以下「他の土地等」という。）の所有者に対して，他の土地に自己の導管若しくは導線を設置し，又は他人が設置した導管若しくは導線に自己の導管若しくは導線を接続することの承諾を求めることができる。

② ①の規定にかかわらず，次に掲げるときは，導管袋地所有者は，継続的給付を受けるために，他の土地等に自己の導管又は導線を設置又は接続することができる。

　a 導管袋地所有者が，他の土地等の所有者に対し，次に掲げる事項を通知したにもかかわらず，相当の期間内に異議がないとき。
　　(a) 導管又は導線の設置場所又は接続方法
　　(b) 導管又は導線の設置又は接続に係る工事方法及びその時期
　　(c) 所有者が一定の期間内に異議を述べるべき旨
　b 導管袋地所有者が，他の土地等の所有者を知ることができず，又はその所在を知ることができない場合において，次に掲げる事項を公告したにもかかわらず，相当の期間内に異議がないとき。
　　(a) 導管又は導線の設置場所又は接続方法
　　(b) 導管又は導線の設置又は接続に係る工事方法及びその時期
　　(c) 所有者が一定の期間内に異議を述べるべき旨

③ 導管又は導線の設置場所又は接続方法及び工事時期は，導管袋地所有者のために必要であり，かつ，他の土地等のために損害が最も少ないものを選ばなければならない。

（注２）導管袋地所有者が他の土地に導管又は導線を設置する場合には，他の土地の所

有権の登記名義人に対して承諾請求をすることができ，また，当該登記名義人が承諾
をした場合には，真の所有者の承諾がなくても，導管又は導線を設置することができ
るとする規律を設けることについて引き続き検討する。
（注３）他の土地等が共有である場合には，持分の価格の過半数を有する共有者から承
諾を得れば足りるとすることについて，引き続き検討する。
（注４）他の土地に囲まれていない場合であっても，他の土地に導管等を設置すること
ができるとする規律を設けることについては，民法第２１０条第２項を参考に，引き
続き検討する。

（補足説明）
1　導管等設置権及び導管等接続権の内容（試案第３の３(1)）について
　(1)　提案の趣旨
　　　民法は，いわゆるライフラインの技術が未発達の時代に制定されたため，公
　　の水流又は下水道に至る排水のための低地の通水（第２２０条）や，通水用工
　　作物の使用（第２２１条）を除き，各種ライフラインの設置における他人の土
　　地等の使用に関する規定を置いていない。そのため，土地所有者が導管等の設
　　置を希望する場合において，どのような根拠に基づいて対応すべきかが判然と
　　せず，また，隣地所有者が所在不明であるケースでは，設置に当たって対応に
　　苦慮することになる。実務においては，ライフラインの設置の必要性が高いこ
　　とから，第２０９条，第２１０条，第２２０条，第２２１条，下水道法第１１
　　条等を類推適用することにより，他の土地の使用を認めるケースが多数ある
　　が，類推適用される規定は必ずしも定まっていない。
　　　そこで，試案第３の３(1)においては，ライフラインのための導管等を念頭
　　に，電気，ガス若しくは水道水の供給又は下水の排出を例示して，継続的給付
　　を受けるための導管又は導線の設置又は接続に係る規律を設けることを提案し
　　ている。
　(2)　提案の内容
　　ア　導管等設置権及び導管等接続権の行使方法（試案第３の３(1)甲案）
　　　　試案第３の３(1)甲案は，導管袋地所有者は，電気，ガス若しくは水道水又
　　　は下水の排出の供給その他の継続的給付を受けるため，その土地を囲んでい
　　　る他の土地に導管若しくは導線を設置し，又は他人が設置した導管若しくは
　　　導線に自己の導管若しくは導線を接続することができる権利（以下「導管等
　　　設置権等」という。）を新設することを提案している（試案第３の３(1)甲案
　　　①）。
　　　　試案第３の３(1)甲案は，導管等設置権等を導管袋地の所有権の拡張と位置
　　　付け，導管袋地所有者は，他の土地等の所有者の同意を得ることなく，継続
　　　的給付を受けるために必要な範囲で，他の土地等を利用することができると
　　　するものである。また，導管等の設置工事予定地に隣地所有者の物が放置さ
　　　れている場合に，隣地所有者が物の移動の依頼に応じないときには，導管袋
　　　地所有者は，隣地所有者に対する妨害排除請求訴訟を提起して，請求認容判

105

決を得た上で，これを債務名義として強制執行を申し立て，隣地所有者の費用負担で第三者に妨害物を排除させた上で（民事執行法第１７１条第１項，第４項），導管等の設置工事を実施することを想定している。

　また，導管等設置権等は，他の土地等の所有権を制約するものであるから，試案第３の３(1)甲案②において，導管又は導線の設置場所又は接続方法は，導管袋地所有者のために必要であり，かつ，他の土地等のために損害が最も少ないものを選ばなければならないとすることを提案している（この点については試案第３の３(1)乙案③も同様である。）。

　なお，導管等設置権等は，他の土地等の所有権を制約するものであることを重視すれば，設置等が認められる導管等の範囲については，衛生的な居住環境を確保する上で必要となるものなど，さらに一定の制限を設けるべきであるとも考えられる（この点については，試案第３の３(1)乙案においても同様である。）。

イ　導管等設置権及び導管等接続権の行使方法（試案第３の３(1)乙案）
　(ｱ)　原則的規律（試案第３の３(1)乙案①）
　　　導管等設置権等は，他の土地等の所有権を制約するものであることからすれば，試案第３の３(1)甲案のように当然に導管等設置権等が発生するとすることは相当ではないとも考えられることから，試案第３の３(1)乙案①は，他の土地等の所有者の利益に配慮し，導管袋地所有者は，継続的給付を受けるために他の土地等の所有者に対し，他の土地等の使用についての承諾を求めることができるとする規律を設けることを提案している。すなわち，試案第３の３(1)乙案は，導管袋地所有者が，導管等を設置する目的で他の土地等を使用するためには，原則として，他の土地等の所有者の承諾を要し，承諾が得られない場合には，他の土地等の所有者に対して承諾を命ずることを求め，承諾に代わる判決（令和元年法律第２号による改正後の民事執行法第１７７条参照）を得る必要があることを前提としている。

　(ｲ)　他の土地等の所有者による異議がない場合の特則（試案第３の３(1)乙案②ａ）
　　　試案第３の３(1)乙案②ａは，導管袋地所有者が，他の土地等の所有者に対して，導管又は導線の設置場所又は接続方法（試案第３の３(1)乙案②ａ(a)），導管又は導線の設置又は接続に係る工事方法及びその時期（試案第３の３(1)乙案②ａ(b)）並びに所有者が一定の期間内に異議を述べるべき旨（試案第３の３(1)乙案②ａ(c)）を通知したにもかかわらず，相当の期間内に異議がない場合に，導管袋地所有者に他の土地又は導管若しくは導線の使用を認めることを提案している。

　　　本提案は，導管等を設置する必要性がないときや，導管等の設置方法が複数考えられる場合において他の土地等への損害がより大きい方法を選択しようとするとき等においては，導管袋地所有者による他の土地等の使用が認められないことを前提として，他の土地等の所有者に要件の充足につ

いて判断する機会を与え、相当の期間内に異議がない場合には、実質的にはこれを黙認したものと評価することができると考えられることから、導管袋地所有者が隣地所有者の承諾又は承諾に代わる判決を得なくとも、必要な範囲内において他の土地等を使用することを認めるものである。この「相当の期間」としては、他の土地等の所有者に導管等が設置されることについて十分な検討期間を与える必要があることからすれば、例えば、数週間から1か月程度と考えられる。

相当の期間内に他の土地等の所有者による異議がない場合であっても、導管袋地所有者が導管等の設置工事を実施する際に、他の土地等の所有者によって当該使用が拒絶されたときには、試案第3の3(1)乙案②aの設置権等に基づき、妨害禁止請求を行ってこれを差し止めることが考えられる。これに対しては、導管袋地所有者による他の土地等の使用に係る工事は平穏になされるべきであるという観点から、原則どおり、承諾に代わる判決を得る必要があるという考え方もあり得るが、迂遠であるとも考えられる（この点については、試案第3の3(1)乙案②bにおいても同様である。）。

(ウ) 他の土地等の所有者を知ることができない場合等の特則（試案第3の3(1)乙案②b)

試案第3の3(1)乙案②bは、導管袋地所有者が、他の土地等の所有者を知ることができず、又はその所在を知ることができない場合に、導管又は導線の設置場所又は接続方法（試案第3の3(1)乙案②b(a)）、導管又は導線の設置又は接続に係る工事方法及びその時期（試案第3の3(1)乙案②b(b)）並びに所有者が一定の期間内に異議を述べるべき旨（試案第3の3(1)乙案②b(c)）を公告したにもかかわらず、相当の期間内に異議がないときに、導管袋地所有者に他の土地又は導管若しくは導線の使用を認めることを提案している。

本提案は、導管等を設置する必要性がないときや、導管等の設置方法が複数考えられる場合において他の土地等への損害がより大きい方法を選択しようとするとき等には、導管袋地所有者による他の土地等の使用が認められないことを前提として、他の土地等の所有者を知ることができず、又はその所在を知ることができない場合に、公告により他の土地等の所有者に要件の充足について判断する機会を与え、相当の期間内に異議がないときには、実質的にはこれを黙認したものと評価することができると考えられることから、導管袋地所有者が他の土地等の所有者の承諾又は承諾に代わる判決を得なくとも、必要な範囲内において他の土地又は導管若しくは導線を使用することを認めるものである。

試案第3の3(1)乙案②bは、他の土地等の所有者に直接通知することができない場面の規律であるから、他の土地等の所有者に他の土地等の使用の可否を判断する機会を十分に付与するために、この「相当の期間」は、試案第3の3(1)乙案②aの「相当の期間」よりも長期となることが想定さ

れ，例えば１か月から３か月程度と考えられる。

2　隣地使用権の規律との関係（試案第３の３(1)（注１））について

試案第３の３(1)の甲案を前提として，導管袋地所有者が導管等設置権等を有するとしても，隣地所有者の承諾を得なければ隣地を使用することができないとも考えられ，試案第３の３(1)（注１）において，導管等を設置等する工事のために隣地を使用する場合には，試案第３の１で提案している隣地使用権の要件を別途満たす必要があるとするかについて引き続き検討することとしている。これに対しては，下水道法第１１条第３項の規律を参考に，あらかじめ導管等の設置等について当該土地の占有者に告げることで足りるとすべきであるとも考えられる。

3　土地所有権の登記名義人による承諾（試案第３の３(1)（注２））

試案第３の３(1)の乙案を前提として，土地の所有者は，他の土地の所有権の登記名義人から承諾を得れば，真の所有者の承諾がなくても，他の土地を使用することができるとすべきであるとする規律を設けることを引き続き検討することにつき，試案第３の３(1)（注２）において注記している（以上につき，隣地通行権に関する前記試案第３の１補足説明３も参照）。

4　他の土地等が共有されている場合における承諾の考え方（試案第３の３(1)（注３））について

試案第３の３(1)の乙案を前提として，他の土地等が共有である場合には，持分の価格の過半数を有する共有者から承諾を得れば足りるとすることを引き続き検討することにつき，試案第３の３(1)（注３）において注記している（以上につき，隣地通行権に関する前記試案第３の１補足説明４も参照）。

5　他の土地に囲まれていること以外を原因として継続的給付を受けることができない土地（準導管袋地）の規律（試案第３の３(1)（注４））

部会において，他の土地に囲まれていること以外を原因として継続的給付を受けることができない場合であっても，他の土地に導管等を設置することができるとする規律を設けるべきであるという意見があった。河川，水路又は海を通らなければ導管等を設置することができない場合等には，当該土地の効用を全うさせるために隣接する他の土地に導管等を設置する必要性が高いことは，導管袋地の場合と変わらないと考えられることから，いわゆる準袋地に通行権を認める民法第２１０条第２項の趣旨をこの場合にも及ぼし，導管等を設置することができる規律を設けることも考えられる。そこで，試案第３の３(1)（注４）において，これを引き続き検討することを注記している。

(2)　導管等の設置場所又は設置方法の変更

土地の使用用途の変更，付近の土地の使用状況の変化その他の事情の変更により，導管又は導線の設置場所又は設置方法を変更することが相当であるにもかかわらず，その変更につき当事者間に協議が調わないときは，裁判所は，当事者の申立てにより，導管又は導線の設置場所又は設置方法を変更することができる。

（注）調停手続の前置のほか，必要となる手続的規律については，引き続き検討する。

（補足説明）

1 提案の趣旨及び内容

　導管等の設置等は，長期間，継続することが想定され，その間の導管袋地所有者及び他の土地等の所有者の事情の変更や付近の土地の利用状況の変化等によって，導管等の設置場所又は設置方法を変更することが相当である場合（例えば，①他の土地の所有者が，その土地上において建物を建築する際に，地下に設置された導管袋地所有者の導管を移動しなければ工事を遂行することができないケース，②自治体やライフライン事業者が付近の土地において設置していた継続的給付設備の設置場所が変更され，他の土地の所有者の導管〔導管袋地所有者の導管が接続しているもの〕を移動する必要が生じたケース等が考えられる。）の権利調整が問題となる。

　そこで，試案第3の3⑵において，土地の利用用途の変更，付近の土地の利用状況の変化その他の事情の変更により，導管又は導線の設置場所又は設置方法を変更することが相当であるにもかかわらず，その変更につき当事者間に協議が調わないときは，裁判所は，当事者の申立てにより，導管又は導線の設置場所又は設置方法を変更することができる規律を設けることを提案している。

　これは，導管又は導線の設置場所又は設置方法の変更については，当事者間の協議によって解決することが合理的であり，かつ，適切であると考えられ，まずは，当事者間において協議を行うこととし，仮に，当事者間の協議が調わない場合には，裁判所が諸事情を考慮した上で，紛争を解決することが相当であると考えられることから，当事者の申立てにより，裁判所が導管又は導線の設置場所又は設置方法を変更することができるものとするものである。

　なお，試案第3の3⑴甲案を採用した場合において，いったん導管袋地が成立して導管等設置権等が発生し，これに基づいて導管等が設置又は接続された後に，導管袋地所有者が囲繞地の所有権を取得するなどして，導管袋地性が失われたときは，導管等設置権等は消滅すると考えられる。この場合には，導管袋地所有者は，他の土地等に設置又は接続した導管等を撤去する義務を負うと考えられる。これに対しては，隣地における使用収益権が大きく制限されない場合であっても土地所有者が一律に導管等の撤去義務を負うとすると，不経済であるとも考えられることから，試案第3の3⑵の「設置場所又は設置方法を変更することが相当である」と認められるときに初めて撤去義務を負うとすべきであるとも考えられる。

2 手続的規律（試案第3の3⑵（注））について

　導管等の設置場所等の変更に関する手続的規律については，借地条件の変更に関する規律（借地借家法第17条第1項，第3項参照）を参考に，裁判所が，設置場所又は設置方法を変更するにあたり，当事者間の利益の衡平を図るため，一方当事者に金銭を支払わせるなどの相当の処分をすることができるとする規律を設けることや，試案第3の1（注5）記載のとおり民事調停を前置することなども考えられ，引き続き検討する必要があると考えられるため，その旨を試案第3

109

の3(2)（注）で注記している。

　　(3)　償金
　　　　(1)の規律に基づいて，他の土地等に自己の導管若しくは導線を設置し又は
　　　接続する者は，他の土地等の損害に対して償金を支払わなければならない。
　　　（注）土地の分割によって導管袋地が生じた場合には，分割者の所有地のみに導管等を
　　　　設置等することができるとした上で，償金を無償とする規律を設けることについて
　　　　は，民法第213条の規律を参考に，引き続き検討する。

（補足説明）
1　提案の趣旨及び内容
　(1)　導管等設置権等に基づいて他人の土地に導管等を設置し，又は他人の導管等に
　　自らの導管等を接続した者は，民法第212条を参考として，他人の土地や他
　　人の導管等の損害に対して償金を支払わなければならないものとすることが公
　　平であり望ましいと考えられる。
　　　そこで，試案第3の3(3)において，導管等設置権等を有する者は，その使用
　　する他の土地又は導管若しくは導線の損害に対して償金を支払わなければなら
　　ないという規律を設けることを提案している。
　(2)　仮に試案第3の3(3)の規律を設ける場合には，償金の内容が問題となる。現
　　行法においても，民法第209条第2項，第212条，下水道法第11条第4
　　項等の類推適用により，導管袋地所有者は他の土地等の所有者に対して，償金
　　の支払を要するという考え方が多数説であるとされるが，償金の適正額につい
　　ての基準は必ずしも明らかではない。
　　　まず，導管等の設置等のために他の土地等の所有者に生じた実損害（工事の
　　上で避けられなかった樹木の損傷など）については，導管袋地所有者の負担と
　　すべきであると考えられる。
　　　また，実損害に加えて他の土地等の使用料に相当する損害を含むべきである
　　という考え方もあるが，これに対しては，第210条等に基づく他の土地の通
　　行権とは異なり，導管等が地下又は空中に存するため，他の土地等の所有者に
　　おいて，その土地上における使用収益権が大きく制限されることが想定されな
　　いことや，その算定が困難であることに鑑みれば，このような償金の支払は不
　　要とすべきであるとも考えられる。
　　　なお，部会では，他の土地等の損害とは別に，導管等の設置等によって得ら
　　れる土地の価格の上昇分を含む利益に応じて償金を支払うべきとの意見もあっ
　　た。
2　土地の分割によって導管袋地が生じた場合の特則（試案第3の3(3)（注））につ
　いて
　　　土地の分割により導管袋地が生じた場合において，分割者の所有地に導管等を
　　設置することがあり得るが，その際には，分割の際に当事者間において償金支払
　　に関する協議も行っているのが通例と考えられることから，償金を支払うことを

要しないとする民法第213条の趣旨をこの場合にも及ぼし，無償とすることも考えられる。そこで，試案第3の3(3)（注）においてこれを引き続き検討することとしている。

4　管理措置請求制度
相隣関係の規律として，次のような管理不全土地の所有者に対する管理措置請求制度を設ける。
(1)　権利の内容
隣地における崖崩れ，土砂の流出，工作物の倒壊，汚液の漏出又は悪臭の発生その他の事由により，自己の土地に損害が及び，又は及ぶおそれがある場合には，その土地の所有者は，隣地の所有者に，その事由の原因の除去をさせ，又は予防工事をさせることができる。

（補足説明）
1　管理措置請求制度に関する提案の趣旨（試案第3の4）
所有者不明等に起因し，管理不全状態になっている土地の近隣にある土地では，利用に不都合が生ずるだけでなく，生活環境の悪化を招き，土地の価値が下がるおそれがあるなど，様々な問題を生じさせる。

こうした管理不全状態に対応するための方法として，現行法上，土地の所有権に基づく妨害排除請求権や妨害予防請求権，生活妨害による不法行為に基づく損害賠償請求権，人格権等に基づく差止請求権等を行使することが考えられる。

しかし，管理不全土地の所有者が不明である場合には，当該所有者を探索した上で，所定の訴訟を提起し請求認容判決を得て，これを債務名義として強制執行を申し立てなくてはならないとすると，土地所有者は相当の時間や労力を費やすこととなり，土地の利用を阻害する要因となり得る。

また，管理不全状態に対応する場合の費用の負担について明確な規律がなく，妥当な解決を図ることが困難な場合もあると指摘される。

そこで，管理不全土地の所有者の保護とその近隣にある土地の円滑な利用を調整する観点から，相隣関係の規律として管理措置請求に関する原則的規律を設けた上で（試案第3の4(1)），現に使用されていない土地における権利行使方法の特則（試案第3の4(2)）及び費用負担（試案第3の4(3)）に関する規律を設けることを提案している。

2　管理措置請求に関する原則的規律（試案第3の4(1)）について
(1)　請求権者及び請求の相手方
管理措置請求制度は，管理不全土地とその近隣にある土地との相隣関係における権利関係を調整する観点から規律を設けることを前提としている。試案第3の4(1)において，管理不全土地を隣地とする土地所有者を請求権者とし，その土地に損害が及び又は及ぶおそれのある場合に，管理不全土地の所有者を相手方として一定の請求を認めることを提案している。

これに対しては，管理不全土地上の工作物等が損害又はそのおそれの原因と

111

なっている場合に，当該工作物等の所有者が管理不全土地の所有者と異なるときにおいても，当該土地所有者に対する管理措置請求を認めれば，土地所有者による管理責任が過重になるとも考えられ，そのようなときには請求の相手方を当該工作物等の所有者とすべきであるとの考え方や，当該工作物等の所有者が管理不全土地の所有者と同一である場合に限り管理措置請求を認めるという考え方もある。

(2) 「崖崩れ，土砂の流出，工作物の倒壊，汚液の漏出又は悪臭の発生その他の事由により，自己の土地に損害が及び，又は及ぶおそれがある場合」

試案第3の4(1)は，「崖崩れ，土砂の流出，工作物の倒壊，汚液の漏出又は悪臭の発生」を例として，何らかの事由により，土地に損害が及び又は及ぶおそれがある場合に，一定の請求権を認める規律を設けることを提案している。

なお，試案第3の4(1)の規律は，基本的には，現行法における土地所有権に基づく妨害排除請求権又は妨害予防請求権の要件と同程度の所有権侵害が必要であることを前提としており，所有権侵害の程度について要件を緩和する趣旨ではない（後記補足説明3参照）。

(3) 不可抗力等の事情について

試案第3の4(1)は，管理措置請求権の行使にあたり，請求の相手方（侵害者）の故意又は過失を要件としないことを前提としている。

また，不可抗力による侵害がある場合に物権的請求権に基づく妨害排除請求等が認められるかについて見解の争いがあるが（大判昭和12年11月19日民集16巻1881頁は，傍論ながら，不可抗力が侵害の原因である場合に妨害予防請求が認められないことを示唆している。），仮に，不可抗力によって土地に損害が及ぶ場合に，管理措置請求を認めなければ，土地所有者は管理不全土地の所有者に対して何らの措置をとることができないため，土地所有者にその損害を永続的に受忍することを求めることになり妥当でない。

そこで，試案第3の4(1)は，不可抗力によって土地に損害が及び又は及ぶおそれがある場合においても，管理措置請求を認めた上で，試案第3の4(3)において費用の負担割合を決する際に，不可抗力等の事情を考慮することで妥当な解決を図ることを提案するものである。

(4) 管理措置の実現方法

試案第3の4(1)は，管理措置請求権の効果として，土地に損害を及ぼす事由の除去又は予防工事を請求できることを提案している。請求の相手方（侵害者）が所定の措置を講じない場合には，土地所有者は，原則として，請求の相手方（侵害者）に対する措置請求訴訟を提起して，認容判決を得た上で，これを債務名義として強制執行を申し立て，第三者に工事等をさせる方法（民事執行法第171条第1項，第4項）によらなければならない。

また，試案第3の4(1)は，いわゆる生活妨害・環境破壊型の不法行為責任とは性質を異にする。すなわち，管理措置請求が認められることは，請求の相手方（侵害者）の不法行為責任（損害賠償責任）が認められることを意味しないため，土地の所有者が，請求の相手方（侵害者）に対して損害賠償を求める場

合には，別途不法行為等の規定に基づいて請求しなければならないと考えられる。

3　「土地に損害が及び」の意義（試案第3の4（注1））について

　「土地に損害が及び」とは，隣地から生じた物理的な作用によって，土地の利用が阻害される事態を想定している。また，「土地に損害が及ぶおそれ」とは，土地に損害が及ぶ単なる観念的な可能性では足りず，損害が及ぶ蓋然性があることを要するものとすることを想定している。

　そこで，試案第3の4（注1）において，試案第3の4（1）の規律は，基本的には，現行法における土地所有権に基づく妨害排除請求権又は妨害予防請求権の要件と同程度の所有権侵害が必要であることを前提としており，所有権侵害の程度について要件を緩和する趣旨ではないことを注記している。

　また，「相隣者間において円満な社会生活を継続していくためには，土地利用の過程で不可避的に生じる一定限度の法益侵害を相互に受忍していくことが必要であり，そのような社会的受忍の限度を超えた侵害のみが違法なものとして作為請求や損害賠償請求をなし得るものと解するのが相当である」（最判昭和47年6月27日民集26巻5号1067頁参照）といういわゆる受忍限度論が妥当するものと考えられる。例えば，「悪臭の発生」については，鳥獣や害虫等が繁殖するなどして，隣地から臭気が発生したとしても直ちに土地の利用が阻害されるわけではないが，その臭気がいわゆる受忍限度を超える悪臭の程度に達しているときは，土地の利用が阻害されていると評価できると考えられる。もっとも，実際上，悪臭の発生やそれによる損害の認定には困難な部分があるという課題もある。他方で，土地上に居住する者のいわゆる景観利益（最判平成18年3月30日民集60巻3号948頁参照）が害されていたとしても，景観に関して，土地の利用が阻害される事態は想定されないため，通常は，景観利益の侵害のみを根拠に管理措置を求めることはできないことになると考えられる。

(2)　**現に使用されていない土地における特則**

　現に使用されていない隣地における(1)に規定する事由により，自己の土地に損害が及び，又は及ぶおそれがある場合において，次に掲げるときは，その土地の所有者は，その事由の原因を除去し，又は予防工事をすることができる。除去又は予防工事の方法は，(1)に規定する土地所有者のために必要であり，かつ，隣地のために損害が最も少ないものを選ばなければならない。

　a　隣地の所有者に対して，その事由の原因の除去又は予防工事をすべき旨を通知したにもかかわらず，相当の期間内に異議がないとき。

　b　隣地の所有者を知ることができず，又はその所在を知ることができない場合において，その事由の原因の除去又は予防工事をすべき旨の公告をしたにもかかわらず，相当の期間内に異議がないとき。

　c　急迫の事情があるとき。

（補足説明）

1 現に利用されていない土地の特則（試案第3の4(2)）について
(1) 提案の趣旨
　　管理不全状態となる土地には，⑦所有者がその土地を居住や事業の用途で利用する中で，環境に悪影響を与える物質を飛散させたりするケースと，⑦所有者がその土地を全く利用せず，相当期間放置する中で，崖崩れ等が生ずる危険が高まっているようなケースとがある。
　　このうち，⑦のケースについては，土地が社会経済活動の基盤として利用される中で，近傍の土地所有者との間で摩擦を生じさせるものであり，受忍限度論が妥当することを前提に，個別の事案に応じて適切に利害調整が図られるべきであると考えられる。
　　これに対して，⑦のケースは，土地が利用されないことによって近傍の土地所有者に不利益を生じさせるものであり，⑦のケースと比較すると，利用されていない土地の所有権に一定の制約をかけることが類型的に許容されやすいとも考えられる。
　　そこで，試案第3の4(2)では，⑦のケースを念頭に，現に利用されていない管理不全土地を対象として，管理不全土地を隣地とする土地所有者が，一定の条件の下で管理措置を講ずることを可能とする制度を設けることを提案している。
(2) 提案の内容
　ア　土地所有者による管理措置の基本的要件（試案第3の4(2)）
　　試案第3の4(2)に基づく土地所有者による管理措置は，隣地所有者の所有権を制限するため，当該隣地の所有者の損害を最小限とする必要があると考えられることから，除去又は予防工事の方法は，土地所有者のために必要であり，かつ，その土地のために損害が最も少ないものを選ばなければならないものとしている。
　　「現に利用されていない隣地」とは，使用がされていないことが常態である土地をいい，典型的には，管理されず放置され，崖崩れ等の事由が発生している土地を想定している。土地だけでなく土地上の建物等が利用されていない場合にも，土地が「現に利用されていない」と評価される場合もあると考えられるが，土地上の建物に居住する者がいる限りは，土地が「現に利用されていない」と評価することはできないため，試案第3の4(2)に基づく措置は認められない。
　　また，「現に利用されていない」という要件については，宅地や垣又は柵で囲まれた土地等を除くなどのより客観的な要件とすることも考えられる。
　イ　所有者による異議がない場合の特則（試案第3の4(2)a）
　　試案は，土地に損害が及ぶおそれがない場合や，管理措置の選択肢が複数考えられる場合に隣地への損害がより大きい措置を実施しようとするときには，土地所有者による管理措置が認められないことを前提として，通知により隣地所有者に要件の充足について判断する機会を与え，相当の期間内に異議がない場合には，通常は土地所有者による管理措置を期待することができ

ず，土地所有者による直接の管理措置を認めることが具体的妥当性を持つと考えられることから，土地所有者が措置請求訴訟を提起し，請求認容判決を得なくとも，一定の管理措置を実施することを認めることを提案している。

　　この「相当の期間」としては，管理不全土地に管理措置が講じられることについて十分な検討期間を与える必要があることからすれば，例えば，数週間から1か月程度と考えられる。

ウ　所有者を知ることができない場合等の特則（試案第3の4(2)b）

　　試案第3の4(2)bは，土地所有者が，隣地の所有者を知ることができず，又はその所在を知ることができない場合において，一定の期間内に事由の除去又は予防工事をすべき旨の公告をしたにもかかわらず，相当の期間内に措置がとられないときに，土地所有者による管理措置を認めることを提案している。

　　ここでは，土地に損害が及ぶおそれがない場合や，管理措置の選択肢が複数考えられる場合に隣地への損害がより大きい措置を実施しようとするときには，土地所有者による管理措置が認められないことを前提として，土地所有者が隣地の所有者を知ることができない場合等に，公告によって隣地の所有者に要件の充足について判断する機会を与え，相当の期間内に異議がない場合には，通常は土地所有者による管理措置を期待することができず，土地所有者による直接の管理措置を認めることが具体的妥当性を持つと考えられることから，土地所有者が措置請求訴訟を提起し，請求認容判決を得なくとも，一定の管理措置を実施することを認めることを提案している。

　　この特則が適用されるのは，管理不全土地所有者に直接，管理措置をすべき旨を通知することができない場面であるから，管理不全土地所有者に管理措置の可否を判断する機会を十分に付与するために，試案第3の4(2)bの「相当の期間」は，試案第3の4(2)aの「相当の期間」よりも長期となることが想定され，例えば1か月から3か月程度と考えられる。

エ　「急迫の事情があるとき」の特則（試案第3の4(2)c）

　　例えば，日常の生活に供せられている土地に損害が及ぶ場合には，その都度，日時を要する裁判手続によって権利行使をする暇がなく，土地所有者による直接の管理措置を認めることが具体的妥当性を持つ場合があると考えられることから，試案第3の4(2)cにおいて，急迫の事情があるときに，土地所有者による管理措置を認めることを提案している。

　　典型的には，暴風により，高い位置にある隣地上に生茂した樹木が傾いて，低い位置にある土地に向けて倒れかかるなど危険な状態になっており，土地の利用を阻害しているケース等が考えられる。

オ　適法性を担保する措置について

　　試案第3の4(2)において，一定の条件の下で，土地所有者による管理措置を認める規律を提案しているが，部会においては，土地所有者による実際の管理措置行為が過剰になってしまい，隣地の所有者に予測し得ない負担を生じさせるおそれもあるため，第三者の立会いによりその適法性を担保する必

115

要があるとの指摘があった。

　これに対しては，第三者として適切な者を選任するために，例えば，裁判所による第三者の選任手続が必要となるとすれば，土地に損害を被っている所有者にそのような手続を義務付けることは過大な負担であるとも考えられ，また，民法第６０７条の２において，賃借人による修繕を認めている規律を設けていることを参考に，第三者による立会いについては不要とすることが考えられる。

2　土地所有者に認められる管理措置の範囲（試案第３の４（注２））について

　試案第３の４(2)では，除去又は予防工事の方法は，土地所有者のために必要であり，かつ，その土地のために損害が最も少ないものを選ばなければならないものとしている。

　これに対して，隣地の所有者の所有権を制約するため，土地所有者による管理措置の効果については慎重に検討すべきであるという考え方もあることから，試案第３の４（注２）において，管理措置の内容に関して，例えば，隣地の形状又は効用の著しい変更を伴わないものに限るなど，一定の制限を設けることについて引き続き検討することを注記している。

　(3)　費用

　【甲案】　(1)又は(2)の工事の費用については，隣地所有者の負担とする。ただし，その事由が天災その他避けることのできない事変によって生じた場合において，その事変，その工事によって土地の所有者が受ける利益の程度，(1)の事由の発生に関して土地の所有者に責めに帰すべき事由がある場合にはその事由その他の事情を考慮して，隣地所有者の負担とすることが不相当と認められるときは，隣地所有者は，その減額を求めることができる。

　【乙案】　(1)又は(2)の工事の費用については，土地所有者と隣地所有者が等しい割合で分担する。ただし，土地所有者又は隣地所有者に責めに帰すべき事由があるときは，責めに帰すべき者の負担とする。

　（注１）管理措置請求権が認められる要件に関して，基本的には，現行法における土地所有権に基づく妨害排除請求権又は妨害予防請求権の要件と同程度の所有権侵害が必要であることを前提としている。

　（注２）土地所有者に認められる管理措置の内容に関して，例えば，隣地の形状又は効用の著しい変更を伴わないものに限るなど，一定の制限を設けることについて引き続き検討する。

（補足説明）

1　費用（試案第３の４(3)）について

　(1)　提案の趣旨

　　管理措置請求制度は，相隣関係の規律として，隣接する土地相互の利用を調整する観点から，不可抗力によって土地に損害が及び又は及ぶおそれがある場

合にも管理措置請求を認めた上で，費用の負担割合を決する際に，不可抗力等の事情を考慮することで妥当な解決を図ろうとするものである。

そこで，試案第3の4(3)において，管理措置請求制度の費用の在り方について，甲案と乙案の2案を提案している。

(2) 提案の内容

ア　試案第3の4(3)甲案について

　試案第3の4(3)甲案は，現行法上の土地所有権に基づく妨害排除請求等の費用負担の考え方を基礎にして，制度設計するものである。すなわち，試案第3の4(3)甲案本文は，管理措置に要する費用の負担については，隣地所有者が管理せずに放置した隣地から土地に損害を生じさせていることや，土地所有権に基づく妨害排除請求等として措置を請求する場合の強制執行の方法は，隣地所有者の費用負担で第三者に措置をさせる代替執行の方法によることになることに着目すれば，管理不全土地の所有者が費用を負担すべきとも考えられることを踏まえて，管理措置に係る費用については，原則として隣地所有者の負担とすることを提案している。

　他方で，現行法上，不可抗力による侵害がある場合に物権的請求権に基づく妨害排除請求等が認められるかについては争いがあり（前記試案第3の4(1)の補足説明2(3)参照），不可抗力による侵害がある場合における費用負担の規律については判然としない。また，その工事によって土地の所有者が受ける利益の程度によっては，一律に隣地所有者の費用負担とするのは公平ではない場合もあると考えられる（例えば，土地とその隣地の広狭に相当の差があり，管理措置によって広大な土地が使用可能になるような場合が考えられる。）。さらに，土地所有者が一定の事由の発生に寄与している場合もあり（例えば，土地所有者の排水により，請求の相手方の所有地の崖崩れのおそれが強まった場合等が考えられる。），一律に隣地所有者の費用負担とするのは公平ではないとも考えられる。

　そこで，試案第3の4(3)甲案ただし書は，天災その他避けることのできない事変によって生じた場合において，その事変，その工事によって土地の所有者が受ける利益の程度，試案第3の4(1)の事由の発生に関して土地の所有者に責めに帰すべき事由がある場合にはその事由その他の事情を考慮して，隣地所有者の負担とすることが不相当と認められるときは，隣地所有者は，償還すべき費用の減額を求めることができるとすることを提案している（天災その他の避けることのできない事変が生じた場合における土地相互の利用を調整する規定として民法第215条を参照。）。

　部会においては，試案第3の4(3)甲案につき，減額の要件や方法を明確にしなければ，当事者の予測可能性が確保されず，紛争が生ずるおそれが高まるのではないかという意見があった。

イ　試案第3の4(3)乙案について

　試案第3の4(3)乙案は，隣接する土地相互の利用を調整する相隣関係の規律を基礎にして制度設計するものである。すなわち，試案第3の4(3)乙案本

117

文は，管理措置は土地所有者及び隣地所有者のいずれにとっても利益になると考えられることから，共同の費用で行うことが公平であるとも考えられることを踏まえて，相隣関係にある両所有者が平等に費用負担すべき旨を定めた民法第２２３条，第２２４条，第２２５条，第２２６条及び第２２９条の規定の趣旨をこの場合にも及ぼし，原則として，管理措置に伴う工事費用については，土地所有者と隣地所有者が等しい割合で分担することを提案している。

　他方で，土地所有者又は隣地所有者に責めに帰すべき事由により土地に損害が及び，又は及ぶおそれが生じた場合には，土地所有者と隣地所有者が等しい割合で分担することは公平に反すると考えられる。

　そこで，試案第３の４(3)乙案ただし書は，土地所有者又は隣地所有者に責めに帰すべき事由があるときは，責めに帰すべき者の負担とすることを提案している。

　なお，土地所有者及び隣地所有者の双方に責めに帰すべき事由がある場合については，原則どおり，土地所有者と隣地所有者が等しい割合で分担するという考え方や，過失相殺の規律に準じて費用の額を定めるという考え方などがあるが，この場合における規律の在り方については引き続き検討する。

第４　遺産の管理と遺産分割
1　遺産共有における遺産の管理
(1)　遺産共有と共有物の管理行為等
　遺産共有されている遺産の管理に関し，共有物の管理行為，共有物の管理に関する手続及び共有物を利用する者と他の共有者の関係等（第１の１の(1)，(2)及び(4)）と同様の規律を設ける。

　（注１）共同相続人は，遺産を管理（使用を含む。）するに際し，善良な管理者の注意ではなく，固有財産におけるのと同一の注意（自己の財産におけるのと同一の注意）をもってすれば足りるとの考え方もある。

　（注２）遺産共有の場合において，持分の価格の過半数で決する事項については，法定相続分（相続分の指定があるときは，指定相続分）を基準とする。また，相続分の指定があっても，遺産に属する個々の財産について対抗要件が具備されていない場合において，当該財産につき，法定相続分を基準としてその過半数で決定がされ，第三者との間で取引がされたときは，当該第三者は，相続人等に対し，法定相続分を基準にされた決定が有効であると主張することができる（民法第８９９条の２参照）。

（補足説明）
1　提案の趣旨
　現行法においては，相続人は，被相続人の財産に属した一切の権利義務を承継するとされているが，相続人が数人あるときは，相続財産は，その共有に属するとされている（民法第８９６条，第８９８条）。
　そして，相続財産の共有は，民法第２４９条以下に規定する通常の共有とその

性質を異にするものではないとされ（最判昭和３０年５月３１日民集９巻６号７９３頁），遺産共有状態にある相続財産（遺産）の管理に関する行為の規律は，通常の共有における共有物の管理に関する行為の規律に従うものと解されている。

　所有者不明土地が問題となる典型的なケースは，土地を所有し，所有権の登記名義人となっている者が死亡して共同相続がされたが，遺産分割も相続登記もされずに遺産共有状態のまま放置され，さらにその共同相続人が相次いで死亡し，数次相続が発生する中で，相続人の一部が所在不明となったものである。

　このような土地の管理・処分が必要となった場合には，民法第２５１条及び第２５２条の規律を適用されることになるが，試案第１の１のとおり，共有者全員の同意が必要な行為に関する規律が必ずしも明確ではないため，慎重を期して不必要に共有者全員の同意が求められる結果，遺産共有状態にある土地等の管理や利用が妨げられることになり，所有者不明土地問題を深刻化させる要因となっている。

　通常の共有における共有物の管理の規律については，試案第１の１において様々な見直しを提案しているが，ここでは，遺産共有についても，共有物の管理行為，共有物の管理に関する手続及び共有物を利用する者と他の共有者の関係等と同じ規律を設けることを提案している。なお，試案第４では，基本的に遺産共有に係る共有物全般に関わる規律について提案しており，必ずしも共有地に関する規律に限定しているものではない。

2　共同相続人の注意の程度（試案第４の１(1)（注１））について

　現行法では，遺産の管理（使用）に関し，相続の承認をした共同相続人が，遺産を管理（使用を含む。）するに際し，善良な管理者の注意を負うのか，固有財産におけるのと同一の注意（自己の財産におけるのと同一の注意）を負うのかは必ずしも判然としない。共同相続人は，他の共同相続人との関係では他人の財産を管理しているということもできるが，他方で，いわゆる熟慮期間中には，相続人は固有財産におけるのと同一の注意（自己の財産におけるのと同一の注意。民法第９１８条第１項）しか負わないため，問題となる。

　そこで，試案第４の１(1)では，遺産共有されている遺産の管理に関し，共有物を利用する者と他の共有者の関係等（試案第１の１　(4)）と同様の規律を設けるとし，遺産を使用する相続人は，善良な管理者の注意をもって，遺産を保存しなければならないなどとするが，試案第４の１(1)（注１）においては，相続人は，遺産を管理（使用を含む。）するに際し，固有財産におけるのと同一の注意（自己の財産におけるのと同一の注意）をもってすれば足りるとの考え方もあることを注記している。

3　持分の価格の過半数で決する事項についての基準となる持分(試案第４の１(1)（注２))について

　試案第４の１(1)では，遺産共有されている遺産の管理に関し，共有物の管理行為（試案第１の１の(1)）と同様の規律を設けるとし，遺産の管理に関する事項を定めるときは，民法第２５１条の場合を除き，各共有者の持分の価格に従い，そ

の過半数で決するなどとしているが，この持分が法定相続分であるのか，具体的相続分であるのかなどが問題となる。

　現行法においても，学説上の議論があるが，実際上具体的相続分を確定することは容易ではなく，相続人間で争いがあれば，寄与分の審判などを経なければ確定することはできず，これを基準として用いることは困難であるほか，持分の価格の過半数で決する事項の中には第三者との関係が問題となる事項があり，通常，遺産共有が第三者との関係で問題となるケースでは法定相続分が基準として用いられていること等から，試案第４の１(1)（注２）では，基本的に，法定相続分を基準とすることとしている。

　また，基本的に法定相続分を基準とするとしても，相続分の指定がある場合の取扱いが問題となる。相続分の指定がある場合には，相続人は，他の相続人に対し，その相続分の指定を主張することができるが，他方で，相続人は，第三者に対しては，相続分の指定があっても，対抗要件を具備しない限り，遺産に属する個々の財産につき，法定相続分を超える指定相続分を対抗することができない（民法第８９９条の２第１項）。

　そこで，試案第４の１(1)（注２）では，相続分の指定がある場合には，指定相続分を基準とするが，他方で，遺産に属する個々の財産について対抗要件が具備されていない場合において，当該財産につき，法定相続分を基準としてその過半数で決定がされ，第三者との間で取引がされたときは，当該第三者は，相続人等に対し，法定相続分を基準にされた決定が有効であると主張することができる（民法第８９９条の２参照）ことを注記している。

(2) 遺産の管理に関する行為についての同意取得の方法

　遺産の管理に関する行為についての同意取得の方法に関し，共有物の管理に関する行為についての同意取得の方法（第１の１(3)）と同様の規律を設ける。

（補足説明）

　試案第４の１(1)の補足説明のとおり，通常の共有における共有物の管理の規律については，試案第１の１において様々な見直しを提案しているが，ここでは，遺産の管理に関する行為についての同意取得の方法に関しても，共有物の管理に関する行為についての同意取得の方法と同じ規律を設けることを提案している。

(3) 相続人が選任する遺産の管理者

　相続人が選任する遺産の管理者に関し，次のような規律を設ける。

　① 相続人は，遺産又は遺産に属する個々の財産に管理者を選任することができる。

　② ①の管理者の選任は，各相続人の法定相続分（相続分の指定があるときは，指定相続分）の価格に従い，その過半数で決するものとする。この選任については，遺産の管理に関する行為についての同意取得の方法と同様

120

の制度を設ける。

（注１）　管理者が管理する遺産又は遺産に属する個々の財産は，相続人に遺産分割がされる前の財産であることを前提とする（遺産分割がされたものは，対象とはならない。）。なお，相続債務は，管理者が管理するものではない。

（注２）　相続分の指定があっても，遺産に属する個々の財産につき，対抗要件が具備されていない場合において，法定相続分を基準として，管理者が選任され，その管理者が，第三者との間で，当該特定の財産につき管理に関する行為をしたときは，当該第三者は，相続人等に対し，法定相続分を基準に選任された管理者の当該行為は有効であると主張することができる（民法第８９９条の２参照）。

（注３）　管理者の解任については，各相続人の法定相続分（相続分の指定があるときは，指定相続分）の価格に従い，その過半数で決するものとする。その上で，裁判所に対する解任請求権を認めることについては，遺産共有の場合に裁判所が必要な処分をすることができるものとすることと併せて，検討する。

（注４）　管理者の職務等，管理者の権限等，委任に関する規定の準用等については，共有物の管理者と同様の規律を設けることを前提とする（ただし，各共有者の持分の価格の過半数で決することについては，各相続人の法定相続分（相続分の指定があるときは，指定相続分）の価格の過半数で決することとする。）。

（補足説明）

1　提案の趣旨等

　(1)　現行民法においても，遺産の管理を委ねるために，相続人において管理者を選任することができると解されるが，その具体的な規律の内容には判然としない点があり，その選任に関しても，共有者全員の同意を得なければすることができないのか，それとも，持分の価格の過半数で決することができるのかは判然としない。

　　遺産の管理に関する事項の決定は，基本的に，相続人の持分の価格の過半数で決することになるため，その決定が必要となる度に，持分の価格の過半数に達するまで，相続人の承諾を得なければならないが，相続人が多数にわたったり，相続人間の関係が希薄であったり，持分の価格の過半数を有する相続人が遺産の管理について無関心であったりして，承諾を得ることが容易でない場合もあると考えられる。

　　そのため，予め管理者を選任し，その管理を管理者に委ねることができるとすれば，便宜であると考えられるが，そのような管理者を利用するようにするためには，判然としない規律の内容を整理し，明確にする必要がある。

　(2)　また，遺産の管理の場面では，遺産の全般を管理する管理者と，遺産に属する個々の財産を管理する管理者の双方が考えられ，いずれについても整理する必要がある。

　(3)　以上を踏まえ，試案第４の１(3)では，遺産の全般を管理する管理者及び遺産に属する個々の財産を管理する管理者について，共有物の管理者と同様の制度を設けることを提案している。

2 選任の基準となる持分（試案第4の1(3)②）について
(1) 遺産共有の場合には，選任等の決定において，法定相続分（又は指定相続分）を基準とするのか，具体的相続分を基準とするのかが問題となる。

遺産全般の管理者も遺産に属する個別財産の管理者も，第三者との関係で遺産に属する財産について一定の行為をする者であるが，通常，遺産共有の取扱いが第三者との関係で問題となるケースでは法定相続分（又は指定相続分）が基準として用いられている。また，実際上具体的相続分を確定することは容易ではなく，相続人間で争いがあれば，寄与分の審判などを経なければ確定することはできず，これを基準として用いることは困難である。

そのため，試案第4の1(3)②では，法定相続分（又は指定相続分）を基準とすることとしている（指定相続分を基準とする場合の対抗要件の具備の問題については，試案第4の1(3)（注2）及び補足説明4参照）。
(2) なお，遺産の管理に関する行為についての同意取得の方法と同様の制度を設けるのは，共有物の管理者と同様，管理に無関心な者が賛否を明らかにしない場合や相続人の氏名等や所在を知ることができない場合に，管理者の選任が阻害されることを防止するためである。

3 対象となる遺産（試案第4の1(3)（注1））について
(1) 「遺産」という用語は様々な意味で用いられるが，管理者は，相続人の持分（法定相続分又は指定相続分）の過半数で管理に関する事項を定めることができる財産を管理するものである。

そこで，試案第4の1(3)（注1）では，管理者が管理する遺産又は遺産に属する個々の財産は，相続人に遺産分割がされる前の財産であることを前提とし（遺産分割がされたものは，対象とはならない。），相続債務は管理者が管理するものではないとしている。
(2) なお，相続債務については，管理者が管理をすることができる方が便宜であるとの指摘も考えられる。相続債務の管理には，相続債務自体の管理と，相続債務に対する弁済があると考えられるが，ここでの管理者が選任されるケースでは，相続人の持分の過半数で選任された管理者が，相続人全員の同意もないまま，相続債務の存在を承認したり，遺産を原資として相続債務に弁済をしたりすることが許されるかが問題となり，慎重な検討が必要と思われる。

4 相続分の指定と第三者（試案第4の1(3)（注2））について
(1) 相続分の指定がある場合には，相続人は，他の相続人に対し，その相続分の指定を主張することができる。そのため，試案第4の1(3)②では，法定相続分ではなく，指定相続分を基準とすることとしている。
(2) もっとも，相続人は，第三者に対しては，相続分の指定があっても，対抗要件を具備しない限り，遺産に属する個々の財産につき，法定相続分を超える指定相続分を対抗することができない（民法第899条の2第1項）。

そのため，相続分の指定があっても，遺産に属する特定の財産につき，対抗要件が具備されていない場合において，法定相続分を基準として，管理者が選任

され，その管理者が，第三者との間で，当該特定の財産につき管理に関する行為をしたときは，相続人は，当該第三者には，相続分の指定を対抗することができないので，当該第三者は，相続人等に対し，法定相続分を基準に選任された管理者の当該行為は有効であると主張することができると解される。

そこで，試案第4の1(3)(注2)では，そのことを明記している。

5　管理者の解任(試案第4の1(3)(注3))について

共有物の管理者と同様に，管理者の解任については，各相続人の持分（法定相続分又は指定相続分）の価格に従い，その過半数で決するものとすることが考えられる。

また，裁判所に対する解任請求権を認めるかどうかは，相続人らが持分の過半数で定めた事項につき，裁判所の介入を認めるかどうかの問題であるが，相続財産管理制度に関して，遺産共有の場合に裁判所が必要な処分をすることができるものとすることについて検討しており（試案第2の4(2)），その検討と併せて検討する必要がある。

そこで，試案第4の1(3)(注3)では，そのことを明記している。

6　その他の事項(試案第4の1(3)(注4))について

試案第4の1(3)(注4)では，管理者のその他の事項については，基本的には，共有物の管理者と同様に考えることとしている。もっとも，各共有者の持分の価格の過半数で決することについては，各相続人の法定相続分（相続分の指定があるときは，指定相続分）の価格の過半数で決することになることは，試案第4の1(3)②のとおりである。

2　遺産分割の期間制限

遺産分割の合意又は遺産分割手続（遺産分割の調停及び審判をいう。以下同じ。）の申立てについて期間の制限を設けることの是非については，期間を経過した場合にどのような効果を生じさせるかについての検討（後記3参照）を踏まえながら，引き続き検討する。

（注）遺産分割の合意又は遺産分割手続の申立てをすべき時期についての規律を置かずに，遺産分割手続の申立て等がされないまま所定の期間が経過した場合に遺産を合理的に分割することを可能とするための規律（後記3）のみを設けるとの考え方もある。

（補足説明）

1　問題の所在

(1) 現行民法では，相続人が複数いる場合には，相続の開始により相続財産は相続人の共有に属するとされる（第898条）が，この遺産共有関係は，その後，遺産分割により解消されることが想定されている（第906条以下）。この想定のとおり遺産分割がされ，これに基づく所有権の移転の登記がされれば，所有者不明土地の発生は抑制されることとなる。もっとも，現行民法には，遺産分割をいつまでにすべきかを定める規定はなく，実際にも，遺産分割がされず，遺産に属する土地が被相続人名義のまま長期間放置されることも少

123

なくない。

(2) このように放置された遺産に属する土地などの財産につき，その後取得を希望する者が生じたときには，相続人間で改めて遺産分割をした上で，譲渡をすることになる。

　しかし，遺産分割は，遺産の全体を把握した上で，特別受益や寄与分などを踏まえて具体的相続分を算出して行うものであり，相続の開始から長期間が経過すると，証拠等も散逸して，遺産に属する財産の範囲や，特別受益や寄与分があったのかなどを的確に把握することは容易ではなくなるため，遺産分割を円滑に行うことが困難となる。

(3) また，土地の所有者の死亡後に，その相続人も死亡して更に相続が生じ（数次相続），遺産分割の当事者となる相続人の数が当初よりも増加することがある。

　所有者不明土地が問題となっている事案の中には，被相続人名義のまま長期間放置された結果，遺産分割の当事者であった者の死亡が相次ぎ，その結果，被相続人の遺産分割の当事者が大幅に増加しているものがある。このような事案では，遺産分割の当事者を確定すること自体が容易ではなく，確定してもその所在を探索しなければならず，しかもその所在等を知ることができないこともあるため，遺産分割が更に困難となる。

　さらに，前記(2)のように，被相続人名義のまま遺産に属する土地が放置されているケースで当該土地を処分する必要が生じた場合には，所在等が判明している相続人としては，当該土地のみを分割し，処分することを希望することがある。しかし，遺産の分割は，基本的に遺産の全体を分割するものであり，相続人全員の同意により遺産の一部のみを分割するのであれば格別，前記のとおり相続が数次にわたって生じており，相続人全員の同意を得ることができないケースなどでは，そのような処理は容易ではない。

2　検討の内容等

(1) 前記1のような事態に対応するために，①遺産分割を促進する観点から，遺産分割の合意又は遺産分割手続の申立てをすべき時期を定める規律を設けること（試案第4の2）や，②遺産分割手続の申立て等がされないまま長期間が経過した場合の遺産分割の処理の観点から，一定の期間を経過した場合には相続人の主張を制限し，遺産を合理的に分割することを可能とする規律を設けること（試案第4の3）について，検討することが考えられる（なお，論理的には，①の規律のみを設けること，②の規律のみを設けること，①及び②の両方の規律を設けることが考えられる。）。

　また，これらのいずれをとるにせよ，上記の一定の期間を定めるためには，その期間を徒過した場合の効果との関係が問題となる。例えば，遺産分割を促進する観点からはその期間を短期とすべきと考えられるものの，その効果が相続人に与える影響が大きいとすれば，その期間を短期とすることはできないとの議論があり得る。

(2) もっとも，上記の一定の期間の経過により相続人の権利を何らかの形で制限

民法・不動産登記法（所有者不明土地関係）等の改正に関する中間試案の補足説明

124

することについては，所有者不明土地対策のために広く相続一般に影響を生じさせることの是非という観点から，慎重な意見や反対する意見がある。

　　部会においては，例えば，被相続人が死亡し，その配偶者と子らが相続人である場合には，あえて遺産分割をすることはせずに，その配偶者が亡くなった後に遺産分割を行うこととするケースがあるのであり，結果的に長期にわたって遺産分割がされないこともあることを考慮すべきとの指摘があった。

(3) そこで，試案第4の2では，遺産分割の合意又は遺産分割手続の申立てについて期間の制限を設けることの是非について，期間を経過した場合にどのような効果を生じさせるかについての検討（具体的に検討する効果は，試案第4の3の各論点のとおりである。）を踏まえながら，引き続き検討することとしている。また，試案第4の2（注）では，遺産分割の合意又は遺産分割手続の申立てをすべき時期についての規律を置かずに，遺産分割手続の申立て等がされないまま所定の期間が経過した場合における遺産を合理的に分割することを可能とするための規律（具体的に検討する内容は，試案第4の3の各論点のとおりである。）のみを設けるとの考え方もあることを明示している。

3　遺産分割手続の申立て等がされないまま長期間が経過した場合に遺産を合理的に分割する制度

　　遺産分割手続の申立て等がされないまま長期間が経過した場合に遺産を合理的に分割することを可能とするため，次のような規律を設けることについて，引き続き検討する。

　(1)　具体的相続分の主張の制限

　　　遺産分割の合意がされていない場合において，遺産分割手続の申立てがないまま相続開始時から10年を経過したときは，共同相続人は，具体的相続分の主張（具体的相続分の算定の基礎となる特別受益及び寄与分等の主張）をすることができない。

　　　（注）具体的相続分の主張期間については，5年とするとの考え方もある。

（補足説明）

1　検討の背景等

　(1)　所有者不明土地の中には，土地の所有者が死亡し，相続人が複数いるにもかかわらず，遺産分割もされず，被相続人名義のまま放置されているものが少なからずある。このような土地について，共同相続人の一人が取得を希望し，又は第三者への売却を希望している場合に，一部の相続人の所在等が不明であるなどの理由で相続人全員の合意を得ることができなければ，家庭裁判所の遺産分割手続をとることになる。

　(2)　ところで，現行法及び判例の立場を前提にすると，相続が開始し，相続人が複数ある場合には，遺産分割がされる前であっても，各相続人は，相続財産に属する特定の財産それぞれについて法定相続分に相当する持分（共有持分）を有するとされる（最判昭和50年11月7日民集29巻10号1525頁等参

照）が，他方で，遺産分割は，特別受益や寄与分などを踏まえて算定される具体的相続分に沿ってされる。

(3) そして，具体的相続分は，遺産に属する財産の範囲を確定し，その財産の価額を評価した上で，遺贈や特別受益（相続人が被相続人から生前に受けていた贈与など）の有無を確定し，その価額を評価するとともに，被相続人の財産の維持・増加について特別の寄与をした相続人の寄与分の価額を評価し，これらを考慮して定められることとなる。

そのため，遺産の範囲や評価，特別受益や寄与分の有無やその価額等を調査し，それらを確定しない限り，具体的相続分を定めることはできず，これらに争いがある場合には，具体的相続分を定めることは容易でない。

(4) また，前記のとおり，遺産の範囲等を確定しなければ，遺産分割をすることができないため，遺産全体の範囲や価格，特別受益や寄与分の有無や価格などを確定しないまま，遺産に属する財産（例えば，土地）のみを取り出し，この財産のみを法定相続分に沿って分割し，処分することは，相続人全員の同意がない限り，することができない。

なお，家庭裁判所は，相続人全員の同意がなくとも，遺産の一部を分割することができるが，遺産の一部分割をしても最終的に具体的相続分に沿って適正な分割を達成し得るという明確な見通しが立たない場合など遺産の一部を分割することにより他の共同人の利益を害するおそれがある場合には，これをすることができないのであり，遺産の一部分割をする際にも，必要な範囲で遺産の範囲や特別受益等の内容について調査をすることになる（民法第907条）。

(5) そのほか，特定の財産につき遺産共有と通常の共有が混在している場合には，具体的相続分の確定を別途遺産分割の手続で行わなければならないこともあり，家庭裁判所での遺産分割の手続と地方裁判所での共有物分割の手続をそれぞれ別個に行わざるを得ない。

(6) 以上のことは，相続の開始から長期間が経過した後に遺産分割をする際にも基本的に同じであるが，相続の開始後に遺産分割がされないまま長期間が経過しているケースの中には，数次相続が生じているものがある。このような数次相続のケースでは，それぞれの被相続人ごとに遺産の範囲や価格，特別受益や寄与分の有無や価格等を確定して，具体的相続分を確定しなければならず，遺産共有の状態を解消するためには，被相続人ごとにそれぞれ遺産分割手続を実施しなければならないなど，遺産分割を行うことになる相続人の負担は重くなる。

(7) 前記のとおり，所有者不明土地には，相続の開始から長期間が経過し，数次相続が発生しているものが多く，その土地の利用や取得を希望する者が現れたときに困難を来すが，その原因となっているのは，相続の開始から長期間が経過した場合に合理的に遺産分割の処理をするための規律がないためであると考えられる。そして，このような問題は，土地に限らず，建物や動産など，広く遺産分割がされていない遺産一般に生じ得る。

そこで，相続の開始から長期間が経過した場合には，遺産の範囲や価格，特

民法・不動産登記法（所有者不明土地関係）等の改正に関する中間試案の補足説明

別受益や寄与分の有無や価格についての調査を不要とし，遺産であることが確実であり，その処分の必要がある財産（例えば，土地）のみを取り出し，具体的相続分を確定しないまま，法定相続分によってその財産のみを分割することが認められないかを検討することが考えられる。

　また，特定の財産につき遺産共有と通常の共有が混在している場合や数次相続が生じている場合に，合理的にその分割を行うようにする方法を検討することが考えられる。

2　具体的相続分に関する提案の趣旨

(1)　共同相続人が遺産分割の合意をすることができず，家庭裁判所において，遺産分割の審判をする場合には，具体的相続分によれば法定相続分によるよりも多くの財産を取得することができると考える相続人は，他の相続人が得た贈与が特別受益に該当すると主張したり，自己に寄与分があると主張したりして，自己の取得すべき財産を主張することになる。これに対し，このような主張を争う他の相続人は，その主張に対して反証するほか，そのような主張をする相続人が得た贈与が特別受益に該当すると主張したり，自己に寄与分があると主張したりすることになる。

　ところで，現行法では，遺産分割の合意や遺産分割手続の申立てをすることにつき，期間の制限がないため，相続から長期間が経過しても，相続人は，遺産分割の手続の中で特別受益や寄与分などの主張をすることができる（所有者不明土地が問題となるケースでは，被相続人名義のまま遺産に属する土地が放置され，更に数次にわたって相続が発生するなど，相続から長期間が経過していることが少なくないことは，前記のとおりである。）。

　しかし，相続開始から長期間が経過すると，証拠が散逸するなどして，他の相続人が反証等をすることは困難となる。また，相続人は，相続開始から長期間を経たときは，他の相続人から具体的相続分の主張がされるとは想定し難いため，遺産分割がされるときには，法定相続分に従った分割がされることに一定の期待を有しているとも考えられる。このような観点からすれば，相続開始から長期間が経過した後に具体的相続分に沿って遺産を分割することは，相続人を不当に害するおそれがある。

　他方で，具体的相続分によれば法定相続分によるよりも多くの財産を取得できると考える相続人に対して，自己の利益を確保するために一定の期間内に必要な手続をとることを要求することは，他の法制度等と比較しても不合理ではないと思われる。例えば，遺留分侵害額の請求権（遺留分の額は，特別受益に該当し得る贈与の額等を踏まえて算定される。）は，遺留分権利者が，相続の開始及び遺留分を侵害する贈与若しくは遺贈があったことを知った時から1年間を行使しないとき，又は相続開始の時から10年を経過したときは，消滅するとされている（民法第1048条）。なお，平成30年の民法改正により，相続人以外の親族で被相続人の療養看護等をしたものが相続人に対する金銭の支払を請求することを認める特別の寄与の制度が設けられた（民法第1050条）が，この制度では，特別寄与者は，相続の開始及び相続人を知った時から

6箇月を経過したとき，又は相続開始の時から1年を経過したときは，家庭裁判所に処分を請求することができないとされている（同条第2項）。

　そこで，遺産分割の合意がない場合において，遺産分割の申立てがないまま，相続開始時から一定の期間を経過したときは，共同相続人は，具体的相続分の主張をすることができないものとすることが考えられる。これによれば，遺産に属する財産の分割は，各相続人の法定相続分（指定相続分がある場合にあっては，指定相続分）の割合に応じて，試案第4の3(2)の各案のいずれかの手続で行うことになる。

(2) もっとも，この考え方に対しては，相続人は，これまでは，長期間が経過しても具体的相続分の主張をすることができたにもかかわらず，一定の期間の経過によりその主張を制限することを正当化することができないのではないかとの指摘や，法定相続分による分割を望むものは遺産分割の申立てをしなくなるのではないかとの指摘など，慎重な意見や反対する意見がある。また，いわゆる所有者不明土地が問題となっているのであれば，土地のみを簡易に分割する仕組みを設ければ足りるとの指摘もある（この指摘については，（後注6）で取り上げている。）。

(3) また，仮に，このような仕組みを採用する場合には，期間をどの程度とするかが重要となる。

　具体的相続分の持つ意義や，その具体的相続分の主張をすることができなくなるとの効果からすると，その期間を短いものとすることは相当ではなく，遺留分侵害額請求権の除斥期間（相続開始時から10年間。民法第1048条後段）や，一般的な債権の客観的起算点からの消滅時効の期間（権利を行使することができる時から10年間。民法第166条第1項第2号）を参考に，相続開始時から10年とすることが考えられる。

(4) 以上を踏まえ，試案第4の3(1)では，遺産分割の合意がされていない場合において，遺産分割手続の申立てがないまま相続開始時から10年間を経過したときは，共同相続人は，具体的相続分の主張（具体的相続分の算定の基礎となる特別受益及び寄与分等の主張）をすることができないとすることについて引き続き検討することとしている（期間の性質については，試案第4の3（後注3）参照）。

(5) なお，遺産分割を促進するとの観点からすると，その期間を短くすべきとの指摘も考えられることや，一般的な債権の主観的起算点からの消滅時効の期間（債権者が権利を行使することができることを知った時から5年間。民法第166条第1項第1号）を参考に，その期間を相続開始の時から5年間とすることも考えられるので，試案第4の3(1)（注）では，その旨を明記している。

(2) 分割方法等

　(1)のとおり具体的相続分の主張をすることに制限を設けることを前提に，(1)の期間の経過後は，遺産に属する財産の分割は，各相続人の法定相続分（指定相続分がある場合にあっては，指定相続分。以下同じ。）の割合に応じ

て，次の各案のいずれかの手続で行う。

【甲案】　(1)の期間経過後も，遺産の分割は，遺産分割手続により行う。ただし，一定の事由があるときは，遺産に属する特定の財産の分割を，共有物分割（準共有物分割）の手続により行うことができる。

【乙案】　(1)の期間経過後は，遺産の分割は，遺産分割手続ではなく，遺産に属する特定の財産ごとに共有物分割（準共有物分割）の手続により行う。

(注１) 相続開始から１０年を経過した場合には，各相続人は，遺産に属する特定の財産（不動産，動産及び債権等）のそれぞれについて法定相続分（指定相続分がある場合にあっては，指定相続分）に相当する共有持分（準共有持分）を有していることを前提とする。

　ただし，これとは別に，遺産に属する金銭及び遺産分割手続での分割の対象となっている可分債権（例えば，預貯金債権）については，相続開始から１０年を経過したときは，遺産分割手続又は共有物分割（準共有物分割）の手続を経ずに，法定相続分（指定相続分）の割合により当然に分割されるものとし，各相続人が法定相続分（指定相続分）の割合に応じて金銭（金銭を占有しない相続人にあっては，金銭を占有する相続人に対する持分相当額の不当利得返還請求権又は引渡請求権）や債権を取得するとの考え方がある。

(注２) 相続開始から１０年を経過する前に遺産の一部が分割されていたとしても，(注１)のとおり，相続開始から１０年を経過した場合には，各相続人は，遺産の分割がされていない遺産に属する財産について法定相続分（指定相続分がある場合にあっては，指定相続分）に相当する共有持分（準共有持分）を有し，その財産の分割は，先行する一部分割の結果を考慮せずに，各相続人がその財産について有する法定相続分（指定相続分）によって分割する。

(注３) 「遺産に属する特定の財産」とは，遺産分割の対象となる積極財産を意味し，被相続人の財産であっても，遺贈された財産など遺産分割の対象ではない財産や，消極財産は含まれないことを前提とする。

(注４) 遺産分割方法の指定は，遺産分割手続の申立てがないまま相続開始から１０年を経過すれば，効力を生じない（ただし，相続開始から１０年を経過する前に，遺産分割方法の指定によって相続人が特定の遺産を取得していた場合は除く。）ことを前提とする。

(注５) 【甲案】は，家庭裁判所が遺産分割の審判において相続分の割合の変更をすることができないことを前提としている。

(注６) 【甲案】の「一定の事由」としては，通常の共有と遺産共有（ただし，相続開始から１０年を経過しているものに限る。）が併存しており，一括して処理をする必要がある場合と，数次相続（ただし，相続開始からいずれも１０年を経過しているものに限る。）が生じており，一括して処理をする必要がある場合を念頭に，引き続き検討する。

（補足説明）

1　提案の趣旨
　(1)　仮に，具体的相続分の主張をすることに期間の制限を設けるのであれば，その期間を経過した後の遺産に属する財産の分割は，法定相続分（又は指定相続分）の割合に応じて行うこととなるが，その分割の手続をどのようなものとすべきかが問題となる。
　(2)　現行法の下では，共同相続人は相続財産に属する特定の財産それぞれを共有するが，共同相続人が分割前の遺産を共同所有する法律関係の解消は，共有物分割の手続ではなく，遺産分割の手続により行うこととされている（最判昭和６２年９月４日集民１５１号６４５頁）。
　　また，家庭裁判所は，相続人全員の同意がなくとも，遺産の一部を分割することができるが，遺産の一部分割をしても最終的に具体的相続分に沿って適正な分割を達成し得るという明確な見通しが立たない場合など遺産の一部を分割することにより他の共同人の利益を害するおそれがある場合には，これをすることができないのであり，遺産の一部分割をする際にも，遺産分割をする場合と同様に，遺産の範囲や特別受益の内容につき調査することになる（民法第９０７条）。そのため，遺産に属する特定の財産のみを取り出し，法定相続分によってその財産のみを分割することは容易ではない。
　　さらに，共有物について，遺産分割前の遺産共有の状態にある共有持分と他の共有持分とが併存する場合には，遺産共有持分と他の共有持分との間の共有関係を共有物分割の手続により解消した上で，遺産共有持分を有する者に分与された財産の共有関係を遺産分割の手続により解消することとされている（最判平成２５年１１月２９日民集６７巻８号１７３６頁）。そのため，特定の財産につき遺産共有と通常の共有が混在している場合に，共有物分割の手続の中で，遺産共有の状態を解消することが困難な場合がある。
　　そのほか，いわゆる数次相続が生じている場合に，被相続人ごとにそれぞれの遺産分割手続を実施せずに，特定の財産のみを取り出し，共有物分割の手続でその分割を行うことはできない。
　　このように，現行法において，相続財産の共有関係の解消につき，特定の財産の共有物分割ではなく遺産分割の方法をとることとされているのは，遺産の分割は，遺産全体の価額に特別受益や寄与分等を加味して算出した具体的相続分に基づいて行うものとされているため，遺産の全体を把握しなければ分割することができないからである。
　(3)　しかし，具体的相続分を主張することに期間の制限を設け，期間経過後の遺産に属する財産の分割は，法定相続分の割合に応じて行うのであれば，遺産の全体を把握する必要はなくなり，遺産分割の手続をとる必然性はなく，遺産に属する財産を法定相続分に応じて個別に分割をすることも許されると思われる。
　(4)　以上を踏まえ，試案第４の３(2)では，試案第４の３(1)のとおり具体的相続分の主張をすることに期間の制限を設けることを前提に，試案第４の３(1)の期間の経過後は，遺産に属する財産の分割は，各相続人の法定相続分（指定相続分

がある場合にあっては，指定相続分）の割合に応じて行うことを検討するとともに，分割の方法についても検討することとし，その具体的な規律として，甲案又は乙案を提示している。

2 甲案と乙案について

(1) 甲案は，期間経過後の遺産に属する財産は，各相続人の法定相続分（又は指定相続分）の割合に応じて分割するものの，共有の状態は遺産共有のままであると整理し，その解消の方法としては，基本的に，遺産分割の手続をとることとしつつ，遺産共有の状態を解消するために共有物分割の手続をとることが合理的である一定の場合には，相続人は，遺産に属する個々の財産につき，共有物分割の手続をとることもできるものとするものである。

すなわち，甲案は，遺産分割の手続をとることを基本とするものの，一定の事由があるときは，遺産に属する土地のみを取り出し，法定相続分（指定相続分）の割合に応じて分割したり，遺産共有の解消と通常の共有が併存している場合に遺産共有の解消も含めて一つの手続で共有関係を解消したりすることを認めるものであるが，その分割を遺産の一部分割を含む遺産分割の手続でするのか，それとも共有物分割の手続で行うのかの振り分けについては，更に検討を要する（試案第4の3(2)（注6）参照）。

甲案をとる場合には，ある相続人が遺産に属する特定の財産について共有物分割訴訟を提起し，その審理中に他の相続人が遺産全体についての遺産分割の手続を申し立てることができるかや，逆に遺産分割の手続中に共有物分割訴訟を提起することができるかという問題が生ずる。この問題は，遺産分割と共有物分割を振り分けるための要件をどのように設定するのかによって結論が異なり得るが，一定の要件があれば共有物分割をすることができるとした場合には，その要件があれば，共有物分割が優先するとの考え方のほか，先行している手続が優先するとの考え方をとることなどが考えられる。

(2) 乙案は，遺産に属する財産は法定相続分（指定相続分）の割合に応じて分割をするのであるから，遺産分割の手続による理由はなく，個々の財産ごとに共有物分割（又は準共有物分割）の手続により処理するものである。この案でも，現在の判例を前提とすると，複数の共有物の共有者が共通する場合においては，一括して共有物の分割の対象とすることが許容されているので，共有者が望めば，遺産に属する財産を一括して分割することが認められる（最大判昭和62年4月22日民集41巻3号408頁。なお，裁判による共有物分割の見直しについては，試案第1の2(1)参照）。当該遺産に属する財産が契約上の地位や不可分債権である場合には，準共有物分割の手続をとることになるが，当該財産が可分債権である場合に，なおその財産について準共有物分割の手続を経なければならないものとするのかについては別途問題となる。また，部会においては，乙案に対し，一定の期間の経過後は，現行法上，配偶者居住権の設定ができないことになるが，その是非を検討する必要があるとの意見も出された。

(3) このように，甲案は，基本的には，遺産分割の仕組みを維持しつつ，必要な

限度で修正を加えるものであり，他方で，乙案は，一定の期間の経過後は，基本的に通常の共有と同様に扱うものとし，その法律関係をより明確にするというものである。

　なお，乙案を更に進めて，一定の期間が経過すれば，法定相続分（指定相続分）の割合に応じて遺産分割がされたものとみなすこととすべきとの意見もある。この考え方は，遺産分割があったものとみなし，共有の状態を通常の共有とすることで，その後の法律関係をより一層明確にする（例えば，A及びBが土地を共有していたが，Bが死亡し，その相続人としてC，D及びEがいる場合に，このままであれば，Bの持分の管理は，C，D及びEの過半数等で決することになるが，遺産分割がされたものとみなすのであれば，期間経過後は，A，C，D及びEの共有となり，Bの持分の管理との概念はとらないことになるとの指摘がある。）ものである。もっとも，このような考え方をとることについては，遺産分割があったものとみなすと，現在検討している分割方法の在り方や，簡易な持分の取得を超え，その影響が大きくなり，その影響がどのようなものか見通すこともできないとの指摘がある。翻って，期間経過後は共有物分割のみをすることができるとする乙案については，共有の状態が遺産共有ではなく，通常の共有であると整理すべきかが問題となり，通常の共有であると整理すれば，上記の遺産分割があったものとみなす考え方と同様の指摘がされ得る。

3　相続分の指定の扱いについて

　試案第4の3(2)では，所定の期間の経過後は，遺産に属する特定の財産は，各相続人がそれぞれについて有する法定相続分に相当する共有持分（準共有持分）の割合に応じて分割するとしつつ，指定相続分がある場合にあっては，指定相続分に相当する共有持分（準共有持分）の割合に応じて分割するとすることを検討している。これは，相続分の指定は，対抗要件を具備せずとも，相続人間で効力を有することとされていることを踏まえたものである。

　もっとも，甲案や乙案に従い通常の共有と遺産共有が併存している際に共有物分割をする場合など相続人以外の第三者が関係するケースでは，対抗要件を具備しない限り，第三者に対して相続分の指定の効力を対抗することができない（民法第899条の2）ため，その際には，指定相続分ではなく，法定相続分を前提に事案を処理することになる。

4　所定の期間経過後の状態（試案第4の3(2)（注1））について

(1) 試案第4の3(2)（注1）では，所定の期間を経過した場合には，各相続人は，遺産に属する特定の財産（不動産，動産及び債権等）それぞれについて法定相続分（指定相続分がある場合にあっては，指定相続分）に相当する共有持分（準共有持分）を有していることを明記している。

(2) 試案第4の3(2)（注1）では，さらに，遺産に属する金銭及び遺産分割手続での分割の対象となっている可分債権（例えば，預貯金債権）については，相続開始から10年を経過したときは，遺産分割手続又は共有物分割（準共有物分割）の手続を経ずに，法定相続分（指定相続分）の割合により当然に分割され

るものとし，各相続人が法定相続分（指定相続分）の割合に応じて金銭（金銭を占有しない相続人にあっては，金銭を占有する相続人に対する持分相当額の不当利得返還請求権又は引渡請求権）や債権を取得するとの考え方があることを取り上げている。

　これは，特に，乙案をとり，遺産に属する財産を共有物分割（準共有物分割）の手続をとることとした場合に，遺産に属する金銭及び遺産分割手続での分割の対象となっている可分債権については，基本的に法定相続分の割合に応じて，それぞれの相続人がその債権や金銭を取得することになるほかなく，費用等をかけて共有物分割の手続をとることは妥当ではないことを理由とするものである。

　もっとも，遺産分割の手続の対象となっている可分債権や金銭，その中でも特に預貯金債権については，遺産分割をする際にその調整をするためにも有用であり（最決平成２８年１２月１９日民集７０巻８号２１２１頁参照），甲案をとる場合はもちろん，乙案をとる場合でも遺産に属する財産を複数同時に分割する際に，調整として用いるために，法定相続分（指定相続分）の割合により当然に分割されるものとすべきではないとの意見がある。

5　一部分割との関係（試案第４の３(2)（注２））について

　所定の期間経過前に遺産の一部が先行して分割されている場合（民法第９０６条の２及び第９０９条の２参照）において，所定の期間が経過したときも，遺産の分割がされていない遺産に属する財産の共有状態については，先行する一部分割がされていない場合と区別する理由はなく，各相続人は，遺産の分割がされていない遺産に属する財産について法定相続分（指定相続分がある場合にあっては，指定相続分）に相当する共有持分（準共有持分）を有することになると解される。

　そうすると，その分割も，先行する一部分割の結果を考慮せずに，その共有持分（準共有持分）の割合によってされることになる（ただし，その手続について，甲案と乙案の両案があるのは，試案第４の３(2)のとおり）と解される。

　そこで，試案第４の１(3)（注２）では，所定の期間を経過する前に遺産の一部が分割されていたとしても，その期間を経過した場合には，各相続人は，遺産の分割がされていない遺産に属する財産について法定相続分（指定相続分がある場合にあっては，指定相続分）に相当する共有持分（準共有持分）を有し，その財産の分割は，先行する一部分割の結果を考慮せずに，各相続人がその財産について有する法定相続分（指定相続分）によって分割することを提案している。

　なお，所定の期間経過前に遺産の一部が先行して分割されている場合には，相続人らは，主観的には遺産の全部について分割をしたが，その後に新たな遺産が発見された場合も含まれるが，このケースについては，試案第４の３（後注３）で検討する論点が問題となる。

6　対象となる遺産（試案第４の３(2)（注３））について

　試案第４の３(2)（注３）では，「遺産に属する特定の財産」とは，遺産分割の対象となる積極財産を意味し，被相続人の財産であっても，遺贈された財産など

遺産分割の対象ではない財産や，消極財産は含まれないことを前提としていることを注記している。

7 遺言との関係(試案第4の3(2)（注4））について

遺言事項のうち，遺産分割に関連するものとしては，遺産分割方法の指定と相続分の指定があるが，相続分の指定については，前記補足説明3のとおりである。

遺産分割方法の指定（遺言による委託を受けた第三者による指定を含む。）は，基本的には，遺産分割をする際の方法（現物分割，換価分割，代償分割のいずれにするか）を指定するものであるが，遺産分割の合意や遺産分割手続の申立てがないまま所定の期間の経過を経過した後は基本的に法定相続分の割合に応じて分割をするとした場合には，その期間を経過すれば指定の効力を生じないことを前提とすることが考えられる。ただし，最判平成3年4月19日民集45巻4号477頁は，特定の遺産を特定の相続人に「相続させる」趣旨の遺言があった場合には，当該遺言において相続による承継を当該相続人の意思表示にかからせたなどの特段の事情のない限り，何らの行為を要せずして，当該遺産は，被相続人の死亡の時に直ちに相続により承継されるとしているが，所定の期間を経過する前に，遺産分割方法の指定によって相続人が特定の遺産を取得していた場合には，その効力を否定すべき理由はない。

そこで，試案第4の3(2)（注4）では，遺産分割方法の指定は，遺産分割手続の申立てがないまま相続開始から10年を経過すれば，効力を生じない（ただし，相続開始から10年を経過する前に，遺産分割方法の指定によって相続人が特定の遺産を取得していた場合は除く。）ことを前提とすることを注記している。

8 民法第906条との関係(試案第4の3(2)（注5））について

遺産分割手続においては民法第906条が当然に適用される（共有物分割手続においては同条の適用はない）が，同条に関しては，従前から，裁判所が遺産分割の審判において相続分の割合の変更をすることの可否が議論されている。もっとも，一般的にはこれを否定する見解が有力であり，同条は，相続分の割合に従った分割を行うことについての基準を示す規定であると解されている。また，同条の解釈は措くとしても，試案第4の3(1)のとおり，所定の期間が経過したときは具体的相続分を主張することができないとする規律を設ける場合には，同条によって法定相続分を変更し，具体的相続分に相当する割合で遺産分割をすることができると解することは困難であると考えられる。

以上を踏まえ，試案第4の3(2)（注5）では，甲案は，家庭裁判所が遺産分割の審判において相続分の割合の変更をすることができないことを前提とすることとしている。

9 甲案における共有物分割(試案第4の3(2)（注6））について

甲案は，遺産分割の手続をとることを基本とするものの，例えば，遺産に属する土地のみを取り出し，法定相続分（指定相続分）の割合に応じて分割することや，通常の共有と遺産共有の解消が併存している場合に遺産共有の解消も含めて

一つの手続で共有関係を解消することなどを認めるものであるが，その分割を遺産の一部分割を含む遺産分割の手続でするのか，それとも共有物分割の手続で行うのかの振り分けについては，更に検討を要する。

共有物分割を行うことが検討されるケースとしては，①遺産に属する特定の財産の一部を取り出して，それのみを分割するケース，②通常の共有と遺産共有とが併存しているケースと③数次相続が生じているケースにおいて，遺産に属する特定の財産の一部を取り出して，それのみを分割するケースが考えられる。

このうち，①遺産に属する特定の財産の一部を取り出して，それのみを分割するケースについては，遺産の一部分割として処理すれば足りる（ただし，法定相続分又は指定相続分の割合に応じて分割するため，民法第９０７条が規定する遺産の一部分割のように，遺産の範囲や特別受益の内容につき調査する必要はない。）とも思われる。

他方で，②通常の共有と遺産共有とが併存しているケースにおいては，共有物分割の中で遺産共有の解消も行うこととし，一つの手続で共有関係を解消するとすることが考えられる。さらに，③数次相続が生じているケースにおいて，共有物分割をとることを認め，遺産に属する特定の財産の一部のみを取り出して，それのみを分割することができるようにすることが考えられる（もっとも，この考え方に対しては，遺産の一部分割と構成すれば足りるとの意見も考えられる。）。

そこで，試案第４の３(2)（注６）では，甲案の「一定の事由」としては，通常の共有と遺産共有（ただし，相続開始から１０年を経過しているものに限る。）が併存しており，一括して処理をする必要がある場合と，数次相続（ただし，相続開始からいずれも１０年を経過しているものに限る。）が生じており，一括して処理をする必要がある場合を念頭に，引き続き検討することを注記している。

(3) 遺産共有における所在不明相続人等の不動産の持分の取得等

(1)のとおり具体的相続分の主張をすることに制限を設けることを前提に，次のような規律を設ける。

① (1)の期間を経過した場合において，相続人の一部の所在を知ることができないとき（又は相続人の一部を知ることができないとき）は，他の相続人は，遺産に属する特定の不動産（又は他の財産）についての当該相続人の持分に関し，所在不明共有者又は不特定共有者の不動産の共有持分の取得等（第１の２(2)）の方法をとることができる。

② 遺産共有持分と通常の共有持分が併存している場合において，(1)の期間を経過したときであって，相続人の一部の所在を知ることができないとき（又は相続人の一部を知ることができないとき）は，通常共有持分の共有者は，当該相続人の遺産に属する特定の不動産（又は他の財産）の遺産共有持分に関し，所在不明共有者又は不特定共有者の不動産の共有持分の取得等（第１の２(2)）の方法をとることができる。

(注) 遺産共有持分と通常の共有持分が併存している場合において，(1)の期間を経過した

ときであって，通常共有持分の共有者の所在が不明であるとき（又は通常共有持分の共有者を知ることができないとき）は，遺産共有持分の共有者は，当該通常共有持分の共有者の不動産（又は他の財産）の通常共有持分に関し，所在不明共有者又は不特定共有者の不動産の共有持分の取得等（第1の2(2)）の方法をとることができるとすることも検討する。

（補足説明）

1　提案の趣旨

(1) 所有者不明土地の中には，土地の所有者が死亡し，相続人が複数いるにもかかわらず，遺産分割もされず，被相続人名義のまま放置されているものが少なからずある。このような土地について，所在等が判明しない相続人がいる場合には，所在等が判明していない相続人の持分についてはその代価を支払うこととして，その相続人との共有関係を解消すること（所在等が判明している相続人の間の共有関係は，協議で解消することとなる）や，所在等が判明している相続人ら全員の合意で，その土地を第三者に売却することができるようになれば，相続人にとっても便宜であるし，所有者不明土地の円滑な利用にも資すると思われる。

　　そのため，遺産共有が問題となるケースにおいても，通常の共有において検討している所在不明共有者又は不特定共有者の不動産の共有持分の取得等（第1の2(2)）の方法をとることができるとすることが考えられる。

(2) しかし，遺産分割は具体的相続分の割合に応じてされるものであるから，遺産分割の前に，所在等が判明していない相続人に対して適正な代価を支払って共有関係を解消すること等を認める手続を設けるとすれば，その代価は具体的相続分を前提に算出することになると解される。そして，これまでにも説明したとおり，具体的相続分は，法定相続分とは異なり，法律上一律に決まるものではなく，遺産の範囲や価格，特別受益や寄与分の有無やその額を算出するなどして決まるものであり，遺産分割の制度とは別に，上記の持分の取得等の制度を置くことは相当でないと考えられる。

　　また，遺産分割は，一つの財産を分割する共有物分割とは異なり，基本的には，複数の財産の集合体である遺産を全体として分割するものであり，遺産分割の前に，遺産の一部である特定の財産のみを先に分割することと同じ効果を生むことになる持分の移転などを，持分を奪われる共同相続人の同意もないまま認めることは，適切ではないと思われる。

(3) もっとも，(1)に関して具体的相続分の主張をすること（特別受益及び寄与分等の主張をすること）に期間の制限を設け，その期間が経過して，各相続人の法定相続分（指定相続分）の割合に応じて遺産に属する財産を分割することができる状態になった場合であれば，法定相続分（指定相続分）に応じて代価を支払って共有関係を解消すること等を認めることを前提に，通常の共有における所在不明共有者又は不特定共有者の不動産の共有持分の取得等の仕組みをとることができると考えられる。

2 提案の内容
  (1) 以上を踏まえ，試案第4の3(3)①では，(1)の期間を経過した場合におい
    て，相続人の一部の所在を知ることができないとき（又は相続人の一部を知る
    ことができないとき）は，他の相続人は，遺産に属する特定の不動産（又は他
    の財産）についての当該相続人の持分に関し，所在不明共有者又は不特定共有
    者の不動産の共有持分の取得等（試案第1の2(2)）の方法をとることができる
    とすることを提案している。
  (2) また，特定の財産につき通常の共有と遺産共有の状態が併存している場合
    に，相続人の一部の所在等が不明なケースについても同様に考え，試案第4の
    3(3)②では，(1)の期間を経過したときであって，相続人の一部の所在を知る
    ことができないとき（又は相続人の一部を知ることができないとき）は，通常
    共有持分を有する共有者は，当該相続人の遺産に属する特定の不動産（又は他
    の財産）の遺産共有持分に関し，所在不明共有者又は不特定共有者の不動産の
    共有持分の取得等（試案第1の2(2)）の方法をとることができるとすることを
    提案している。
3 通常の共有と遺産共有の状態が併存している場合に共有者の所在等が不明なケー
  ス(試案第4の3(3)（注））について
    共有物について遺産共有持分と通常の共有持分が併存している場合に，通常共
  有持分の共有者の所在が不明であるとき（又は通常共有持分の共有者を知ること
  ができないとき）がある。このケースにおいて，遺産共有持分を有する共有者
  は，当該通常共有持分の共有者の不動産（又は他の財産）の通常共有持分に関
  し，所在不明共有者又は不特定共有者の不動産の共有持分の取得等（試案第1の
  2(2)）の方法をとることが考えられるが，遺産分割の前に，相続人の一人に，そ
  のような方法をとることを認めることは困難である。もっとも，試案第4の3(1)
  のとおり具体的相続分の主張を制限し，相続人が，期間の経過により，遺産に属
  する財産に法定相続分（指定相続分）に相当する持分を有することが確定すれ
  ば，通常の共有の状態しかない場合と区別しないことも可能であると思われる。
    そこで，試案第4の3(3)（注）では，遺産共有持分と通常の共有持分が併存し
  ている場合において，(1)の期間を経過したときであって，通常共有持分の共有者
  の所在が不明であるとき（又は通常共有持分の共有者を知ることができないと
  き）は，遺産共有持分の共有者は，当該通常共有持分の共有者の不動産（又は他
  の財産）の通常共有持分に関し，所在不明共有者又は不特定共有者の不動産の共
  有持分の取得等（試案第1の2(2)）の方法をとることができるとすることも検討
  することとしている。

  （後注1）相続開始から10年を経過した場合であっても，民法第915条第1項の期間が経
    過するまでは，相続の放棄をすることができることを前提としている。
  （後注2）相続開始から10年を経過した後に相続放棄がされ，新たに相続人となった者は，
    期間内に遺産分割手続の申立てをしていれば具体的相続分に基づいて得ることができた価額
    の支払の請求権を有することとし，民法第904条の2を改正して，この支払の請求があっ

137

た場合には，家庭裁判所に寄与分を定めることを請求することができるようにするなどの所要の手当てをする方向で検討する。

（後注３）本文の相続開始から１０年の期間は除斥期間とするが，（後注２）のほかに，やむを得ない事由により期間内に遺産分割手続の申立てをすることができなかった者は，期間内に遺産分割手続の申立てをしていれば具体的相続分に基づいて得ることができた価額の支払の請求権を有することについて，引き続き検討する。

　これに対して，やむを得ない事由により期間内に遺産分割手続の申立てをすることができなかった者は，その事由が消滅してから一定の期間内に遺産分割手続の申立てをすることができ，その中で，具体的相続分の割合に応じた遺産分割を求めることができるとの考え方もある。

（後注４）相続の開始から１０年を経過した後は，他の相続人の同意（擬制された同意を含む。）を得ない限り，遺産分割手続の申立てを取り下げることができないとする方向で検討する。

（後注５）遺産分割禁止期間の終期は，相続開始から１０年を超えることができないものとすることについても，検討する。

（後注６）３(1)から(3)までの案とは別に，具体的相続分の主張制限を設けずに，相続開始後一定期間が経過した場合には，遺産に属する不動産の遺産共有関係を共有物の分割の手続や所在不明共有者又は不特定共有者の不動産の共有持分の取得等により解消する仕組みを設ける考え方がある。

（補足説明）
1　相続の放棄（試案第４の３（後注１）（後注２））について
　遺産分割に期間制限を設け，その起算点を相続開始時とした場合には，その期間の経過後に自己のために相続の開始があったことを知った相続人に相続の放棄をすることを認めるのかが問題となるが，相続人に相続による不利益を免れることを可能とするという相続放棄の趣旨からすると，遺産分割の期間が経過した後であっても，相続放棄を認めることとすることが考えられる。

　ただし，この考え方をとる際には，遺産分割の期間の経過後の相続放棄によって相続人となった者がある場合の処理について検討することが必要となる。具体的には，その場合も法定相続分により遺産分割又は共有物分割の手続を行い，遺産分割の期間の経過前に遺産分割を行えば得られたはずの具体的相続分との差額について，相続の開始後に認知された者の価額の支払請求（民法第９１０条，第９０４条の２第４項参照）を参考に，別途価額の支払請求をすることができるものとすることが考えられる。

　なお，民法第９１０条の価額の支払請求については，家事審判手続によるべきとの見解もあるが，家事事件手続法に明文の規定がないため，通常の民事訴訟の手続によると解されている（ただし，寄与分については，家庭裁判所で判断される。民法第９０４条の２第４項）。これにならうと，試案第４の３（後注２）の価額の支払請求の手続は，寄与分がある場合には家庭裁判所でその額を定めた上で，価額の支払請求自体は地方裁判所で民事訴訟の手続によって審理をすること

民法・不動産登記法（所有者不明土地関係）等の改正に関する中間試案の補足説明

138

になる。
2　期間の性質と例外（試案第4の3（後注3））について

　　遺留分侵害額請求権の期間制限と同様に，ここでいう期間は除斥期間とすることが考えられる。他方で，試案第4の3（後注2）では，期間の経過後に相続人となった者は価額の支払を請求することができるとしているが，客観的に見てもおよそ期間の経過前に遺産分割手続の申立てをすることができない場合にも，相続人は，同様に価額の支払を請求することができるとすることが考えられる。このような例外を広く認めることは，期間を設定したことの趣旨を損なうおそれもあるが，ここでは，引き続き検討することとしている。

　　また，客観的に見てもおよそ期間の経過前に遺産分割手続の申立てをすることができなかったケースについては，そもそも期間の経過後も，具体的相続分による遺産分割を求めることができるものとすべきとの考え方もある。もっとも，この考え方をとる場合には，相続人のうちの一人にやむを得ない事由がある場合には，他の相続人にそのような事由がなくとも，全ての相続人が具体的相続分による遺産分割を求めることができることになると考えられ，その是非が問題になると思われるし，そもそもこれを認めると，事案の画一的処理が困難になるように考えられるため，慎重な検討を要する。

　　なお，期間の経過前に遺産分割が成立したが，期間の経過後に無効となったケースについても，上記と同様に問題となる。
3　遺産分割手続の申立てと取下げ（試案第4の3（後注4））について

　　遺産分割手続では，申立人以外の相続人（「相手方」と呼ばれる。）にも，家庭裁判所は，遺産を分与することができるので，他の相続人が遺産分割調停手続の申立てをしている場合には，相手方である相続人は，その申立てに係る手続において遺産の分与を求めれば足り，遺産の分与を求めて遺産分割手続の申立てを別途する必要はない。そのため，一定の期間内に遺産分割の合意又は遺産分割手続の申立てがないときは，具体的相続分の主張をすることができないとの制度を創設した場合にも，相続人のうちの一人が期間内に遺産分割手続の申立てをしていれば，他の相続人は自らが遺産分割手続の申立てをしていなくとも，その申立てに係る手続の中で具体的相続分の主張をすることができると考えられる。

　　ところで，期間内に遺産分割の調停又は審判の申立てがされたものの，期間経過後に申立人がその申立てを取り下げて手続が完結されると，その手続は初めから係属していなかったものとみなされる（家事事件手続法第82条第5項及び第273条第2項において準用する民事訴訟法第262条第1項）ので，上記の考え方を前提としても，相手方である相続人は，具体的相続分の主張ができなくなる。そのため，申立人が自由に申立てを取り下げることができると，相手方である相続人は不利益を被るおそれがある。

　　そして，家事事件手続法においては，相手方である相続人が本案について書面を提出し，又は家事審判の手続の期日において陳述をした後にあっては，申立人である相続人の遺産分割審判の申立ての取下げは，相手方の同意を得なければ，その効力を生じないこととされている（同法第199条において準用する同法第

１５３条）が，その前であれば，申立人は，自由に遺産分割審判の申立てを取り下げることができるほか，遺産分割調停の申立ての取下げには制限がなく，申立人である相続人は自由に遺産分割調停の申立てを取り下げることができる（同法第２７３条第１項）。

そこで，具体的相続分の主張期間の経過後に遺産分割手続の申立てを取り下げるには，他の相続人の同意（同意擬制〔同法第８２条第４項〕を含む。）を得なければならないとすることが考えられる。

4　遺産分割禁止の期間(試案第４の３（後注５）)について

試案第４の３(1)では，所定の期間内に遺産分割手続の申立てがなければ，具体的相続分の主張を制限するという効果を生じさせることについて提案しているが，遺産分割禁止の期間との関係が問題となる。例えば，相続開始から１０年の期間をもって区切りをつけるということは，基本的にそれまでに遺産分割手続の申立てをすることを要請することになるが，遺産分割禁止の期間がこれを超えており，相続開始から１０年の期間を経過しても，遺産分割の禁止がされたままであるという状況が生じ得るとすると，上記の要請と整合しない結果となる。

他方で，現行法では，遺産分割がされない状態は暫定的なものであることもあり，遺言による遺産分割の禁止の効果は，相続開始から５年を超えることができないとされている（民法第９０８条）。このように，遺産分割の禁止の効果が長期にわたることは，民法上予定されておらず，家庭裁判所の審判による禁止についても，解釈論としては，その期間が一定の範囲に制限されると解されているのであり，その期間を合理的な範囲で定めることは現在の民法の考え方とも齟齬しないのではないかと解される。

以上のことや，現在の解釈論では遺言による遺産分割の禁止は，相続開始から最大で１０年間有効であるとの解釈がされていること等を踏まえ，試案第４の３（後注５）では，遺産分割禁止期間の終期は，相続開始から１０年を超えることができないものとすることについても検討することを注記している。

（参考）遺産分割の禁止には，民法上，次のものがある。

①　遺言による禁止（民法第９０８条）

被相続人は，遺言で，相続開始の時から５年を超えない期間を定めて，遺産分割を禁止することができる。なお，明文の規定はないが，相続人の合意により，更に５年間に限って遺産分割を禁止することができると解されている（民法第２５６条第２項参照）。

②　家庭裁判所の審判による禁止（民法第９０７条第３項）

遺産分割の請求がされた場合において特別の事由があるときは，家庭裁判所は，期間を定めて，遺産の全部又は一部について，その分割を禁ずることができる。

この禁止期間についての明文の規定はないが，遺言による禁止とのバランス等から，相続開始の時から５年間に限られ，禁止期間の更新をするとしても，相続開始時から１０年間を上限とすると解する見解が有力である。

これらに加え，明文の規定はないが，共有の規定（民法第２５６条）を根拠として，相続人の合意により，遺産分割を５年間（更新があれば，最大１０年間）禁止することができると解されている。

5　具体的相続分の主張の期間制限を前提としない考え方(試案第４の３（後注６））について
　(1)　具体的相続分の主張の期間制限を設けずに，相続開始後一定期間が経過した場合には，遺産に属する不動産の遺産共有関係を共有物の分割の手続や所在不明共有者又は不特定共有者の不動産の共有持分の取得等により解消する仕組みを設ける考え方がある。
　(2)　現行法では，試案第４の３(2)の補足説明のとおり，遺産に属する個々の財産を共有物分割の手続により分割することはできず，遺産分割の手続によることになる。そして，遺産分割の手続は，遺産の全体について，遺産全体の価額に特別受益や寄与分等を加味して算出した具体的相続分に沿って行うものとされており，相応の時間や費用を要する。
　　これに対して，所有者不明土地対策として，遺産に属する財産のうちの土地のみを取り出し，その帰属を決定することができれば，手続も簡便であり，費用も低廉で済む場合もあると考えられる。そこで，具体的相続分の主張に期間制限を設けずに，遺産に属する土地につき，法定相続分の割合に応じて共有物分割の手続により分割することや，所在不明共有者又は不特定共有者の不動産の共有持分の取得等（第１の２(2)）の方法をとることを認めるべきとの見解も考えられる。
　(3)　もっとも，具体的相続分の主張をすることに制限を設けないとの立場（すなわち，時間が経過しても具体的相続分により遺産分割をする利益を保護すべきとの立場）をとるのであれば，上記のとおり共有物分割や，所在不明共有者又は不特定共有者の不動産の共有持分の取得等の方法をとっても，その後に残りの遺産について遺産分割の手続をとる必要が生じたときは，別途具体的相続分を前提とした調整を図る必要がある。
　　しかし，相続人の遺産の内容や，特別受益や寄与分等の内容によっては，先行して一部の財産のみを分割してしまうと，事後的な調整を行うことができない事態が生じ得る。そのため，この立場をとるのであれば，先行して共有物分割等をする際に，その後の遺産分割の手続において調整を図ることが可能かを確認することが必要になると考えられる。しかし，そのような確認の作業をすることは，共有物分割等の手続の中では不可能であるし（少なくとも，寄与分の判断を地方裁判所で行うことは現行法上できない。），その作業を求めることで，結局，手続が重くなり，遺産分割とは別に共有物分割の手続を新たに設ける意義がないように思われる（なお，家庭裁判所は，相続人全員の同意がなくとも，遺産の一部を分割することができるが，最終的に具体的相続分に沿って適正な分割を達成し得るという明確な見通しが立たない場合など，他の共同相続人の利益を害するおそれがある場合には，遺産の一部分割をすることがで

141

きないのであり，遺産の一部分割をする際にも，遺産の範囲や特別受益の内容等につき調査することになる（民法第９０７条）。）。

　そのため，具体的相続分の主張に期間制限を設けずに，遺産に属する土地につき，法定相続分の割合に応じて共有物分割の手続により分割することや，所在不明共有者又は不特定共有者の不動産の共有持分の取得等（試案第１の２(2)）を認めるのは，難しいと考えられる。

4　共同相続人による取得時効

　共同相続人が遺産に属する物を占有していたとしても，原則として取得時効が成立しないことを前提に，例外的に取得時効が認められる場合について，次のような規律を設けることについて，引き続き検討する。

①　共同相続人が，相続の開始以後，遺産に属する物を自ら占有した場合において，その占有の開始の時に，他の共同相続人が存在しないと信ずるに足りる相当な理由又は他の共同相続人が当該物につき相続人としての権利を主張しないと信ずるに足りる相当な理由があり，かつ，占有の開始の時から１０年間，平穏に，かつ，公然と遺産に属する物を占有したときは，当該物の所有権を取得する。ただし，占有の開始後に，当該理由がなくなったとき，又は当該物を占有する共同相続人が当該他の共同相続人の相続人としての権利を承認したときは，この限りでない。

②　共同相続人が，相続の開始以後，遺産に属する物を自ら占有した場合において，占有の開始後，他の共同相続人が存在しないと信ずるに足りる相当な理由又は当該他の共同相続人が当該物につき相続人としての権利を主張しないと信ずるに足りる相当な理由が生じ，かつ，その理由が生じた時から１０年間，平穏に，かつ，公然と遺産に属する物を占有したときは，当該物の所有権を取得する。ただし，当該理由が生じた後に，当該理由がなくなったとき，又は当該物を占有する共同相続人が当該他の共同相続人の相続人としての権利を承認したときは，この限りでない。

③　民法第８８４条に規定する相続回復請求権の存在は，①又は②の規律による所有権の取得を妨げない。

（注１）所有権以外の財産権（例えば，不動産の賃借権）についても，他の共同相続人が存在しないと信ずるに足りる相当な理由又は他の共同相続人が当該財産権につき相続人としての権利を主張しないと信ずるに足りる相当な理由がある場合において，平穏に，かつ，公然とこれを行使する者は，本文①又は②と同様にこれを取得することについても，併せて検討する。

（注２）通常の共有者が他の共有者の持分を含め物の所有権を時効により取得することについては，基本的にこれを認めないことを前提に，特段の規定を置かない方向で検討する。

（補足説明）

1　提案の趣旨

　土地の所有者が死亡し，複数の相続人が土地を相続したが，相続登記がされな

いまま放置されている場合であっても，相続人の一人が，相続を契機として，その土地を長期にわたって現実に占有していることがある。この場合に，取得時効の成否が問題となるが，現在の判例は，その占有は原則として「所有の意思」（民法第162条）を欠く他主占有であるとして取得時効の成立を認めないが，一定の事情があるときには，例外的に自主占有であるとして取得時効の成立を認めている。

　相続人の一人が遺産に属する土地を現実に占有していた場合に，取得時効の成否が問題となることは少なくないと考えられるが，取得時効の成立が原則として否定されることを前提としつつも，例外的に取得時効が成立するための要件を明確にすることは，この種の取得時効をめぐる紛争の予防及び解決のためにも有用であると考えられることから，試案第4の4は，共同相続人による取得時効についての規律を設けることにつき，引き続き検討することを提案している。

　なお，民法第162条は不動産を含む物の所有権の取得時効について，同法第163条は所有権以外の財産権の取得時効について定めを置いており，相続を契機とする共同相続人による取得時効においても，土地に限らない物（建物や動産等）の所有権や所有権以外の財産権（例えば，不動産の賃借権）が問題となる。

2　占有開始時の事情と取得時効の成否(試案第4の4①について)

(1) 最判昭和54年4月17日集民126号541頁は，数人の共同相続人の共有に属する相続財産たる不動産につきそのうちの一人による単独の自主占有が認められるためには，その者に単独の所有権があると信ぜられるべき合理的な事由があることを要するものと解すべきであるとしている。

　そして，その具体的な例示として，前記の判例は，その一人が他に相続持分権を有する共同相続人のいることを知らないため単独で相続権を取得したと信じて当該不動産の占有を始めた場合を挙げており，このようなケースで取得時効を認めることが考えられる。もっとも，戸籍を調べれば他に共同相続人がいることを容易に認識することができるのに，共同相続人がいないと軽信しているケースなど，他の共同相続人が存在していないと信じることに何ら理由がないケースにまで，占有を始めた共同相続人を保護する必要はないと思われる。

(2) また，その他に取得時効の成立を認めることが考えられるケースとしては，戸籍によれば相続人であると思われる者が存在するが，相続開始前から，住民票等の調査をしてもその所在等が全く知れない状況であることなどから，その者が遺産に属する土地等につき相続人としての権利を主張することがないと信ずるに足りる相当な理由があるといえるケースが考えられる。このような場合には，土地の占有を始めた相続人は，実質的には，他に相続人はおらず，その土地を単独で所有しているものと考えていると理解することもできる。

(3) 他方で，占有の開始時点で，他の共同相続人が存在していない等と信ずるに足りる相当の理由があるとしても，その後に，当該理由がなくなったとき（例えば，他の共同相続人が存在していないと考えられたが，死後認知の訴えが提起されるなど，占有する相続人において他の共同相続人の存在及び所在を把握することができるようになったときや，他の共同相続人が権利主張をしてきた

143

とき）や，占有する共同相続人が他の共同相続人の相続人としての権利を承認したときには，その取得時効の前提を欠く。

(4) 以上から，試案第４の４では，①のとおり提案している。

3　占有開始後の事情と取得時効の成否(試案第４の４②について)

(1) 権原の性質上占有者に所有の意思がないものとされる場合には，占有者が，所有の意思を表示するか，又は新権原により占有を開始しない限り，占有の性質が変更されず，取得時効は成立しない(民法第１８５条)。そのため，例えば，他主占有権原である賃貸借に基づき占有が開始した場合には，所有の意思の表示か，新権原による占有開始がない限り，取得時効は認められない。

　　もっとも，現在の判例（前記昭和５４年最判及び最判昭和４７年９月８日民集２６巻７号１３４８頁）を前提にすると，相続を契機に占有を開始した場合は，原則として取得時効は認められないものの，一定の事情がある場合には取得時効が認められており，その意味では，相続を契機とした占有には，賃貸借等による占有とは異なる面があるものと思われる。

　　また，試案第４の４①の提案内容のとおり，占有開始の時点で他の共同相続人が存在していない等と信ずるに足りる相当な理由がある場合に取得時効の成立を認めるのであれば，占有の開始後に当該理由が生じたといえる場合にも，取得時効の成立を認めてよいとも考えられる。

　　他方で，当該理由が生じた後に，その理由がなくなった場合などには，取得時効の前提を欠く。

　　そこで，試案第４の４では，②のとおり提案している。

(2) 占有の開始後に他の共同相続人が存在していないと信ずるに足りる相当な理由が生じたときとは，占有の開始後に戸籍等を調査したものの，当該他の共同相続人の存在を確知することができないケース等である。もっとも，こうしたケースの中には，占有の開始時点でも相当な理由が生じていたと評価できるものがあり，占有の開始後に初めて相当な理由が生じたと認められるケースはそれほど多くはないとも考えられる。

(3) 占有の開始後に，他の共同相続人が遺産に属する物につき相続人としての権利を主張しないと信ずるに足りる相当な理由が生じたケースとしては，相続の開始後に，戸籍によれば相続人とされている者について調査をしても，所在等を把握することができないケースが考えられる。もっとも，このケースにおいても，実際には，その占有開始時点で，公的資料等によって他の共同相続人を調べることができない状況であれば，前記の理由があると評価できるとも思われる。

　　そのほか，被相続人の生前に他の共同相続人が被相続人から贈与を受けるなどして既に相当の財産を受け取っていた場合や，被相続人の生前から当該物を占有している共同相続人が自己の負担部分を超えて相続債務を弁済する(求償請求もしていない)などして負担を負った場合において，当該物を独占的に利用していることについて他の共同相続人が何ら異論を唱えていないなどの事情があり，当該物を共同相続人の一人が取得することについて黙示的に承諾している

と評価することができるケースや，他の共同相続人が相続を事実上放棄していると評価することができるケースが考えられる。また，占有している共同相続人と他の共同相続人とのやり取りの中で，他の共同相続人が相続を事実上放棄することをうかがわせる言動をしていたケースも考えられる。

　他方で，遺産分割がされないまま，共同相続人の一人が遺産に属する物を独占的に利用している場合において，他の共同相続人がその利用について何ら異論を唱えていないとしても，単に使用を黙認しているに過ぎないこともあり，異議を唱えていないことだけでは，他の共同相続人が当該物につき相続人としての権利を主張しないと信ずるに足りる相当な理由があるとはいえない。また，占有している共同相続人の一人が当該土地の固定資産税を負担しているなどの事情があっても，当該共有者が他の共同相続人に対して当該土地を利用する対価を支払っていないのであれば，自らの利用に伴う負担をしているのみであるとも考えられ，固定資産税の納付のみをもって他の共同相続人が当該土地につき相続人としての権利を主張しないと信ずるに足りる相当な理由があるとはいえないと考えられる。

4　その他
　(1)　主観的要件
　　　他の共同相続人が存在しないと信ずるに足りる相当な理由又は他の共同相続人が当該物につき相続人としての権利を主張しないと信ずるに足りる相当な理由があることと，占有している共同相続人が実際に信じていたこととは，論理的には別の事柄である。そのため，信ずるに足りる相当な理由があることとは別に，取得時効の成立を認めるためには，他の共同相続人が存在していないこと等を信じていたとの主観的要件を要求すべきかが問題となり得る。

　　　しかし，取得時効の成否を決する所有の意思の有無は外形的客観的事実に基づき判断すべきであると考えられていることと同様に，ここでも，主観的要件を要求せず，客観的に信ずるに足りる相当な理由があれば，取得時効は成立し得るとしている。もっとも，実際には，他の共同相続人が存在しない等と信ずるに足りる相当な理由があるにもかかわらず，占有している共同相続人がそのように信じていないケースは想定し難い。

　(2)　時効期間
　　　他の共同相続人が存在しないと信ずるに足りる相当な理由又は他の共同相続人が当該物につき相続人としての権利を主張しないと信ずるに足りる相当な理由があることを要件とすることからすれば，時効期間については，善意無過失のケースと同様に，10年とすることが考えられる。

　(3)　所有の意思をもってする占有（自主占有）との関係
　　　一般的な取得時効の要件は，所有の意思をもって占有すること（自主占有）であり，ここでいう所有の意思とは，他人の所有権を排斥して占有する意思であると考えられている（最判昭和58年3月24日民集37巻2号131頁参照）。

　　　そして，共同相続人の一人が他の共同相続人の持分を含めて当該物の所有権

を時効により取得する場面でも，実質として，当該他の共同相続人の持分を排斥して占有する意思が必要と考えられるが，共同相続人の一人も所有権の一部を有しているから，通常はその権利に基づいて占有することになるのであり，所有の意思をもって占有するなどといった表現では他の共同相続人の持分を排斥して占有する意思という実質を的確に表現できないと思われる。そのため，試案第4の4①及び②では，所有の意思という表現も，講学上用いられている自主占有や自主占有事情などという表現も用いていないが，所有の意思との関係は引き続き検討する必要がある。

(4) 立証責任

　　共同相続人が遺産に属する物を占有していたとしても，原則として取得時効が成立しないことを前提としているため，民法第186条第1項の推定が働かず，相続を契機として占有を開始した者が取得時効の成立を主張する場合には，その者が，他の共同相続人が存在しないと信ずるに足りる相当な理由又は他の共同相続人が当該土地につき相続人としての権利を主張しないと信ずるに足りる相当な理由があることを立証しなければならないと解される。

(5) 取得時効の効果

　　試案第4の4①及び②では，取得時効が成立した場合には，占有している共同相続人が当該物の所有権を取得する(その法的性質は，原始取得である。)こととしている。

　　なお，共同相続人が3人いる場合において，そのうちの2人が当該物を占有しているケース（相続人がA，B及びCである場合に，Aが自己とBのために当該物を占有しているケースを含む。）もあるが，この場合には，占有している2人の共同相続人が，持分の割合に応じて，当該物の所有権を取得する（それぞれ，その物の共有持分を取得する）ことになると解される。この場合に，占有している2人が，相続人として本来有していた自己の持分も含めて取得時効によって共有持分を原始取得したと解すれば，その分割は，遺産分割ではなく共有物分割の方法によってされることとなるが，その適否については，別途検討している遺産分割の期間制限の規律や手続の在り方等の検討を踏まえて検討する必要があると解される。

5　相続回復請求権との関係(試案第4の4③について)

　　共同相続人の一人が遺産に属する物を占有し，他の共同相続人の相続権を侵害していると評価されるケースについては，民法第884条の相続回復請求権との関係が問題となる。相続回復請求権は，相続人又はその法定代理人が相続権を侵害された事実を知った時から5年を経過するか，相続開始の時から20年を経過すると時効によって消滅するが，大審院の判決の中には，相続回復請求権を行使することができる間は，所有権の取得時効の要件を充たしても，これを援用することができないと判断をしたものがある（大判昭和7年2月9日民集11巻192頁）。

　　しかし，相続回復請求権の消滅時効の制度と所有権の取得時効の制度とは全く別の制度であり，取得時効の要件を充たしているのに，その援用が妨げられると

することの合理性には疑問もある。また，相続回復請求権の法的性質については諸説があり，そもそもどのような場合に相続回復請求権を行使することができるかの判断が困難なケースもあるし，取得時効の成否の判断に加えて，相続回復請求権の成否等についても判断を行うことは煩雑である。上記の大審院判決は，昭和２２年に民法の相続関係の規定につき大幅な見直しがされる前のものであり，先例的価値には疑問があるし，学説上も，前記の判決とは異なり相続回復請求権の存在が取得時効の援用を妨げるものではないとの見解が有力に主張されている。

　そこで，試案第４の４③では，民法第８８４条に規定する相続回復請求権の存在は，試案第４の４①又は②の規律による所有権の取得を妨げないものとすることを提案している。

6　所有権以外の財産権の取得時効(試案第４の４（注１）)について

　試案第４の４①及び②では，土地の所有権に限らず物（建物や動産等）の所有権を対象としている（民法第１６２条は不動産を含む物の所有権の取得時効について定めを置く）が，同法第１６３条は所有権以外の財産権の取得時効についても定めを置き，相続を契機とする共同相続人による取得時効は，所有権以外の財産権（例えば，不動産の賃借権）についても問題となる。

　そこで，試案第４の４（注１）では，所有権以外の財産権（例えば，不動産の賃借権）についても，他の共同相続人が存在しないと信ずるに足りる相当な理由又は他の共同相続人が当該財産権につき相続人としての権利を主張しないと信ずるに足りる相当な理由がある場合において，平穏に，かつ，公然とこれを行使する者は，試案第４の４①又は②と同様にこれを取得することについても，併せて検討するとしている。

7　通常の共有と取得時効(試案第４の４（注２）)について

　通常の共有（民法第２４９条以下が定める共有）において，共有者の一人が共有物を占有している場合には，他の共有者の持分については，権原の性質上所有の意思がないと解されている。

　また，前記補足説明２のとおり，判例は，共同相続人の一人が遺産に属する不動産を占有しているケースにおいては一定の事情があれば取得時効の成立を認めるが，通常の共有について取得時効の成立を認めたものではない。

　そもそも，相続とは全く関係がなく共有が発生する事案（例えば，複数の者が共同して当該不動産を購入し，それぞれの共有とした事案）において，共有者の１人が共有物を単独で占有しているときに，所有の意思があると認めるべき事案はおよそ考え難いように思われる。

　このように，通常の共有のケースにおいては，およそ所有の意思が認められないとすると，他主占有から自主占有への転換についても，他主占有権原とされている賃貸借による占有の場合と同様に扱うべきであり，通常の共有のケースについて民法第１８５条とは別の特則を認めるべきではないと思われる。

　そこで，試案第４の４（注２）では，通常の共有者が他の共有者の持分を時効により取得することについては，基本的にこれを認めないことを前提に，特段の

規定を置かない方向で検討するとしている。

第5　土地所有権の放棄

1　土地所有権の放棄を認める制度の創設

土地の所有者（自然人に限る。）は，法律で定めるところによりその所有権を放棄し，土地を所有者のないものとすることができるとする規律を設けることについて，引き続き検討する。

（注1）所有者のない不動産は国庫に帰属するとする民法第239条第2項により，所有権が放棄された土地は最終的に国庫に帰属する。

（注2）本文とは別に，土地の所有権を放棄することができる主体について，法人も含むとすることも考えられる。

（注3）共有地については，共有者全員が共同で放棄しない限り，土地を所有者のないものとすることはできないとする方向で引き続き検討する。

（補足説明）

1　提案の趣旨

(1) 人口減少により土地の需要が縮小しつつあり，価値が下落する土地が増加する傾向にある現在の状況においては，将来にわたって，土地所有者の土地への関心が失われ，適切に管理されなくなる土地が増加することが予想される。このような土地は，特に土地所有者について相続が発生したときには，遺産共有状態になったり相続の放棄がされたりすることもあってより放置されがちであり，相続登記がされないおそれも相対的に高いことから，所有者不明土地のいわば予備軍になると考えられる。

土地に対する関心が低下した所有者としては，一般には，その土地について関心を有する者に売却したり賃貸したりしようとすることになるが，土地の需要が縮小しつつある中では，そのような者が現れないことも多い。

そのため，土地所有権の放棄を可能とし，放棄された土地を国等の公的機関において管理する制度を創設すべきとの指摘がある。

(2) 　民法第239条第2項は，「所有者のない不動産は，国庫に帰属する。」と規定しているが，土地所有権の放棄については，現行民法に規定がなく，確立した最高裁判例も存在せず，その可否は判然としないため，土地所有権の放棄を可能とするためには，新たな制度を創設する必要がある。

もっとも，土地の所有者は，民法の相隣関係や不法行為の規定によって一定の義務や責任を負い（第216条，第709条等），それに伴って管理コストを負担する立場にある。したがって，土地所有権の放棄により土地を国庫に帰属させることは，土地の所有に伴う義務・責任や管理コストを国に転嫁し，最終的には国民がその管理コストを負担することを意味する。

また，土地所有権の放棄を認めると，所有者が，将来的に土地の所有権を放棄するつもりで土地を適切に管理しなくなるモラルハザードが発生するおそれもある。

したがって，土地所有権の放棄については，基本的には認めるべきではないと
考えられる。
　　他方で，現在は土地が適切に管理されているのに，所有者がその土地への関心
を失って管理しなくなると，新たな管理不全土地を生じさせるおそれが生ずる
とともに，その所有者が死亡して相続が発生すれば，相続登記がされないまま
放置されるおそれが生じ，将来にわたって社会的コストを増大させることにな
りかねない。
　　そこで，現在適切に管理されている土地が将来管理不全状態となることを防ぐ
とともに，相続による所有者不明土地の発生を抑制するために，一定の要件を
満たす場合に限定して，所有権の放棄を認める制度を創設する必要があると考
えられる。
２　提案の内容
　　試案では，自然人である土地の所有者が，法律で定めるところによりその所有
権を放棄し，土地を所有者のないものとすることができるとする規律を設けるこ
とにつき，引き続き検討することを提案している。
　　この規律を設けることにより，法律で定めるところにより放棄された土地は，
所有者のないものになり，民法第２３９条第２項が適用されてただちに国庫に帰
属することになると想定される。
　　なお，試案では，宅地のみならず，農地や林地についても所有権の放棄の対象
とすることが想定されている。
３　放棄された土地の帰属先（試案第５の１（注１））について
　(1) 国庫帰属
　　　所有者のない不動産は国庫に帰属するとする民法第２３９条第２項は，不動産
　　が社会経済上重要な物であることに鑑み，管理の責任を負う所有者がない状態
　　が発生することを防止するという趣旨を含むものと考えられるが，土地所有権
　　の放棄を認めることによって土地が所有者のないものとなったときにも適用す
　　ることが望ましいことから，同項の規律を維持して，所有権が放棄された土地
　　は最終的には国庫に帰属するものとすることにつき，（注１）で注記してい
　　る。
　　　なお，国には，放棄された土地を将来的に管理していく負担のみならず，後記
　　の要件審査等についても負担が生ずることから，土地所有権の放棄を認める制
　　度を創設するに当たっては，相応の人的・物的体制を整備することが必要とな
　　ると考えられる。
　(2) その他の考えられる帰属先機関
　　　土地の適切な管理や有効な利用の促進という観点からは，地域における土地利
　　用や管理のニーズを把握しやすい立場にある地方公共団体が帰属先機関として
　　望ましいとも考えられる。
　　　しかし，地方公共団体は，地域によって人口規模や地形，環境等が大きく異な
　　っており，小規模で財政的・人的資源に乏しい地方公共団体もあることから，
　　一律に所有権が放棄された土地の帰属先とするのは現実的ではないと考えられ

る。部会においても，参考人（地方公共団体の関係者）から，地方公共団体の職員にかかる事務負担の大きさに鑑みると，放棄された土地の帰属先を地方公共団体にするのは困難であるとの意見等が出されたところである。

　　また，部会においては，放棄された土地の管理などを継続的に行うための専門機関（いわゆるランドバンク）を新たに創設して，放棄された土地の帰属先機関とすることについても検討された。しかし，所有権が放棄される土地は一般に採算性が低いものが多くなると考えられるところ，そのような土地を取り扱う専門機関の財政基盤の構築は容易でなく，結局は公的資金に頼った組織運営がされることが想定され，既存の組織を活用できる国や地方公共団体と比して，公的な財政負担がより一層重くなる可能性があることから，やはり現実的ではないと考えられる。

　　以上より，所有権が放棄された土地の帰属先機関は国とすべきと考えられる。

　　なお，土地によっては，地方公共団体が，地域の公益実現等の観点から取得を希望する場合も考えられるが，そのような土地については，所有権放棄をさせるまでもなく，地方公共団体が，土地の所有者から贈与契約により土地を取得することができるものとすることが望ましい。部会においても，所有権が放棄された土地は，最終的には国に帰属するものとしつつ，地方公共団体が土地の取得を希望する場合には，土地を取得することができる仕組みとすることに賛同する意見が多数であった。そこで，試案第5の2（注3）において，地方公共団体が，所有権放棄の申請がされた土地の所有権を，贈与契約により所有者から直接取得することを可能とする手続について，別途提案している。

4　所有権放棄の主体（試案第5の1（注2））について

　　試案第5の1においては，土地所有権の放棄の主体を自然人に限定しているが，これは，相続による所有者不明土地の発生を抑制するという制度創設の趣旨を踏まえ，相続が発生し得る自然人にのみ，土地所有権の放棄を認めることを提案しているものである。

　　これに対しては，現在管理されている土地が将来管理不全状態となることを防ぐというもう一つの制度創設の趣旨を重視すれば，土地を適切に管理せずに放置するおそれがあるのは法人も同様であり，法人についても放棄を認めるとの考え方もあり得るところであり，このことを（注2）で注記している。

　　もっとも，相続により必ずしも必要のない財産を取得しなければならない場合がある自然人とは異なり，法人は，事業等の目的のために積極的に財産を取得するのが通常であるところ，法人による土地所有権の放棄を認めれば，現に活動している法人が，事業等のために自ら取得した土地を資産整理等のために放棄し，管理コストを国に押し付けるなどの悪用事例が発生しかねないため，法人を所有権放棄の主体とすることについては，慎重に検討すべきと考えられる。

5　共有地の所有権放棄（試案第5の1（注3））について

　　土地の所有権放棄は，土地を所有者のないものにする行為であることから，法律上の処分に該当するところ，共有物につき法律上の処分をするには，共有者全員の同意が必要であると解される（民法第251条参照）。

したがって，共有地については，共有者全員の同意の下に，共同で所有権放棄をしない限り，土地を所有者のないものにすることはできないとする方向で引き続き検討することを（注３）で注記している。

　なお，現行法においては，個々の共有者による共有持分の放棄に関する規定が設けられているが（民法第２５５条），その規律の見直しについては，試案第５の３(1)で取り上げている。

6　土地基本法の見直しとの関係

　土地所有権の放棄については，土地基本法（平成元年法律第８４号）の見直しに関連して，国土審議会土地政策分科会企画部会においても検討されている。

　すなわち，同部会の中間とりまとめ（令和元年１２月）においては，土地の適正な利用・管理を確保する観点からは，第一次的には所有者が一定の責務を果たすことが求められ，所有者が土地を放棄すること自体は必ずしも問題の解決に資するものではないこと，所有者自らによる利用・管理が困難な場合においても，所有者，近隣住民・地域コミュニティ等，行政が各々の責務や役割を認識し，利用ニーズのマッチングや地域における合意形成等を経て，新たな主体による利用・管理につなげることが重要であること，その上でなお，土地の利用・管理や取得の意義を認める主体が存在しない場合については，将来の相続による所有者不明土地の発生を抑制し，将来の利用の障害を可能な限り小さくする観点から，土地の管理には国民負担が発生し得ることも踏まえつつ，一定の条件を満たすと認められる場合には，最終的に国が当該土地の所有権を取得する手続を設けることを検討する必要があることが指摘されている。

　試案においては，土地の管理コストの国への不当な転嫁やモラルハザード発生のおそれに鑑み，試案第５の２に掲げる限定された要件を全て満たすときに限って土地の所有権を放棄することができるとしているが，土地基本法の見直しに関する国土審議会土地政策分科会企画部会の指摘は，中間試案と同様の問題意識に基づくものと考えられる。

（参考）令和元年１２月公表の国土審議会土地政策分科会企画部会中間とりまとめ（抜粋）

（土地の所有権の放棄）

　土地利用の担い手の減少や利用意向の低下等を背景に，土地を手放す仕組みについて検討が求められている。しかしながら，土地の適正な利用・管理を確保する観点からは，第一次的には所有者が一定の責務を果たすことが求められるものであり，所有者が土地を放棄すること自体は必ずしも問題の解決に資するものではない。

　所有者自らによる利用・管理が困難な場合においても，所有者，近隣住民・地域コミュニティ等，行政が各々の責務や役割を認識し，利用ニーズのマッチングや地域における合意形成等を経て，新たな主体による利用・管理につなげることが重要である。さらに，市場ベースでのマッチングが成立しなかった土地については，地域における合意形成プロセスの中で，地域の公益につながるため利用・管理する意義があると認められた場合には，市町村の関与や支援の下で地域コミュニティ等が利用・管理する場合や，市町村自らが利用・管理，取得することが考えられる（広範に影響が及ぶ場合には都道府県が利用・管理し，また，公物や公的施設を管理する立場で，当該公物等の適正

な管理の観点から国、地方公共団体、公物管理者等が管理、取得する場合もあり得る。)。

　その上でなお、利用・管理、取得する意義を認める主体が存在しない場合については、将来の相続による所有者不明土地等の発生を抑制し、災害発生時の対応を含め将来の利用の障害を可能な限り小さくする観点から、土地の所有権の放棄を可能とし、最終的に国に土地を帰属させるための手続を設けることを検討する必要がある。なお、この検討に当たっては、土地所有権の放棄を認める場合に生ずる土地の管理コストの国への不当な転嫁や将来の放棄を見越して、所有者が土地を適切に管理しなくなるというモラルハザードの防止の観点から、放棄しようとする土地が適切に管理されていることや、相当な努力を払ってもなお譲渡等をすることができないことなどの一定の条件を満たすと認められる場合にのみ限定的に認められる制度とする方向で検討すべきと考えられる。加えて、これらの財産の管理体制の整備・費用負担のあり方についても検討する必要がある。

2　土地所有権の放棄の要件及び手続

　土地の所有者は，次に掲げるような要件を全て満たすときは，土地の所有権を放棄することができるとする規律を設ける。

① 土地の権利の帰属に争いがなく筆界が特定されていること。

② 土地について第三者の使用収益権や担保権が設定されておらず，所有者以外に土地を占有する者がいないこと。

③ 現状のままで土地を管理することが将来的にも容易な状態であること。

④ 土地所有者が審査手数料及び土地の管理に係る一定の費用を負担すること。

⑤ 土地所有者が，相当な努力が払われたと認められる方法により土地の譲渡等をしようとしてもなお譲渡等をすることができないこと。

（注１）土地所有権の放棄の要件の有無を国の行政機関（放棄された土地の管理機関とは別の機関とすることが想定される。）が事前に審査し，この機関が放棄を認可することにより国庫帰属の効果が発生するとすることを前提としている。なお，所有権放棄の認可が適正にされるようにするため，審査機関を放棄された土地の管理機関とは別の機関にすることが考えられるところ，適正な審査が可能となるよう，土地所有権の放棄の要件は可能な限り客観的なものとする必要がある。

（注２）審査機関が土地所有権の放棄を認可しなかったときは，放棄の認可申請をした土地所有者は，不認可処分の取消しを求める抗告訴訟や行政上の不服申立手段によって救済を求めることになることを前提にしている。

（注３）土地所有権の放棄の認可申請を受けた審査機関は，当該土地の所在する地方公共団体と国の担当部局に対して，所有権放棄の申請がされている土地の情報を通知するものとし，地方公共団体又は国がその土地の取得を希望する場合には，放棄の認可申請をした土地所有者と直接交渉して贈与契約（寄附）を締結することを可能にする方向で検討する。

（注４）①の「土地の権利の帰属に争いがなく」の具体的内容には，放棄の認可申請者が放棄される土地の所有者であることが不動産登記簿から明らかであることも含まれることを想定しているが，具体的にどのような登記がされていれば足りるかについては，引き続き検討する。また，「筆界が特定されていること」の認定の在り方についても，認可申請の際に認可申請者が提出すべき資料の在り方を含めて，引き続き検討する。

（注5）③の具体的内容としては，例えば，㋐建物や，土地の性質に応じた管理を阻害する有体物（工作物，車両，樹木等）が存在しないこと，㋑崖地等の管理困難な土地ではないこと，㋒土地に埋設物や土壌汚染がないこと，㋓土地の管理に当たって他者との間の調整や当該土地の管理以外の目的での費用負担を要しないことなどが想定される。

（注6）土地所有権を国が取得した後に，審査機関による認可の時点で土地所有権の放棄の要件が充足されていなかったことが判明した場合の規律については，行政行為の取消しに関する一般法理を踏まえ，引き続き検討する。

（補足説明）

1　提案の趣旨

　　土地の所有者は，民法の相隣関係規定や不法行為等に基づいて一定の義務や責任を負い（第216条，第709条等），それに伴って土地の管理コストを負担する立場にあることから，土地所有権の放棄により土地を国庫に帰属させることは，土地の所有に伴う義務・責任や管理コストを国に転嫁し，最終的には国民がそれらを負担することを意味する。なお，土地の所有者は，固定資産税等の租税納付義務も負っており（地方税法（昭和25年法律第226号）第343条第1項），土地所有権の放棄を認めることは，租税納付義務を免れることを認めることにもなる。

　　また，土地所有権の放棄を認めると，所有者が，将来的に土地の所有権を放棄するつもりで土地を適切に管理しなくなるモラルハザードが発生するおそれもある。

　　そのため，土地所有権の放棄を認めるための要件を設定するに当たっては，土地の管理コストが不当に転嫁されず，モラルハザードも生じない場合を類型化した要件を設定する必要があると考えられ，その観点から，試案第2の2の各要件を提案している。

2　提案の内容

(1)　試案第2の2①，②及び（注4）について

　　所有権が放棄された土地を国に帰属させることとした場合に，近隣の土地所有者や土地に関して権利を主張する者，土地を占有する者との間で土地の管理をめぐって紛争が生じると，国，ひいては国民が紛争の解決に向けてコストを負担しなければならなくなる。また，他者との間で紛争状態に陥っている土地の所有権の放棄を認めると，所有者が紛争を放置してそれを解決する負担から逃れることを許すことになり，モラルハザードにもつながりかねない。

　　そこで，試案第2の2では，①土地の権利の帰属に争いがなく筆界が特定されていること，②土地について第三者の使用収益権や担保権が設定されておらず，所有者以外に土地を占有する者がいないことを土地所有権の放棄の要件とすることを提案している。なお，①の「土地の権利の帰属に争いがなく」には，土地の帰属を客観的に判断することができるようにするため，放棄の認可申請者が放棄される土地の所有者であることが不動産登記簿から明らかであることが含まれると考えられる。具体的には，認可申請者が放棄される土地の所

有権の登記名義人であることを要するものとすることが考えられるが，このほかに，例えば，登記名義人の相続人が，相続を証する資料を提出して認可申請をすることを認めることなども考えられることから，審査機関における審査の在り方を踏まえて，引き続き検討する必要がある。

　また，試案第2の2①の「筆界が特定されていること」については，登記所備付地図（不動産登記法第14条第1項）・図面など，どのような情報をもって認定するかが課題となるため，認可申請の際の添付情報の在り方を踏まえて引き続き検討を要することを（注4）で注記している。

(2) 試案第2の2③及び（注5）について

　試案第2の2③では，国のコスト負担を軽減させるとともに，土地所有者が，将来の所有権放棄を見越して土地の管理を怠るモラルハザードを防止するため，「現状のままで土地を管理することが将来的にも容易な状態であること」を土地所有権の放棄の要件とすることを提案している。この要件は，土地所有者が所有権放棄する土地をそれまで適切に管理してきたことを要求するものである。

　所有権が放棄された土地を国に帰属させるとすると，国としては，その土地を常に良好の状態において管理し，その所有の目的に応じて最も効率的にこれを運用しなければならない責務を負う（財政法第9条第2項）。このような要請のもとで，国が適切に所有権放棄された土地を管理することができるようにするためにも，試案第2の2③のような要件が必要であると考えられる。

　試案第2の2③の「現状のままで土地を管理することが将来的にも容易な状態」の具体的内容としては，例えば，㋐建物や土地の性質に応じた管理を阻害する有体物（工作物，車両，樹木等）が存在しないこと，㋑崖地等の管理困難な土地ではないこと，㋒土地に埋設物や土壌汚染がないこと，㋓土地の管理に当たって他者との間の調整や当該土地の管理以外の目的での費用負担を要しないことなどが想定されることから，（注5）において注記している。

ア　建物や，土地の性質に応じた管理を阻害する有体物（樹木，工作物，車両等）が存在しないこと

　建物については，管理費用が土地以上に高額に上るケースが多く，取壊しにも多額の費用が必要となることから，土地上に建物がある場合には，土地所有権を放棄することはできないものとすべきと考えられる。

　これに対しては，土地とその上の建物とを併せて流通させた方が経済合理性にかなう場合もあり得ることから，土地所有権の放棄に至るプロセスの最初の段階から常に更地とすることを要求するのは相当でなく，建物がある状態でいったん土地所有権の放棄の手続に乗せた上で，他に譲渡することができないことが明らかになった段階で更地とすることも考えられる。

　しかし，土地所有権の放棄の審査手続の開始後，他に譲渡することができないことが明らかになった段階で建物を取り壊すとすると，取壊しに相当の時間がかかり，所有権放棄の審査手続の長期化を招くことから，このような考え方を採用するのは困難と考えられる。

また，土地の管理コストを抑制する観点からは，土地所有権の放棄の要件として，樹木，工作物，車両等が存在しないことを求めることが考えられる。しかし，これらについても，建物と同様に管理費用がかかることに鑑みれば，土地上に存在しないことを要件にすべきとも考えられる一方で，建物ほど除去に費用がかからず，土地の性質によっては，むしろ存在することを認めるべき場合もあり得ることから，土地の性質に応じた管理を阻害する有体物がないことを求めることを提案している。

　例えば，林地について，国がこれを林地として管理し続けることを前提に土地所有権の放棄を認めるのであれば，樹木を伐採した跡地については，その後，跡地に樹木を育成するために必要なコストを国に転嫁することとなり，樹木が存在しないことを要求することが，逆にモラルハザードにつながる可能性もある。そこで，林地については，樹木が生育している場合であっても，土地の管理を阻害する有体物が存在するものとはせず，所有権放棄をすることができるものとすることが考えられる。工作物等についても，土地の性質によっては，同様の判断がされることもあり得ると考えられる。

イ　崖地等の管理困難な土地ではないこと

　崖地や法面等の土地については，長期にわたる管理が困難であり，国の負担する管理コストが過大になることから，所有権の放棄を認めるべきでないものと考えられる。

　これに対しては，例えば，崖地の崩落のおそれがあり，近隣住民に危険が及んでいるが，所有者に対策工事を実施する資力がないようなケースにおいては，土地所有権の放棄を認め，国が管理して崩落の危険を除去すべきであるとの指摘が考えられるところである。しかし，このようなケースでは，土地所有権の放棄を認めて，永続的に土地の管理コストを国に負担させるのではなく，国土管理の観点から，国又は地方公共団体が崩壊による災害の発生を防止するために必要な工事を実施したり，補助金を所有者に交付して，所有者に工事を実施させたりすることで対処すべきものと考えられるのであり，部会においても，同様の意見があったところである。

ウ　土地に埋設物や土壌汚染がないこと

　地中に埋設物がある土地や土壌汚染がある土地は，その管理・利用に制約が生じ，埋設物等の撤去のために多大な費用がかかる上に，場合によっては周囲に害悪を発生させるおそれがあるため，管理コストの観点からも，モラルハザードの防止の観点からも，土地所有権の放棄を認めることは相当でないと考えられる。

　これに対しては，地中に埋設物が存在している土地であっても，それが現段階で周囲に悪影響を及ぼしていないのであれば，現状のままで土地の管理をしていくことが可能であることから，所有権放棄を認めるべきであるとの指摘も考えられる。しかし，前記2(2)のとおり，国は，放棄された土地を引き受けて管理する場合には，その土地を常に良好の状態において管理する責務を果たす必要があり（財政法第9条第2項），地下埋設物や土壌汚染が存在

155

していることが国庫帰属後に判明した場合においては，これを除去するためのコストを支出しなければならなくなる。土地所有権の放棄は，将来の土地の管理不全化や所有者不明土地の発生抑制という目的と国の管理コストを最小化する要請とのバランスの下で限定的に認められるものであることに鑑みれば，地下埋設物や土壌汚染が存在する土地については，所有権放棄を認めるのは困難と考えられる。

　　　もっとも，部会では，土地所有権の放棄の申請者が，地下埋設物や土壌汚染が存在しないことを証する資料を審査機関に提出するのは必ずしも容易ではなく，申請者が提出を求められる資料の内容次第では，要件充足が過度に困難になるとの意見があったところであり，この要件の設定及び認定の在り方については，引き続き検討する必要がある。

エ　土地の管理に当たって他者との間の調整や当該土地の管理以外の目的での費用負担を要しないこと

　　　例えば，鉱泉地，池沼，ため池，墓地，境内地，運河用地，水道用地，用悪水路，井溝，堤，公衆用道路などの土地は，地域住民等によって管理・利用されるものであるため，その管理に当たって多数の者との間の調整が必要になる。そのため，このような土地を管理するには，手間がかかるだけでなく，複雑な利害調整を求められることになることから，地域住民等ではない国が負担する管理コストは過大になりがちである。

　　　また，別荘地などでは，地域的に開発がされ，共益費等の名目で所有者に金銭的な負担が求められるものがあるが，こうした土地を国に帰属させるとすると，国は，国自身が所有する土地以外の土地の管理費用を負担させられることになるため，適当でないと考えられる。

　　　そこで，放棄される土地については，その管理に当たって他者との間の調整や当該土地の管理以外の目的での費用負担を要しないことを要求することを提案している。

　　　（参考）不動産登記規則第99条においては，登記簿上の土地の地目は，田，畑，宅地，学校用地，鉄道用地，塩田，鉱泉地，池沼，山林，牧場，原野，墓地，境内地，運河用地，水道用地，用悪水路，ため池，堤，井溝，保安林，公衆用道路，公園，雑種地に分類されている。

(3) 試案第2の2④について

　試案第2の2④では，土地所有者が審査手数料及び土地の管理に係る一定の費用を負担することを所有権の放棄の要件とすることを提案している。

　この要件を求めることにより，国が負担する財政的管理コストが軽減されると同時に，土地の所有権放棄に一定の費用を要求することで，安易な所有権放棄ができなくなり，モラルハザードの防止につながる面もあると考えられる。

　なお，土地所有者が負担する「土地の管理に係る一定の費用」の算定方法については引き続き検討する必要があるが，国庫に帰属した土地を管理する国の機関とは異なる行政機関を審査機関とする場合には，円滑な制度運営の観点から，可能な限り定型的で簡明な算定方法とする必要がある。

220

(4) 試案第2の2⑤について

　　土地所有権の放棄を認めて土地を国に帰属させることは，土地の管理コストを国，ひいては国民に負担させることになるから，前記1の補足説明5のとおり，いわば最後の手段とすべきであり，土地所有者が土地を他に譲渡しようと手を尽くしてもなお引き受け手がいなかったことを要件とする必要があると考えられる。

　　そこで，試案第2の2⑤では，土地所有者が，相当な努力が払われたと認められる方法により土地の譲渡等をしようとしてもなお譲渡等をすることができないことを所有権の放棄の手続的要件とすることを提案している。

　　具体的には，所有者が民間市場で土地の売却を試みたことや，専門機関に相談し，土地利用の希望者のあっせんを受けることを試みたことなどが考えられるが，引き続き検討する必要がある。

(5) その他

　　部会においては，試案第2の2①から⑤までの要件に加え，安易な土地所有権の放棄を防止する観点から，「所有者が土地を管理することが困難な状況にあること」を所有権放棄の要件にすることを求める意見があった。

　　しかし，所有者が土地を管理することが困難であるかどうかは所有者の置かれた状況によって千差万別であり，類型化が困難である。また，土地を手放すために相当な努力を払い，手数料及び土地の管理に係る費用を支払うなどの要件を満たした上で土地所有権を放棄しようとする者は，そこまで手を尽くしてでも土地を手放したいと考えるほどに土地の管理が困難になっているとも考えられる。

　　このようなことから，試案においては，「所有者が土地を管理することが困難な状況にあること」を，土地所有権の放棄を認めるための独立の要件とはしていない。

3　要件の審査機関（試案第5の2（注1））について

　　土地所有権の放棄は，一定の要件を満たす場合にのみ認められるものとし，要件が満たされた場合には土地を国に帰属させることとするのであれば，その要件を満たしているかどうかを審査し，満たしていると判断されるときには，所有権の放棄の効果（土地が所有者のないものとなり，民法第239条第2項の規定により直ちにその所有権が国庫に帰属する）を生じさせる審査機関が必要となるものと考えられる。

　　このような観点からは，所有権の放棄をいわゆる認可制（私法上の法律行為の効果を完成させるために認可の行政処分を介在させる）とし，土地所有者は，放棄の意思表示（認可申請）を審査機関に対して行うものとし，審査機関が認可の行政処分をすればその時点で所有権の放棄の効果が発生して土地が国庫に帰属するものとすることが考えられる。なお，部会では，この審査機関について，国に帰属した土地を管理する機関とは異なる，要件該当性について客観的判断が可能な機関とすることが望ましいという意見が複数あった。

　　このような審査体制とする場合には，所有権の放棄の要件は，円滑な制度運営

の観点から，可能な限り客観的なものとする必要があるため，（注1）において注記している。

4　不服申立手続（試案第5の2（注2））について

　　所有権放棄の要件が満たされているかを審査機関が審査し，所有権放棄を認可することでその効果が発生する仕組みとする場合において，審査機関が，要件が満たされていないとして放棄を認可しなかったときは，放棄を求める者は，不認可処分の取消しを求める抗告訴訟や行政不服審査（行政不服審査法とは別の法律において定められる特則が規定する審査も含む）によって救済を求めることになるため，（注2）において注記している。

5　地方公共団体による土地の取得（試案第5の2（注3））について

　　部会においては，放棄された土地は最終的には国に帰属するものとするが，地方公共団体が公益の実現のために土地所有権の取得を希望する場合には，地方公共団体がこれを取得することができる仕組みを設けることについて，特に異論はなかった。また，参考人（地方公共団体の関係者）からも，所有権放棄された土地の帰属先は国にすべきであるが，地方公共団体が必要と考える土地については，地方公共団体が取得することができる制度とすることを希望する意見が出された。

　　そこで，（注3）において，土地の所有権の放棄の認可申請を受けた審査機関は，当該土地の所在する地方公共団体に対して，所有権放棄の申請がされている土地の情報を通知するものとし，当該地方公共団体がその土地の取得を希望する場合には，放棄の認可申請をした土地所有者と直接交渉して贈与契約（寄附）を締結することを可能にする方向で検討することを注記している。このようにすることで，土地所有者は，放棄の場合には必要となる土地の管理に関する費用（試案第2の2④）を払い込むことなく，土地を手放すことができることになる。

　　また，国が当該土地を積極的に取得する必要がある場合には，国も，所有権放棄の認可を待たずして，所有者と交渉して贈与契約を締結することが考えられる。そのためには，土地の所有権の放棄の認可申請を受けた審査機関が国の担当部局にも情報を通知し，取得の要否を検討できるようにする必要があることから，その旨を（注3）に記載している。

6　放棄の要件が満たされていなかったことが認可後に判明した場合の規律（試案第5の2（注6））について

　　審査機関による認可は行政処分であることから，審査機関の認可によって，土地が所有者のないものとなり国に帰属した後で，審査機関による認可の時点で土地所有権の放棄の要件が充足されていなかったことが判明した場合の規律については，行政行為の取消しに関する一般法理を踏まえて検討されるべきであると考えられるため，（注6）で注記している。

　　ここでいう行政行為の取消しに関する一般法理とは，行政行為が取り消された場合には，原則的として取消しの効果が遡及するが，行政行為に対する信頼保護の要請からそれを制限する場合もあるというものである。

3　関連する民事法上の諸課題
(1)　共有持分の放棄

　　民法第２５５条の規律を見直し，共有持分を放棄するためには，他の共有者の同意を必要とすることについて，引き続き検討する。

　　（注）本文とは別に，共有持分の放棄は認めないこととするとの考え方や，民法第２５５条の共有持分の放棄の規律を基本的に維持しつつ，不動産の共有持分を放棄するためには，他の共有者の同意を必要とする規律を設けることとするとの考え方がある。

（補足説明）
1　提案の趣旨及び内容

　　共有の性質については，一般に所有権と異ならないと解されているが，民法は，共有者の一人が共有持分を放棄したときには，その持分は他の共有者に帰属するものとしており（民法第２５５条），共有者の一方的意思表示により，自己の持分を自由に放棄することができるとも解される。

　　しかし，不動産については，一般に管理費用が高額になる場合が多く，不動産の共有持分を自由に放棄できるのであれば，不動産の共有持分が，いわば「早い者勝ち」で順次放棄され，最後に残った共有者が負担を押しつけられることになりかねない。また，土地所有権の放棄を認める制度が創設されれば，前記２に記載された要件を満たす土地の所有権放棄は可能になるものの，そのためには土地の管理費用等を支払わなければならないことになるため，共有持分が放棄された土地の所有権を放棄する者は，そのコストを負担しなければならず，先に共有持分を放棄した者との間で著しい不均衡が生ずる。

　　このような不均衡は動産においても考えられ，例えば産業廃棄物である動産についても，処分をするために廃棄費用が必要となるが，このような動産が共有状態にある場合において，共有持分の放棄が一方的にされたときは，最後に残った共有者が廃棄費用の負担を押しつけられる構図は不動産と異ならない。また，債権や契約上の地位等の準共有においても，放棄によって他の準共有者に管理の負担を押しつける事態はあり得るところである。

　　そこで，このような負担の不均衡を是正するため試案第２の３(1)では，動産，不動産，債権等を問わず，共有持分を放棄するためには，他の共有者の同意を必要とすることについて検討することを提案している。

2　他の案（試案第５の３(1)（注））について

　　共有持分の放棄は，一般に，一方的意思表示により効果が発生する単独行為であると解されているところ，他の共有者の同意がなければ共有持分を放棄することができないとするのであれば，単独行為としての共有持分の放棄の制度を存続させる必要がなく，共有持分の放棄を認めないものとすることも考えられる。

　　他方で，部会においては，動産や債権の共有持分の放棄にまで他の共有者の同意を要求する必要はなく，不動産の共有持分の放棄に限って他の共有者の同意を求めるべきという意見もあった。

　　（注）では，これらの考え方を注記している。

(2) 建物及び動産の所有権放棄
　　建物及び動産の所有権放棄の規律は設けない。

（補足説明）
1　建物の所有権放棄について
　　民法には，土地と同様に，建物の所有権放棄についての規定がなく，確立した最高裁判例もないことから，その可否は明らかではない。
　　建物は，放置すると老朽化していくことから，その状態を維持するためには定期的なメンテナンスが必要となり，土地以上に管理コストがかかる場合が多いと考えられる。また，建物の取壊しに当たっても多額の費用が発生することから，土地と同様に所有権放棄を認めて国に帰属するものとした場合には，土地の所有権放棄以上に大きな財政的負担が生ずることが想定される。また，建物は土地の工作物であり，その設置又は保存に瑕疵があることによって他人に損害が生じたときは，建物の所有者は，免責が許されない損害賠償責任を負う（民法第７１７条第１項）ことから，建物の所有権放棄を認めて国に帰属するものとすれば，国の負担が過重になりかねない。さらに，建物は，所有者が自ら取り壊して動産にして廃棄し，物理的に滅失させることが可能であり，その性質上滅失させることができない土地とは本質的に異なっていることから，土地と建物を同様に取り扱う必要もないと考えられる。
　　したがって，建物の所有権放棄を認める規律を設けるべきではないと考えられる。
2　動産の所有権放棄について
　　民法は，動産の所有権放棄についても規定していないが，無主の動産については，所有の意思をもって先占することによって所有権が取得されるものとしている（民法第２３９条第１項）。このような動産の取扱いは，無主物先占を認めず，無主になるとただちに国庫に帰属するものとされている不動産とは明らかに異なっており，一般にも，動産については，所有権放棄は可能であるとする解釈が有力であって，動産の所有権放棄を認める規律を設ける必要性は乏しい。

(3) 所有権放棄された土地に起因する損害の填補
　　所有権放棄された土地に起因して第三者や国に損害が生じた場合における，放棄者の損害賠償責任の規律の要否については，認可の取消しの在り方と併せて検討する。

（補足説明）
　　所有権放棄されて国に帰属した土地に何らかの瑕疵があり，それが原因で第三者に損害が発生する場合や，第三者に損害が発生していなくても，その瑕疵が原因で国に何らかの損害が生ずる場合があり得る。
　　所有権放棄の認可がされた土地に，放棄の時点で何らかの瑕疵が存在していたケ

ースでは，場合によっては，試案第5の2③の「現状のままで土地を管理することが将来的にも容易な状態であること」という所有権放棄の認可要件を満たしていなかったとして，所有権放棄の認可が取り消されることが考えられる。したがって，損害発生時の土地の所有権の所在は，所有権放棄の認可が取り消された場合の規律と密接に関連し，所有権が放棄された土地に起因する損害の塡補の規律は，所有権放棄の認可の取消しの効果と併せて検討する必要がある。

　部会においては，所有権放棄がされた土地に土壌汚染等があり，それに起因して発生した損害の塡補の規律を検討する前提として，所有権放棄の認可の行政処分の取消しについて検討する必要があり，①行政処分の取消しにより遡及効が発生するものとすべきか，②取消しにより遡及効が発生するとして，放棄された土地が国から第三者に譲渡された後で認可が取り消された場合の取扱いをどのようにすべきか，③認可の取消しの期間制限をどのように考えるかなどが問題となるとの指摘があった。

　これらの論点の帰結次第では，土地の瑕疵により何らかの損害を受けた第三者や国が，放棄者に対し，損害賠償責任を追及することが考えられる。この場合に，放棄者に民法第709条等の不法行為が成立するときには，放棄者は第三者や国に対して損害賠償責任を負う一方で，放棄者に不法行為が成立しないときには，第三者は放棄者に損害賠償責任を追及することができず，また，国は土地を民法第239条第2項によって原始取得しており，放棄者との間に契約関係が存在しないことから，瑕疵担保責任（現行民法第570条等）の規定も適用されず，現行法上は，国が放棄者に損害賠償責任を追及することもできないと考えられる。

　このような場合において，土地を放棄した者に損害賠償責任を負わせる規律を新たに設けるかについては，別途検討する必要がある。

　以上より，所有権放棄された土地に起因して第三者や国に損害が生じた場合における土地の放棄者の損害賠償責任の規律の要否については，所有権放棄の認可の取消しの在り方と併せて，引き続き検討することとしている。

第2部　不動産登記法等の見直し

（前注）所有者不明土地問題における不動産登記制度の問題状況

　所有者不明土地とは，広い意味においては，不動産登記簿により所有者が直ちに判明せず，又は判明しても連絡がつかない土地を指す。

　平成29年度に地籍調査が実施された62万9188筆の土地について調査が行われた結果では，不動産登記簿のみでは所有者等の所在を確認することができない土地の割合は約22．2％であり，①相続による所有権の移転の登記がされていないものの割合はそのうちの約65．5％，②住所の変更の登記がされていないものの割合は約33．6％，③売買・交換等による所有権の移転の登記がされていないものの割合は約1．0％であった（国土交通省「平成29年度地籍調査における土地所有者等に関する調査」）（注）。

　この調査結果を踏まえると，全国的に，所有者不明土地が発生する原因として想定されるもののうち，上記の①が最も大きな割合を占め，かつ，このような状態になっていると所有者の探索はより困難であるといえる。また，②も所有者不明土地の発生の要因となっていると考えられることから，所有者不明土地の発生を予防するための仕組みを構築するに当たっては，これら①及び②の原因への対策を重点的に検討する必要があるものと考えられる。なお，新たな仕組みの構築に当たっては，費用対効果をも踏まえつつ，実現可能な制度設計を検討するものとする。

　この試案では，不動産登記制度の観点からの①への対策に関しては試案第6において，②への対策に関しては試案第7において，③への対策に関しては試案第8において，それぞれ取り扱っている。また，試案第9及び試案第10においては，その他の所有者不明土地の発生に起因して不動産登記制度上検討しておくべき課題を取り上げている。

（注）法務局及び地方法務局で実施した登記所備付地図作成作業（平成30年度作業分）における所有者の所在確認状況について調査した結果（調査対象筆数11万1877筆，調査対象登記名義人数7万3872人）によれば，登記記録のみで所有者の所在を確認することができた土地が約80．3％，登記記録のみでは所有者の所在を確認することができなかった土地が約19．7％であった（筆数ベースの割合による。）。

　　登記記録のみでは所有者の所在を確認することができず，それ以外の調査も行った上で所在を確認することができた所有権の登記名義人（1万6987人）のうち，①相続登記（相続，遺産分割，遺贈による所有権の移転の登記等を広く念頭に置いている。以下同じ。）が未了であったものは約32．1％，②自然人や法人の住所変更等の登記が未了であったものが約62．9％，③売買等の相続以外を原因とする登記が未了であったものが約0．6％であった。

　　平成29年度地籍調査における土地所有者等に関する調査と，上記の登記所備付地図作成作業における調査とでは，①と②の割合が大きく乖離している。この理由としては様々なも

のがあり得るが，その理由の一つとして，登記所備付地図作成作業は，全国の都市部の人口集中地区を対象としていることから，それ以外の地域も調査対象としている地籍調査の結果とで傾向に差が生じたのではないかと推測される（現に，地籍調査に関しても，人口集中地区に限ってみれば，①が約４４．９％，②が約５３．７％と，登記所備付地図作成作業におけるものと同様に②の割合が①の割合を上回っている。）。

第6　相続の発生を不動産登記に反映させるための仕組み
1　登記所における他の公的機関からの死亡情報の入手及び活用
(1)　登記所が他の公的機関から死亡情報を入手する仕組み

　　　相続の発生を不動産登記に反映させるための方策を採る前提として，登記所が他の公的機関から所有権の登記名義人の死亡情報を取得するため，次のような仕組みを設けることについて，引き続き検討する。

①　所有権の登記名義人は，登記官に対し，自己が所有権の登記名義人となっている不動産について，氏名，住所及び生年月日等の情報（注１）を申し出るものとし（注２），当該申出のあった情報のうち氏名及び住所以外の情報は登記記録上に公示せず，登記所内部において保持するデータとして扱う。

②　登記官は，申出のあった情報を検索キーとして，連携先システムに定期的に照会を行うなどして登記名義人の死亡の事実を把握するものとする。

（注１）連携先システムが戸籍副本データ管理システムである場合にあっては氏名，生年月日，本籍及び筆頭者氏名の情報の申出を受け，住民基本台帳ネットワークシステムである場合にあっては氏名，住所及び生年月日の情報の申出を受けることが考えられる。

（注２）上記の新たな仕組みに係る規定の施行後においては，新たに所有権の登記名義人となる者は，その登記申請の際に，氏名，住所及び生年月日等の情報の申出を必ず行うものとする。当該規定の施行前に既に所有権の登記名義人となっている者については，氏名，住所及び生年月日等の情報に加え，自己が既に所有権の登記名義人となっている不動産の情報の申出を任意に行うことができるものとする。

（注３）不動産の表題部所有者についても同様の仕組みを設けるかどうかについて，引き続き検討する。

（補足説明）
1　提案の趣旨

　　（前注）のとおり，相続登記が未了であることが所有者不明土地の最も大きな要因となっていることを踏まえると，所有者不明土地をこれ以上発生させないよう，抑制してくことが重要である。

　　この観点からは，所有権の登記名義人（登記記録の権利部に所有者として記録されている者をいい，登記記録上の最新の所有者のことをいう。）が死亡するなどして相続が開始した場合に，新たな登記名義人となる者からの登記申請を促すなどの施策（試案第6の1(2)参照）を総合的に推進することが必要になると考えられる。

そのためには，まず，登記官において，現在の所有権の登記名義人について相続が開始し，相続に起因して所有権が移転している状態が生じているかどうかを把握することが必要である。しかし，現在の不動産登記制度の下においては，相続登記等の申請がない限り，登記官が登記名義人の死亡の事実を適時に把握することは困難である。

　そこで，登記所が人の死亡情報を保有する他の公的機関と連携し，所有権の登記名義人について相続が開始したこと，すなわち，所有権の登記名義人が死亡したという事実を当該他の公的機関の運営するシステムから取得することが考えられる。

　なお，このためには，登記所が所有権の登記名義人から，本来の不動産登記をするためには必ずしも必要ではない生年月日等の情報の申出を求め，当該情報を検索キーとして連携先システムから死亡情報を取得することになるが，その前提として，相続登記の申請が義務付けられており，本来は登記名義人の相続人自身が不動産登記情報の更新を図るべき地位にあることは一つの重要な考慮要素であるものと考えられる。

2　所有権の登記名義人からの申出等（試案第6の1⑴①）について
(1)　死亡情報を取得するための連携先システム

　　自然人の死亡情報を保有する連携先となり得るシステムとしては，戸籍に係る戸籍副本データ管理システム（以下「戸籍副本システム」という。）（注1）のほか，住民票に係る住民基本台帳ネットワークシステム（以下「住基ネット」という。）（注2）がある。

(注1)　戸籍の正本は市役所又は町村役場に備え，戸籍の副本は管轄法務局若しくは地方法務局又はその支局がこれを保存することとされているが（戸籍法（昭和22年法律第224号）第8条第2項），東日本大震災において，正本と副本が同時に滅失する危機に直面した事態を踏まえ，平成25年から電算化された戸籍の副本を管理するシステムとして，法務省が管理する戸籍副本システムの運用が開始されていた。そして，戸籍法の一部を改正する法律（令和元年法律第17号）により，本籍地以外の市区町村の窓口でも，戸籍謄本等の請求を可能とする制度（改正後の戸籍法第120条の2等）等を実現するため，戸籍副本システムを活用・発展させて新たなシステムを構築することが予定されている。

　戸籍に記載された者が死亡した場合には，除籍される（戸籍法第23条）こととなっており，戸籍の副本の情報を保有する戸籍副本システムからは，自然人の死亡情報を取得することが可能である。

(注2)　市町村長は，死亡により住民票の消除を行った場合には，死亡の旨及びその年月日等を都道府県知事に通知し，都道府県知事はこの通知に係る本人確認情報を地方公共団体情報システム機構に通知し，本人確認情報を保存する地方公共団体情報システム機構は，国の機関等から住民基本台帳法（昭和42年法律第81号）の別表で定める事務の処理に関し求めがあったときはその本人確認情報を提供することとされている（同法第30条の6第1項，第30条の7第1項，第3項，第30条の9，別表第1，住民基本台帳法施行令（昭和42年政令第292号）第30条の5第2項，住民基本台帳法施行規則（平成11年自治省令第35号）第11条第2項第3号参照）。そこで，住基ネットからも自然人

の死亡情報を取得することが可能である（なお，国外転出者については住基ネットから死亡情報を取得することができない。）。

(2) 紐付けのための所有権の登記名義人による申出

　　現行の不動産登記制度の下では，ある不動産についての所有権の登記名義人を特定する情報は，原則として過去のある一定時点（所有権の移転の登記がされた時点）における氏名及び住所のみであるところ（不動産登記法第５９条第４号），いずれの連携先システムから情報を取得するとしても，不動産登記記録上の登記名義人と戸籍又は住民票における特定の個人の情報との相互の関連付け，すなわち，「紐付け」を正確にするためには，氏名及び住所の情報のみでは足りず，それ以外の必要な情報も登記所が収集・保有する必要があり（その具体的な内容については，後記４参照。），登記名義人からこれらの情報を事前に登記所に申し出てもらう必要がある（注１）（注２）。

　　そのうち，登記事項でないもの（登記名義人の氏名及び住所以外のもの）については，登記記録を利用する者にとって登記名義人を特定するための情報として必須であるとはいい難い上，個人情報としての保護の必要性も認められることから，登記所における検索のためのバックデータとして保持するものと位置付け，登記記録としては公示しないものとするのが相当であると考えられる（注３）。

　　(注１) 登記官は，所有権の登記名義人が申し出た情報を基に連携先システムの検索を行って，当該情報の真正性を確認して紐付けをすることになると考えられるが，例えば，住所変更の登記が長期間にわたってされていない登記名義人が申出をするケースでは，連携先のシステムの情報だけでは確認することができず，更に戸籍の附票等の提出を求める必要が生ずることもある。

　　(注２) 登記記録上の氏名及び住所は過去の一定時点における氏名及び住所にすぎない。そのため，登記名義人からの事前申出を受けることなく，登記記録上の情報を基に，自然人が登記名義人となっている全国の土地について戸籍や住民基本台帳との紐付けを行うとした場合には，多くの困難を生ずる。例えば，戸籍には住所情報が含まれないため，紐付けは容易ではなく，考え得る手段として，過去の登記申請時に添付され，附属書類として保存されている住民票の写しや戸籍謄本の記載を確認して本籍を調査するなどの必要が生ずる。また，住民基本台帳は住所情報を有するが，住基ネットに記録される前の過去の住所情報を取得するためには，例えば，住民票の除票の写しの公用請求を行ったり，本籍を調査の上で戸籍の附票の写しの公用請求を行うなどの必要が生ずる。

　　(注３) なお，部会においては，連携先システムとの間で紐付けをするために必要なデータ（特に本籍等）や，紐付けのために登記所に提出された書類の保管や閲覧の在り方については配慮が必要であるとの指摘がされている。

3　登記官による死亡の事実の把握等（試案第６の１(1)②）について

　　登記官による死亡の事実の把握のため，登記名義人から申出のあった情報を検索キーとして，登記官が定期的に戸籍副本システム又は住基ネットに照会して情報の提供を受け，これにより登記名義人の生死の確認を行うことが考えられる。

　　なお，戸籍副本システム又は住基ネットに対する照会の頻度やその具体的な方

法については，今後のシステム構築の検討過程で更に検討を深める必要がある。

4　紐付けのための申出情報の内容（試案第6の1(1)（注1））について

　　特定の所有権の登記名義人と戸籍等における特定の個人とを紐付けるための検索キーとなる情報としては，連携先システムにおける情報の検索の便宜から，戸籍副本システムとの関係では氏名，生年月日，本籍及び筆頭者氏名の情報を（そもそも戸籍には住所は記載されていない。），住基ネットとの関係では氏名，住所及び生年月日の情報を用いることが合理的である。そこで，所有権の登記名義人から各不動産ごとにこれらの情報を事前に登記所に申し出てもらうことが必要となる。

5　紐付けのための申出の時期（試案第6の1(1)（注2））について

　　前記2(2)及び4の紐付けのための申出情報は，氏名及び住所を除けば，現状においては登記所として全く把握していないか，保存期間内であれば登記簿の附属書類として保管していることはあったとしても，不動産登記記録上の登記名義人ごとに検索可能な状態では把握がされていない。

　　そのため，不動産登記記録上の登記名義人ごとに，これらの情報を取得した上でこれを保有・管理するためには，新たな登記申請がされた時点において，紐付けのための情報の申出を求める必要がある。

　　そこで，試案第6の1(1)の新たな仕組みに係る規定の施行後においては，新たに所有権の登記名義人となる者は，その登記申請の際に，紐付けのための情報の申出を必ず行うものとすることが考えられる。

　　もっとも，新たな登記申請がされるまでには今後数十年の期間を要する不動産も存在することから，新たな登記申請の際にしか紐付けがされないとすると，全ての不動産に紐付けのための情報を付与するのに極めて長期間を要することになる。

　　そこで，当該規定の施行前に既に所有権の登記名義人となっている者についても，自己が既に所有権の登記名義人となっている不動産を特定して紐付けのための申出を行うことができるものとすることが考えられる。

6　表題部所有者（試案第6の1(1)（注3））について

　　試案第6の1(1)では，死亡情報を取得する対象者を，登記記録の権利部に記録された所有権の登記名義人とすることを前提としている。

　　もっとも，不動産の登記記録の中には，そもそも，権利部の所有権の登記がされておらず，表題部の登記のみが存在し，その中に表題部所有者として所有者が登記されているものがある。このような表題部所有者について相続が発生した場合においても，その相続に係る適切な登記がされなければ，所有者不明土地が発生する原因となり得るため，表題部所有者についても死亡情報の取得の対象とするかどうかについても検討する必要があると考えられる。

　　他方で，試案第6の1(1)の仕組みの構築及び運用には相当のコストを要することから，費用対効果も踏まえつつ実現可能な制度設計について慎重に検討する必要がある。

(2) 登記所が死亡情報を不動産登記に反映させるための仕組み

　　死亡情報を取得した登記所が相続の発生を不動産登記に反映させるための方策として，例えば，登記官は，連携先システムを通じて所有権の登記名義人が死亡したことが判明したときは，当該登記名義人の最後の住所宛てに相続登記を促す旨の通知を送付するものとすることや，相続開始の事実を登記記録上に公示することなどについて，連携先システムの制度趣旨や個人情報保護の観点に留意しつつ，引き続き検討する。

（補足説明）

1　提案の趣旨

　　試案第6の1(1)の方法によって各不動産ごとに登記名義人の死亡情報を取得した登記官において，相続の発生を不動産登記に反映させるために採り得る方策としては，①死亡した登記名義人の最後の住所宛てに相続登記を促す旨の通知を送付するものとすることや，②相続開始の事実を登記記録上に公示することなどが考えられることから，これらの方策について引き続きその要否を含めて検討することを提案している。

2　死亡情報を不動産登記に反映させるための仕組み（試案第6の1(2)）について

(1) 相続登記を促す旨の通知の送付

　　連携先システムから登記名義人が死亡していることが判明したときは，自発的な相続登記を促進する観点から，登記名義人の最後の住所に宛てて，相続登記が必要であることや相続登記を行う方法等を記載した相続登記を促す通知を送付することが考えられる。

　　相続登記を促す通知は，本来は各相続人に直接送付することが望ましいものの，登記名義人の戸籍を調査してその相続人を特定し，更にその相続人の現在の住所を調査して通知を送付することは戸籍謄本等の収集などに相当の手間と時間を要するため，必ずしも現実的ではない。

　　他方で，登記名義人の最後の住所については，死亡からそれほど期間を置かずに通知を送付するのであれば，当該住所に相続人が居住等している場合には通知が到達するため，相続登記を促す効果は一定程度あるものと考えられる。

(2) 相続開始の事実の公示等

　　相続が開始していることが登記記録上に公示されて明らかとなれば，公共事業や取引を実施するかどうかの判断等に役立ち，実務上も有益であるとの指摘があることから，これを公示する（その旨の登記をする）ことが考えられる。

　　相続が開始した事実を公示すること自体については，登記記録に記録されている登記名義人がもはや所有権の権利主体でなく，その登記記録は実質的には誤った状態にあることが登記官にとって明らかであることから，このような特別な公示をすることが許容される根拠となるものと考えられる。

　　また，部会では，もともと相続人の一人や債権者から法定相続分での相続登記（民法第900条（法定相続分）及び第901条（代襲相続人の相続分）の規定により算定した相続分に応じてする相続による所有権の移転の登記をい

230

う。以下同じ。）がされることを相続人が止めることはできない上，試案第6の2のとおり相続登記の申請の義務付けがされるのであれば，なおさら義務を負っている相続人が登記名義人の死亡情報を公示しないよう求めることを正当化することは困難であり，相続開始の事実を公示することは可能ではないかとの指摘もあった。

　他方で，部会では，死亡情報は連携先システムにおいて必ずしも誰もが確認することができるとされている情報ではないことや，登記名義人の死亡情報は登記名義人の相続人の個人情報に該当し得ることを前提とした検討が必要であるとの指摘もあったが，登記名義人の相続人の住所等の連絡先を登記所が把握することは困難である。

　そこで，このような方策の検討に当たっては，相続人の個別の同意を得ることが容易でないことを前提にした上で，連携先システムの制度趣旨や個人情報保護の観点を踏まえながら，同意取得の要否・方法，相続が開始した事実の公示の具体的な在り方等の諸課題について，引き続き検討する必要があるものと考えられる。

2　相続登記の申請の義務付け

(1)　登記名義人が死亡した場合における登記の申請の義務付け

　不動産の所有権の登記名義人が死亡し，相続等による所有権の移転が生じた場合における公法上の登記申請義務について，次のような規律を設ける。

①　不動産の所有権の登記名義人が死亡した場合（②に規定する場合を除く。）には，当該不動産を相続により取得した相続人は，自己のために相続の開始があったことを知り，かつ，当該不動産の取得の事実を知った日から一定の期間内に，当該不動産についての相続による所有権の移転の登記（注1）を申請しなければならない（注2）。

②　不動産の所有権の登記名義人が死亡した場合において，当該不動産を特定財産承継遺言により取得した者があるときは，その者は，自己のために相続の開始があったことを知り，かつ，当該不動産の取得の事実を知った日から一定の期間内に，当該不動産についての相続による所有権の移転の登記を申請しなければならない（注2）。

③　不動産の所有権の登記名義人が死亡した場合には，当該不動産を遺贈により取得した相続人は，自己のために相続の開始があったことを知り，かつ，当該不動産の取得の事実を知った日から一定の期間内に，当該不動産についての遺贈による所有権の移転の登記を申請しなければならない（注2）（注3）。

（注1）遺産分割がされた場合には，当該遺産分割の結果を踏まえた相続登記をすることで申請義務が履行されたこととなる。これに加えて，遺産分割がされる前であっても，法定相続分での相続登記（民法第900条（法定相続分）及び第901条（代襲相続人の相続分）の規定により算定した相続分に応じてする相続による所有権の移転の登記をいう。以下同じ。）又は相続人申告登記（仮称）（後記(3)ア参照）をした場合にも，

相続による所有権の移転の登記の申請義務が履行されたものとするものである。ただし，これらの登記による申請義務の履行を認めないとの考え方がある。

（注２）（注１）に記載したように，法定相続分での相続登記や相続人申告登記（仮称）をすることで申請義務が履行されたものと扱うこととした場合には，①の場合についての「一定の期間」は比較的短期間（例えば，【１年】【２年】【３年】）となることが想定される。これに対し，これらの登記による申請義務の履行を認めないとの考え方もあり，この場合には，「一定の期間」はより長期間（例えば，【５年】【７年】【１０年】）となるものと考えられる。また，①の場合と，②及び③の場合とで，この期間を同一の期間とするかどうかについて，引き続き検討する。

（注３）相続人が受遺者である遺贈による所有権の移転の登記について，登記権利者（当該受遺者）が単独で申請することができる旨の規律を設けることについて，後記３(1)参照。

（注４）不動産の表題部所有者が死亡した場合についても，①から③までに準じた規律を設けるかどうかについて，引き続き検討する。

（注５）登記申請義務を創設する規定の施行時に所有権の登記名義人が既に死亡している不動産についての第６の２(1)の規律の適用の在り方については，引き続き検討する。

（補足説明）

1 問題の所在

　不動産登記法は，不動産についての権利変動を公示する「権利に関する登記」（同法第２条第４号）と，その制度の前提として，権利の客体である不動産の物理的状況を公示する「表示に関する登記」（同条第３号）の制度を設けている。このうち，表示に関する登記は，不動産の物理的状況を登記記録上明らかにするためにされるものであるから，その制度の趣旨を徹底するため，一定の種類の表示に関する登記について，当事者に対して公法上の申請義務を負わせているが，権利に関する登記については，現行法は，当事者に対して公法上の申請義務を負わせていない。

　権利に関する登記は，不動産に関する権利変動について第三者に対する対抗要件を備えるためにされるものである（民法第１７７条）ため，私的自治の原則に従ってその利益を享受しようとする者が必要に応じてその登記を申請すればよいからであるなどと説明されている。

　もっとも，（前注）に記載のとおり，所有者不明土地が発生する最大の原因として，相続登記が未了であることが挙げられており，その理由の一つとして，相続登記の申請が義務とされていないため，相続登記をするインセンティブが働きにくいことや，そのために相続登記を促す施策も実施しにくい面があることが指摘されている。

　また，国土審議会土地政策分科会特別部会においては土地基本法の見直しに関する審議が行われているが，国民の諸活動の基盤であり，その利用・管理が他の土地の利用と密接な関係を有する等の土地の有する特性に鑑みると，土地所有者には土地の適切な利用・管理に関する責務があり，特に，所有者は不動産登記手続

を適時にする責務を負うものとすべきではないかといった観点からの議論がされている（注）。

　そこで，所有者不明土地の発生を防止する方策の一つとして，相続による所有権の移転が生じた場合に，その相続人等に対して，一定の期間内に，必要となる登記申請を公法上義務付けることが考えられる。

（注）国土審議会土地政策分科会企画部会では，人口減少社会に対応した「新たな総合的土地政策」の策定に向けた検討がされているが，その中間とりまとめ（令和元年１２月公表）においては，土地基本法の見直しに当たって，土地所有者等の責務を新たに位置付け，登記手続など権利関係の明確化及び土地の境界の明確化に努めることをその内容に含ませるべきであるとされている。

2　登記申請の義務付け（試案第６の２(1)）について
　(1)　提案の内容
　　　試案第６の２(1)は，不動産の所有権の登記名義人が死亡し，当該不動産について相続等による所有権の移転が生じた場合における相続人の公法上の登記申請義務として，①相続（②を除く。），②特定財産承継遺言（民法第１０１４条第２項参照）又は③遺贈により不動産を取得した相続人に対し，一定の期間内に，登記申請をしなければならないとする規律を設けることを提案するものである。

　(2)　義務付けの根拠
　　　不動産登記制度は，不動産に関する権利関係を公示することを目的とするものであり（不動産登記法第１条参照），権利の帰属主体として登記される登記名義人としては，権利能力を有する者であることが求められる。そこで，申請の場面においては，申請に係る登記をすることによって登記名義人となる者が権利能力を有しないとき（ただし，同法第６２条により死者である被承継人が登記名義人となる場合を除く。）が却下事由として定められており（同法第２５条第１３号，不動産登記令（平成１６年政令第３７９号）第２０条第２号），加えて，これに反してされた登記は，職権による登記の抹消の対象となるものとされている（不動産登記法第７１条参照）。

　　　これに対し，登記後に登記名義人が権利能力を失った場合には，権利能力を失った登記名義人が公示されている状態を是正することは，不動産登記制度が権利関係を公示するもので，現在の登記名義人は所有者であると事実上推定されることに照らすと望ましいと考えられる。特に，自然人である登記名義人が死亡した場合には，登記がされないまま長期間にわたり放置されると，相続人について更なる相続が発生して権利関係が更に複雑になるため，登記と実体の乖離が固定化し，拡大するおそれが高くなる（現にこれが所有者不明土地の主要な発生要因となっている。）。

　　　そのため，登記名義人の死亡による権利能力の喪失に関しては，そのような状態の発生を踏まえた公示が適時にされる必要性が高いと考えられる。

　　　ことに，権利に関する登記の中でも所有権の登記名義人については，現行制度上も，虚無人名義の登記を防止する要請が高いとされ，虚無人名義の登記を

170

防止するため，住所証明情報が添付情報として必要であるものとされている（不動産登記令別表28の項添付情報欄ニ，29の項添付情報欄ハ，30の項添付情報欄ロ参照）。）。

　このような現行不動産登記制度上の各種要請や所有者不明土地問題の現状等に照らすと，所有者不明土地の発生を予防するため，所有権の登記名義人（登記記録の権利部に所有者として記録されている者をいい，登記記録上の最新の所有者のことをいう。）が死亡して権利能力を失った場合には，その関係者に対してその是正の義務を負わせることが考えられるが，死亡した登記名義人自身は死亡により登記申請をすることが不可能となっていることに照らすと，登記名義人の相続人に対し，必要となる登記の申請について公法上の義務を課すことが相当であると考えられる。

(3) 義務付けの対象となる権利移転の範囲

　ア　相続（特定財産承継遺言を含む。）の場合

　　　特定財産承継遺言を含む相続による不動産の権利の移転については，法定相続分の範囲内では登記なくして第三者に対抗することができることから，登記の申請をしなくとも直ちに実体法上の不利益を受けることはない（民法第899条の2第1項参照）。

　　　また，特定財産承継遺言により不動産を取得した場合には，法定相続分を超える部分については，登記を備えなければ，第三者に対抗することができないとされているが（民法第899条の2第1項参照），この場合であっても，法定相続分の範囲内では権利を第三者にいつでも主張することができることから，不動産の価値が必ずしも高くなく，むしろ登記手続等の負担が重いと感じられるケースにおいては，積極的に登記をして権利を保全するインセンティブに乏しいといえる。

　　　そこで，試案第6の2(1)①及び②は，特定財産承継遺言を含む相続による不動産の所有権の取得について登記申請義務を課すことを提案している。

　イ　遺贈の場合

　　　部会では，遺贈による所有権の取得について登記申請義務を課すことについて，遺贈は「相続」とは異なるものであること，遺贈による権利の移転の登記は共同申請によるものとされていることなどから，これを義務の対象とすることについては慎重に検討すべきであるとの指摘があったが，以下の理由により相続人を受遺者とする遺贈による不動産の所有権の移転について登記申請義務を課すことを提案している。

　　　試案第6の2(1)②で対象としている特定財産承継遺言と，③で対象としている遺贈とは，それぞれ「相続」と「意思表示による物権変動」とで法的性質を異にするが，特に相続人に対する遺贈については，相続人に特定の財産の権利を移転させるという点では，特定財産承継遺言と同様の機能を有するものである（なお，登録免許税法（昭和42年法律第35号）においては，相続による所有権の移転の場合と相続人に対する遺贈による所有権の移転の場合とで区別をしていない（同法別表第1第1号(2)イの「相続」には，「相

171

続人に対する遺贈」が含まれる（同法第１７条第１項）。）。）。

　また，実際にも，ある遺言が特定財産承継遺言の趣旨か相続人に対する遺贈の趣旨かについての解釈が容易ではないケースもあり，登記の申請を義務付ける際にこの両者の間で差を設けることとした場合には，受益相続人又は受遺者において登記申請義務を負うかどうかについての判断が困難なケースも生ずるものと考えられる。加えて，相続人に対する遺贈の場合は，受遺者は相続人としての地位も有することから，遺贈を放棄することにより法定相続分の範囲内では権利を第三者に主張することができる。そのため，特定財産承継遺言と同様に，積極的に登記をして権利を保全する必要性が乏しいともいえる。

　これに対し，第三者に対する遺贈の場合については，上記の各事情はいずれもなく，登記申請義務を課す必要性に乏しいと考えられる（さらに，試案第６の３(1)に記載のとおり単独申請を許容する場合には，この点も差を設ける根拠となるものと考えられる。）。

　以上の理由から，試案第６の２(1)③では，受遺者が相続人である遺贈による所有権の取得に限って，登記申請義務を課すこととしている（注）。

　（注）試案第６の２(1)③の規律を設けた場合には，遺贈の放棄の意思表示をするかどうかを未だ決めていない受遺者に決定を促す効果が生ずることになるため，遺贈の放棄を認めた民法第９８６条第１項の趣旨に反するのではないかとの指摘もあり得る。もっとも，その時点においては遺贈の放棄をしていない以上，遺贈の効力の遡及的な不発生という効果はないことを前提に，一度は移転登記をすることとし，後に遺贈の放棄をすることが許されたケースにおいては，移転登記を錯誤等を原因として抹消するとすることが権利関係を公示するという観点からは素直であり，かつ，義務違反となる期間を極端に短いものとしない限り，合理性があるとも考えられる。

ウ　死因贈与，生前の権利移転及び法人の合併を除外する理由

　死亡を契機として所有権の登記名義人に変更を生ずる場面としては，試案第６の２(1)①から③までの相続，遺言，遺贈のほか，死因贈与や，生前にされた売買等に基づく所有権の移転の登記が未了であったケースなどがある。また，より広く権利能力の喪失を契機として所有権の登記名義人に変更を生ずる場面としては，法人の合併があるが，試案第６の２(1)ではこれらを対象としていない。

　これは，上記ア及びイの場合と異なり，登記権利者となる者自身が契約の締結行為をしているものと評価することができ，権利変動への積極的な関与をしている上，一般に対抗要件主義が適用されることから，類型的に見て登記がされない場面とはいえず，登記の申請義務を課す必要性に乏しいと考えられるためである。

(4)　申請義務を負う者の範囲

　以下のとおり，相続又は遺贈を原因とする権利変動については，権利を承継した相続人が登記申請義務を負うこととしている。

ア　相続（特定財産承継遺言を含む。）の場合

所有権の登記名義人が死亡した場合には，相続人がその地位を承継することから，所有権の登記名義人の相続人を名宛人として登記申請義務を課すことが考えられる（なお，相続の放棄をした者は，初めから相続人とはならなかったものとみなされるため，登記申請義務は負わない。）。

　　もっとも，このような登記申請義務は，当該財産を承継した者が負うこととするのが相当である。そこで，試案第6の2(1)①及び②については，相続による登記によって利益を受ける登記権利者である所有権を取得した者に登記申請義務を課すものとしている（数次相続が発生した場合について，後記(8)参照）。

　　なお，特定財産承継遺言がされている場合にはその受益相続人が登記申請義務を負い，遺言がないなど遺産分割が必要であるのにこれをしない状態においては，相続人の全員がその時点においては当該不動産を共同して承継しているから，各相続人がそれぞれ登記申請義務を負うものと解することになるが，各相続人は，法定相続分での相続登記又は相続人申告登記を単独で申請することができるから，これをすることにより，その義務を免れることができる。

　イ　遺贈の場合

　　試案第6の3(1)では，相続人が受遺者である遺贈による所有権の移転の登記について，登記権利者（当該受遺者）が単独で申請することができるとの規律を設けることを併せて提案している（試案第6の2(1)（注3）参照）。この規律を併せて設けることも考慮して，試案第6の2(1)③では，相続人が受遺者である遺贈による登記によって利益を受ける登記権利者である受遺者に登記申請義務を課すこととしている。死亡した登記名義人の地位を承継した相続人の中でも，実際に登記権利者の地位にある相続人に登記申請義務を課すものである。

　　なお，相続の放棄がされたことなどにより受遺者が事後的に相続人の地位を取得したケースなど，受遺者が事後的に相続人の地位を取得することもあり得るが，受遺者は，相続人としての地位も有し，遺贈を放棄することで法定相続分の範囲内で権利を第三者に主張することができる点においては，相続開始時において受遺者が相続人である地位を有していた場合と異ならず，登記申請の義務付けの対象とすべき根拠が同様に妥当するものと考えられる。そこで，このような場合にも登記申請義務を負うことになるものと考えられる。

(5)　対象となる財産の範囲

　　登記申請義務の対象とする財産の範囲については土地及び建物（不動産登記法第2条第1号に規定する不動産）を対象としている。

　　所有者不明土地問題への対応という観点からは，土地のみを対象とすれば足りるとの考え方もあり得るが，全国的に管理不全の空き家が問題となっており（注），これについても所有者の把握が課題となっていると指摘されていることを踏まえたものである。

（注）全国の空き家の総数は，平成１０年から平成３０年までの２０年で５７６万戸から８４９万戸（約１．５倍）に増加している（総務省「平成３０年住宅・土地統計調査」参照）。また，その種類別の内訳では，別荘等や今後賃貸又は売却するために空き家としている建物を除いた空き家が１８２万戸から３４９万戸（約１．９倍）に増加している（同調査参照）。

適正に管理されない空き家等が周辺の生活環境に深刻な影響を及ぼしていること等を背景として制定された空家等対策の推進に関する特別措置法（平成２６年法律第１２７号）が平成２７年に全面施行され，市町村が空家等対策を進める法制度が整えられるなどしており，経済財政運営と改革の基本方針２０１９においても，その流通・利活用に向けた取組等を促進することとされている。

(6) 対象となる権利の種別

不動産登記法第３条では，登記することができる権利は，所有権，地上権，永小作権，地役権，先取特権，質権，抵当権，賃借権及び採石権の９種類としている（なお，民法及び家事事件手続法の一部を改正する法律（平成３０年法律第７２号）による改正後は，配偶者居住権が追加され，１０種類となる。）。

しかし，前記２(2)記載のとおり取り分け所有権の登記名義人については，現行制度上，虚無人名義の登記を防止する要請が高いことに加え，抹消すべき用益権や担保権の登記の登記名義人である用益権者や担保権者の所在が不明であっても，所有者は，所有権に基づく登記の抹消請求を求める訴えを提起して判決により登記を抹消する方法のほか，不動産登記法第７０条（登記義務者の所在が知れない場合の登記の抹消。なお，その見直しについては試案第９参照）により登記を抹消する方法によることもできる。

そこで，登記申請義務の対象となる権利については，所有権に限るものとすることを提案している。

(7) 登記申請義務を履行すべき期間の始期

登記申請義務を履行すべき期間の始期について，主観的な要件を全く不要とすると，相続人において，登記名義人の死亡の事実や，遺言の存在を知らなかったり，数次相続等により自らが登記名義人の相続人となったとの事実を知らなかったりするケースなど，相続人がある特定の不動産を相続等により取得したことを知らない間であるのに登記申請義務違反の効果が生じてしまい，適当ではないと考えられる。

そこで，登記申請義務について，主観的な要件として，相続等により自らが不動産を取得したことを知ったことを要するとすることが考えられる。なお，相続すべき不動産の存在を知らないケースや，不動産を相続したことは知っていても，具体的に地番などは把握することができていないケースもあり得ることから，単に「自己のために相続の開始があったことを知った日から」とせず，「自己のために相続の開始があったことを知り，かつ，当該不動産の取得の事実を知った日から」としている。

(8) 数次相続が発生した場合における適用関係について

所有権の登記名義人が死亡した場合において，登記申請義務を負っている相続人（第一次相続人）がその義務を履行しないまま死亡したとき（数次相続の発生）に，当該相続人の相続人（第二次相続人）は登記申請義務を一切負わないこととすると，権利能力を失った登記名義人が公示されている状態が是正される機会を失うこととなり，相続登記の申請を義務付ける趣旨が没却されることとなる。

　　したがって，数次相続が発生した場合についても試案第6の2(1)の規律が適用されることとするのが適切であると考えられる。

　　なお，第二次相続の相続人が義務を履行すべき状況となるのは，①第二次相続によって当該不動産の所有権を取得したことに加え，②自己のために相続の開始があったことを知り，かつ，当該不動産の取得の事実を知った後となるものと解される。

3　登記申請義務の履行（試案第6の2(1)（注1））について

(1) 試案第6の2(1)の規律を設けた場合には，前記のとおり，特定財産承継遺言又は遺贈により不動産がある特定の相続人に承継されたケースでは，当該不動産を取得した者がその権利移転の登記申請義務を負う。

　　また，相続人が複数存在し，遺産分割がされた場合には，当該遺産分割の結果を踏まえた相続による所有権の移転の登記をすることで登記申請義務が履行されたこととなる。

　　これらに加えて，相続人が複数存在し，遺産分割がされる前であっても，法定相続分での相続登記又は相続人申告登記をした場合にも，相続による所有権の移転の登記の申請義務が履行されたものとすることが考えられる（注）が，これらの登記によって申請義務が履行されたものとは認めるべきではないとの考え方もあることから，これを試案第6の2(1)（注1）に注記している。

　（注）法定相続分での相続登記及び相続人申告登記と法定単純承認との関係について

　　　法定相続分での相続登記や相続人申告登記をした場合に，法定単純承認（民法第921条第1号）に該当してしまわないかどうかについては，いずれも，これに該当しないことを前提としている。

　　　民法第921条第1号は，「相続人が相続財産の全部又は一部を処分したとき」は単純承認をしたものとみなすとしているが，ここでいう「処分」には法律上の処分だけでなく，事実上の処分も含まれると解されている。

　　　しかし，法定相続分での相続登記については，第三者に対する対抗力を生じさせるものではなく（民法第899条の2第1項），法定相続分による共有関係を公示させるにとどまるものである。また，相続人申告登記についても，試案第6の2(3)ア補足説明に記載のとおり，所有権の登記名義人に相続が発生したこと及び自らが法定相続人である旨を申し出てこれを公示する報告的な登記にとどまるものである。したがって，「処分」に該当しないと解される。

　　　なお，この点について明文の規定を設けることの要否については引き続き検討する。

(2) 法定相続分での相続登記又は相続人申告登記をもって登記申請義務が履行されるものと考える場合においても，さらに，その後に遺産分割がされたときに

175

は，改めて登記申請をすべき義務が発生するものとするかどうかについて検討する必要がある。

　一旦は既に権利能力を失った所有権の登記名義人が公示されている状態ではなくなっていることや，遺産分割がされた場合には，遺産分割を行った当事者において遺産分割に基づいた登記をすることを期待することができることなどから，遺産分割を原因とする登記については登記申請義務を課さないものとすることが考えられる。

　もっとも，法定相続分での相続登記は遺産分割の結果と抵触する限度では実体と齟齬しているし，やむなく取得した財産については登記申請が放置されるおそれがあることなどから，遺産分割を原因とする登記を申請する義務を課すものとする案も考えられる。また，相続人申告登記についても，報告的な登記にとどまり，権利移転を公示するものではないことから，遺産分割により不動産を取得する者が明確となった段階で，遺産分割を原因とする所有権の移転の登記を申請する義務を課すものとする案も考えられる。

　このほか，法定相続分での相続登記がされているが事後的に相続の放棄がされた場合や，法定相続分での相続登記がされた後に相続人に対する遺贈があったことが判明した場合などについても，引き続き検討する必要があるものと考えられる。

4　登記申請義務を履行すべき期間（試案第6の2(1)（注2））について

　法定相続分での相続登記や相続人申告登記をすることで申請義務が履行されたものと扱うこととした場合には，試案第6の2(1)①の場合についての「一定の期間」は，比較的短期間（例えば，【1年】【2年】【3年】）となることが想定される。これに対し，試案第6の2(1)（注1）のように，これらの登記による申請義務の履行を認めないとの考え方もあり，この場合には，「一定の期間」はより長期間（例えば，【5年】【7年】【10年】）となるものと考えられ，これを試案第6の2(1)（注2）に注記している。

　また，②特定財産承継遺言や③特定遺贈による取得の場合には，遺産分割を要しないことから，相続や包括遺贈の場合とは異なり，登記申請義務を履行すべき一定の期間を短くすべきであるとの考え方もあり得るが，他方で，取得原因によって登記申請義務を履行すべき期間を異にすることは国民にとって分かりにくくなることや遺贈の放棄（民法第986条第1項）をして遺産分割を行うこともあり得ることなどからすると，試案第6の2(1)①から③までの期間を同一にすることも考えられる。そこで，試案第6の2(1)①の場合と，試案第6の2(1)②及び③の場合とで，この期間を同一の期間とするかどうかについて，引き続き検討することを注記している。

5　表題部所有者が死亡した場合（試案第6の2(1)（注4））について

　表題部所有者又はその持分についての変更は，当該不動産について所有権の保存の登記をした後に，その所有権の移転の登記の手続をしなければ，登記することができないとされている（不動産登記法第32条）。そして，表題部所有者が所有権の保存の登記を申請しないで死亡した場合には，表題部所有者の相続人又

はその相続人その他の一般承継人が所有権の保存の登記の申請をすることとなる（同法第７４条第１項第１号）。

　試案第６の２(1)①から③までの規律は，不動産の所有権の登記名義人が死亡した場合に関するものであるが，不動産の表題部所有者について相続が開始した場合にも試案第６の２(1)①から③までに準じた規律を設けることについては，引き続き検討する旨を注記している。

6　施行時に所有権の登記名義人が死亡している不動産（試案第６の２(1)（注５））について

　試案第６の２(1)の規律を設ける場合には，施行時に所有権の登記名義人が死亡している不動産についても，新たな規律を適用するかどうかが問題となる。

　まず，施行時に所有権の登記名義人が死亡している不動産についても新たな規律を直ちに適用することが考えられるが，既に数次相続が生じて権利関係が複雑化しているような場合には，登記申請をすることは容易ではないことから，このような場合に直ちに登記申請義務を課すのは酷であるとの指摘が考えられる。

　他方で，施行後に所有権の登記名義人が死亡した場合にのみ新たな規律を適用するとした場合には，現在，多数存在する相続登記未了状態の不動産について登記申請義務を課さないこととなり，その解消につながらないこととなる。

　そこで，施行時に所有権の登記名義人が死亡している不動産については，施行後一定期間は試案第６の２(1)の規律の適用を留保することや，数次相続が発生しているケースについては登記申請をすべき期間をより長期間のものとすることなども考えられる。

　このように，施行時に所有権の登記名義人が死亡している事案を念頭にどのような経過措置を設けるかについては，様々な方策があり得ることから，試案第６の２(1)（注５）では，引き続き検討する旨を注記している。

(2) 相続登記の申請義務違反の効果

　　(1)の登記申請義務違反の効果として，(1)により登記申請をすべき義務がある者が正当な理由がないのに所定の期間内にその申請をしなかったときは，一定の額の過料に処する旨の規律を設ける。

（注）過料に関する規律を設けないとの考え方がある。

（補足説明）

1　試案第６の２(2)について

(1) 提案の趣旨

　　試案第６の２(1)のとおり新たに相続登記の申請義務を設ける場合には，その実効性を確保するため，その申請義務違反の効果として，試案第６の２(1)により登記申請をすべき義務がある者が正当な理由がないのに所定の期間内にその申請をしなかったときは，一定の額の過料に処する旨を提案している。

(2) 正当な理由等について

　　まず，被相続人に相続が発生したことや被相続人が不動産を所有しているこ

となどを相続人が知らない場合については，試案第6の2(1)において主観的な要件を設けることにより，そもそも登記申請義務に違反する状態が生じないものとなる。

これに加えて，登記申請義務に形式的には違反する場合であっても，期間内に申請しなかったことにつき正当な理由があるときは，過料を科すべきではないと考えられることから，「正当な理由がない」ことを要件とすることを提案している。

「正当な理由」がある場合の例としては，①数次相続が発生して相続人が極めて多数であることにより，戸籍謄本等の必要な資料の収集や他の相続人の把握に時間を要するときや，②遺言の有効性が争われる訴訟が係属しているとき，③登記申請義務者に重病等の事情があったとき，④登記簿は存在しているものの，公図が現況と異なるため現地をおよそ確認することができないときなどが考えられる。

(3) 過料に処せられる具体的な場面について

過料事件は裁判所の職権によって開始されるものであるが，相続登記の申請義務違反による過料事件については，実際上は，登記官から裁判所への通知（以下「過料通知」という。）により開始されることが想定される。登記官が過料通知を発する具体的な場面について検討すると，以下のとおりである。

まず，試案第6の2(1)の登記申請義務違反の有無を判断するためには，対象者が登記申請義務を負う者であるかどうかや，主観的な要件を具備しているかどうかについても把握する必要が生ずるが，権利に関する登記について，登記官は，不動産登記法第29条のような調査権限を有していないから，積極的に登記申請義務違反の事実を調査し，これを把握することは容易ではない。

例外的に主観的要件の充足を把握することができる場合としては，例えば，ある不動産につき相続による所有権の移転の登記の申請がされた場合に，その添付情報である遺産分割協議書に，他の不動産についての所有権の取得が記載されており，その不動産について相続登記の申請をしない主観的な事情がないこともある程度明らかであるといえる事案などが想定される。

しかし，このような事案であっても，上記(2)の正当な理由がある可能性も存することから，登記官は，登記申請義務について説明を行い，相続登記の申請を促すなどの登記申請義務の履行の機会を与えたにもかかわらず，理由もなくこれに従わなかったといった極めて悪質な場合に限って過料通知を発することが相当であると考えられる。

(4) 過料の額について

過料の額については，表示に関する登記について登記申請をすべき義務がある者がその申請を怠ったときの過料の額が10万円以下であることから（不動産登記法第164条），この規定とのバランスから，例えば【10万円以下】【5万円以下】の過料とすることが考えられる。

2 試案第6の2(2)（注）について

部会では，被相続人に相続が発生したことや被相続人が不動産を所有している

178

ことなどを相続人が知らない場合についての取扱いを含め，適用場面が十分に明確ではなく，適用結果がバランスを欠くものとなりかねないなどの理由により，過料の制裁を設けることに反対する意見もあったことから，これを（注）で記載している。

  (3)　相続登記申請義務の実効性を確保するための方策
    ア　相続人申告登記（仮称）の創設
      相続登記申請義務の実効性を確保するための方策として，法定相続分での相続登記とは別に，新たに，死亡した所有権の登記名義人の相続人が行う登記として，相続人申告登記（仮称）を創設し，次のような規律を設ける。
      ①　相続人申告登記（仮称）は所有権の登記名義人の法定相続人の申出に基づいて付記登記（不動産登記法第4条第2項参照）によって行うものとし，当該法定相続人の氏名及び住所を登記事項とするが，その持分は登記事項としない（注1）。
      ②　所有権の登記名義人の法定相続人は，登記官に対して，所有権の登記名義人について相続が開始したこと，及び当該登記名義人の法定相続人であることを申し出るものとする。この場合においては，申出人が当該登記名義人の法定相続人の地位にあることを証する情報（注2）を提供しなければならない。
    （注1）これは相続を原因とする所有権の移転の登記ではなく，報告的な登記として位置付けられるものである。
    （注2）法定相続分での相続登記を申請するに当たっては法定相続分の割合を確定するために被相続人の出生から死亡までの戸除籍謄本及び相続人であることが分かる戸籍謄抄本が必要となるが，相続人申告登記（仮称）を申請するに当たっては単に申出人が法定相続人の一人であることが分かる限度での戸籍謄抄本を提供すれば足りる（例えば，配偶者については現在の戸籍謄抄本のみで足り，子については被相続人である親の氏名が記載されている子の現在の戸籍謄抄本のみで足りることを想定している。）。

（補足説明）
1　提案の趣旨
    相続登記の申請を義務化した場合であっても，その義務が相続人によって自発的に履行されなければ申請を義務化した目的は達成されないままとなることから，登記申請義務の実効性を確保するための方策が重要となる。
    例えば，価値の低い土地を相続した場合には，登記申請の手続的な負担に見合わないことなどを理由に登記申請が行われないとの指摘がされているが，このような観点からは，当事者の手続的な負担を可能な限り軽減させる方策を講ずることが望ましい。
    ところで，当事者間の具体的な事情によって所定の期間内に遺産分割が成立し

179

ない場合にも，相続人は，法定相続分での相続登記をすることができ，これにより単独で登記申請義務を履行することが可能である。

しかし，法定相続分での相続登記の申請に当たっては，法定相続人の範囲及び法定相続分の割合を確定するために，被相続人の出生から死亡までの戸除籍謄本及び相続人であることが分かる戸籍謄抄本が必要となる（注１）。

また，そもそも，法定相続分での相続登記については，これをすることにより，相続分の指定があるなどのケースについても法定相続分での相続登記を強いることになる点や，具体的相続分と異なる法定相続分での相続登記を強いることになる点で，申請時点における権利関係を公示する手法としては問題もあるものと考えられる（注２）。

そこで，法定相続分での相続登記とは別に，新たに，死亡した所有権の登記名義人の相続人が行う登記として，申出を行った法定相続人の氏名及び住所を登記するにとどめ，持分については登記しない新たな登記（相続人申告登記（仮称））を創設することを提案するものである。

(注１) 甲土地の所有権の登記名義人であるAが死亡し，その法定相続人として子B及びCがいる事例において，B及びCの法定相続分での相続登記をする場合には，被相続人Aの出生から死亡までの戸除籍謄本，相続人B及びCがAの相続人であることが分かる戸籍謄抄本並びにB及びCの住民票の写しを添付情報として申請することとなる。なお，その申請は，共同相続人全員（B及びC）ですることができるほか，共同相続財産の保存行為（民法第２５２条ただし書）として共同相続人の一人（B又はC）がすることもできる（不動産登記法第６３条第２項）。

(注２) このほかにも，遺言の効力が争われている場合や，他の相続人について相続の放棄がされていた場合にも，実体的な権利関係とは異なる公示がされるおそれがある。

2 試案第６の２(3)ア①及び（注１）について

元来，法定相続分での相続登記についても，法定相続分に対応する部分については対抗要件の具備が求められておらず，その部分の権利の取得については当然に第三者に対抗できるものとされていることから，事実状態の報告としての意義が大きいものとも理解されていた。

新たな登記は，所有権の登記名義人に相続が発生したこと及び当該登記名義人の相続人の蓋然性のある者を報告的に公示するというものであり，相続人への所有権の移転や対象となる持分については登記をしないものである（注）。

なお，相続人申告登記は，所有権の登記名義人の法定相続人の申出に基づいて付記登記（不動産登記法第４条第２項参照）によって行うものとしている。

(注) この場合の新たな登記は，講学上の予備登記（権利変動について対抗力を生じさせる終局的な登記とは異なり，予備的になされる登記（平成１６年改正前の不動産登記法における予告登記はその一例である。））として位置付けられるものと考えられる。したがって，相続した不動産を相続人が第三者に売却するケースでは，売買による所有権の移転の登記の前提として，別途，相続等による所有権の移転の登記を備えることが必要である。また，例えば，所有権の登記名義人（被相続人）がA，相続人がB，C及びDの３名（法定相続分は各３分の１ずつ）である場合において，Bの債権者EがBの法定相続分３分の１を差し押さえ

民法・不動産登記法（所有者不明土地関係）等の改正に関する中間試案の補足説明

ようとするときは，Bについて相続人申告登記がされているときであっても，AからB，C
及びDへの法定相続分での相続登記を経た上で，Bの持分を差し押さえる旨の差押えの登記
をすることになる。

3　試案第6の2(3)ア②及び（注2）について

　　相続人申告登記については，相続による権利移転を公示するものではないか
ら，法定相続人の一人が，法定相続人全員の氏名及び住所を調査して申出をする
必要まではなく，①対象となる不動産の所有権の登記名義人について相続が開始
したこと，及び②当該登記名義人の法定相続人の一人であることを申し出れば，
その申出人については登記申請義務を履行したものと扱うことができるものと考え
られる。

　　そして，この際，申出人が当該登記名義人の法定相続人の地位にあることを確
認する必要があるが，その際には，法定相続分での相続登記と同様に被相続人の
出生から死亡までの全ての戸除籍謄本を確認するまでの必要はないと考えられ
る。

　　相続人申告登記の申出に当たって提供された氏名，住所及び生年月日等の情報
を基に，住基ネット等によりその本人性や登記名義人の死亡の事実を確認し，そ
の上で，申出人が法定相続人の一人であることを確認することができる限度での
戸籍謄抄本（例えば，配偶者については現在の戸籍謄本のみで足りるし，子に
ついては被相続人である親の氏名が記載されている子の現在の戸籍謄抄本のみで
足りることが想定される。）が提供されれば足りるものと考えられる。

　　イ　登記申請義務の履行に利益を付与する方策
　　　所定の期間内に登記申請義務を履行した者に対して利益を付与する方策
　　について，引き続き検討する。

（補足説明）

　　相続登記の申請の義務化の実効性を確保する方策としては，登記申請の手続的な
負担を軽減することや，登記申請義務を怠った者に対して不利益を与えることのほ
か，所定の期間内に登記申請義務を履行した者に対してメリットを与えることとし，
これをインセンティブとして登記申請義務の履行を促進させることも考えられる。

　　部会では，例えば，登記申請義務の履行に利益を付与する方策として，登録免許
税を始めとする税制上の優遇措置策を講ずべきとの意見や，登記手続のために要する
専門家への費用について補助策を講ずべきとの意見が出された。

　　試案第6の2(3)イでは，所定の期間内に登記申請義務を履行した者に対して利益
を付与する方策について引き続き検討することを提案している。

　　(4)　その他
　　　　今般の不動産登記制度の見直しにより，従前と比べて，不動産登記簿から所
　　　有者が判明し，かつ，連絡もつくようになることを前提に，各種の法制度に
　　　おいて不動産所有者の特定を不動産登記の記録に基づいて行うものとするこ

とにつき，一律の規定として設けることはしないが，個別の規定ごとに，当該法制度において生ずる法律上又は事実上の効果が不相当なものとなることがないよう十分に留意しつつ，引き続き検討する。

（補足説明）
1　提案の趣旨
　　相続登記の申請を義務化した場合に，その実効性を確保する措置として，その直接の効果としての過料による制裁以外に，登記の申請をしていない者に対して一定の法律上又は事実上の不利益を与える新たな措置を講ずることが考えられることから，その措置についても検討が行われたが，以下のとおり，個別法における所有者の特定の特例規定の創設に関して引き続き検討することを提案している（注）。
　　（注）このほか，部会では，①所有者の探索費用を相続人に負担させる旨の特例の創設や，②登記申請義務の懈怠があった状況下でされた実体と異なる相続登記について，これを信頼して取引を行った第三者を保護する特例の創設などが検討された。しかし，検討すべき課題が少なくないとして，取り上げないこととされた。
2　試案第6の2(4)について
　(1)　不動産の所有者に対して，各種の法令上通知等を発することが必要となることが少なくないが，当該不動産の所有権の登記名義人の登記記録上の氏名及び住所に宛てて通知等を発すれば足りる旨の規定等を設け（当該規定において通知等を実施したものとみなす旨の規定を設ける。），真の所有者の特定や所在の探索をする必要はないものとする規律を設けることが考えられる（なお，現行法上の参考になり得る規定として，民法第383条，仮登記担保契約に関する法律（昭和53年法律第78号）第5条第3項がある。）。
　　　このような施策は，登記申請義務違反の直接の効果と位置付けるものではないが，相続登記の申請の義務化を含む今般の不動産登記制度の見直しにより，従前よりも一般に不動産登記情報の更新が図られるから，不動産登記記録上の所有者をもって所有者の氏名及び住所を示しているものと取り扱うことがより合理化されやすい環境が形成されるということができる。
　(2)　そこで，これを前提に，例えば，①ある法制度における情報提供の趣旨での通知を不動産登記記録上の氏名及び住所を前提に行うとすること（例えば，不動産登記法上の筆界特定手続において申請があった旨の通知を所有権の登記名義人の氏名及び住所に宛てて発すれば足りるとすることなど），②ある法制度における事実上の意見聴取を行うに当たって不動産登記記録上の氏名及び住所を前提に行うこと（例えば，地図を作成するために必要がある場合において，表題部所有者又は所有権の登記名義人の異議がないときに限り，登記官は，職権で，分筆又は合筆の登記をすることができる（不動産登記法第39条第3項）とされているが，不動産登記記録上の氏名及び住所に宛てて連絡をしても連絡がつかない場合には，異議がない旨の扱いをすることなど）などが考えられるところである。
　　　なお，このような規律を一律に設けることについては，想定外の強力な効果

を発生させるおそれもあることから，個別の規定ごとに創設の適否を検討する必要がある。

　そこで，このような規律の創設について，一律の規律として設けることとはせず，個別の法令の規定ごとにその創設を検討することについて引き続き検討することを提案している。

3　相続等に関する登記手続の簡略化
(1)　遺贈による所有権の移転の登記手続の簡略化
　　相続人が受遺者である遺贈による所有権の移転の登記手続を簡略化するため，共同申請主義（不動産登記法第６０条）の例外として，次のような規律を設けることについて，引き続き検討する。
　　相続人が受遺者である遺贈による所有権の移転の登記は，登記権利者が単独で申請することができる。

（補足説明）
1　提案の趣旨
　　現行の不動産登記法においては，遺贈による所有権の移転の登記は，登記権利者である受遺者と登記義務者である遺贈者の相続人との共同申請により行わなければならない（不動産登記法第６０条）。他方で，相続による所有権の移転の登記は，登記権利者が単独で申請することができ（同法第６３条第２項），かつ，特定財産承継遺言による所有権の移転の登記も，相続による移転であるとして，単独で申請することができると解されている（注）。

　　共同申請による場合は，実際上，登記義務者の協力を得て，登記申請書又は委任状への登記義務者の実印の押印を得る必要やその印鑑証明書を取得する必要があるが，単独申請による場合には，これらの協力を得る必要がないため，手続としてはより簡便である。

　　そこで，相続等に関する登記手続を簡略化することで相続登記を促進するとの観点から，単独申請が許容されている特定財産承継遺言と相続人が受遺者である遺贈とには機能的にも類似する部分があることや，特定財産承継遺言の場合のように登記原因証明情報として遺言書が提供されるのであればその登記の真正は同程度には担保されるということもできることなどに着目し，遺贈による所有権の移転の登記について，相続人が受遺者である場合に限っては，単独申請を許容することについて，引き続き検討することを提案している。

　　なお，相続人が受遺者である遺贈による所有権の移転の登記について，単独申請を認めることとする場合には，仮に相続人が受遺者である遺贈について所有権の移転の登記の申請を受遺者に義務付けることとしたとしても（試案第６の２(1)参照），受遺者は単独で登記手続を実行してその義務を履行することができ，共同申請であることに伴う問題が生じないというメリットもある。

　　他方で，遺贈においては相続の場合と異なって登記義務者となる者が存在しており共同申請が理論的に可能である以上単独申請を認めることには慎重であるべ

183

きであるとの考え方もあり，部会では，相続人に対するものであっても，遺贈と特定財産承継遺言はその法的性質を異にしているため同様に扱うことは困難ではないかとの指摘や，受遺者が相続人である場合とそれ以外の第三者である場合とを区別する合理的な説明は困難ではないかとの指摘等もあった。

（注）遺贈による所有権の移転の登記は，特定遺贈及び包括遺贈のいずれによる場合でも，「遺贈」を登記原因として，登記権利者である受遺者と登記義務者である遺贈者の相続人との共同申請によることとされており（昭和３３年４月２８日付け法務省民事甲第７７９号民事局長回答参照），登記原因証明情報として遺言書等を提供することとされている。他方で，特定財産承継遺言による所有権の移転の登記は，遺言書等を登記原因証明情報として提供することにより，登記権利者である受益相続人が単独で「相続」を登記原因として申請することができることとされている（不動産登記法第６３条第２項）。

2　提案の内容

相続人（注１）が受遺者である遺贈については，登記原因証明情報として遺言書等を提供させることを前提に，単独申請を認めることとするものである。

他方で，相続人以外の第三者が受遺者である遺贈については，登記原因証明情報として遺言書等が提供されることは同様であるが，被相続人の財産であった不動産の所有権の移転の登記が相続人の関与なくされることを認めると，相続人が受遺者である遺贈のケースとは異なり，遺贈の真正性に疑義のある事案が生じてしまう懸念も払拭することができないとの指摘があることから，その対象外とすることを前提としている（注２）（注３）（注４）。

（注１）事後的に相続人たる地位を取得することとなった者（例えば，先順位の相続人の放棄により相続人となった者や，代襲により相続人となった者）も含まれる（これに対し，相続人以外の者が包括受遺者とされたケースは含まれないことになる。）。

（注２）民法上の遺贈と特定財産承継遺言の差異等について

遺贈のうち，相続人が受遺者である場合に限って単独申請を認めるものとする提案は，相続登記の申請の義務化の範囲（試案第６の２(1)③参照）との平仄をとることで，所有者不明土地問題の解決を図る観点から，相続登記を促進するという目的でするものであり，飽くまでも登記の申請手続の場面において相続人が受遺者である遺贈を特定財産承継遺言による承継と同様に取り扱うこととするものにすぎない。したがって，民法上の遺贈と特定財産承継遺言の差異等をなくすことは意図していない。

なお，従来，遺贈と遺産分割方法の指定と解釈される相続させる旨の遺言との間の実務上の差異として，①不動産登記の単独申請の可否，②登録免許税の多寡，③農地法第３条の許可の要否，④賃借権の承継における賃貸人の承諾の要否，⑤推定相続人の廃除の規定の適用の有無（被廃除者であっても遺贈を受けることができる。）等があるといわれていたが，後に，②及び③の場面では差がなくなっており（登録免許税法第１７条第１項，農地法第３条第１項第１６号，農地法施行規則第１５条第５号参照），両者の実際上の差異はより少なくなっている。

（注３）改正に伴う民法の諸規定の見直しの要否

相続人が受遺者である遺贈について単独申請を認めることとする場合には，民法の相続に関する諸規定についても見直しの必要があるかどうかを慎重に検討する必要がある。

民法・不動産登記法（所有者不明土地関係）等の改正に関する中間試案の補足説明

184

例えば，登記権利者である受遺者が単独で移転登記の申請をすることができることになるが，これに加えて，遺言執行者があるときに遺言執行者も単独で申請することができることとすることが考えられる（現在は，遺言執行者は登記権利者と共同して移転登記を行う。）。受遺者は単独で申請をすることができるし，受遺者と遺言執行者とで共同申請をすることも理論的には可能であると考えられるが，これに加えて，遺言執行者単独での移転登記を許容することで，遺言執行者が遺言の内容を単独で実現することを認める趣旨である。なお，特定財産承継遺言においては，遺言執行者はその対抗要件を備えるために必要な行為をすることができるが（民法第１０１４条第２項），これを受け，登記実務上は，特定財産承継遺言においては遺言執行者も単独で移転登記の申請をすることができるとの取扱いがされる。不動産登記法第６３条第２項は，登記権利者による単独申請について規定しているところ，遺言執行者は，相続財産の管理その他遺言の執行に必要な一切の行為をする権利義務を有するが，同法第２条第１２号の登記権利者（権利に関する登記をすることにより，登記上，直接に利益を受ける者）に直ちに該当するといい難いとも考えられるため，遺言執行者の登記申請の権限を明確にする観点から，不動産登記法において，相続又は相続人が受遺者である遺贈による所有権の移転の登記は，遺言執行者が単独で申請することができるとの規定を設けることが考えられる。

　このほか，相続人が受遺者である遺贈について移転登記の単独申請を認めるのであれば，債権の共同相続による承継に関する民法第８９９条の２第２項の適用範囲を拡大するかどうかを併せて検討する必要があるとの指摘があり得る。

（注４）表題部所有者の相続人による所有権の保存の登記

　これまでの不動産登記実務では，表題部所有者が相続人を受遺者とする遺贈をしていたケースにおいては，権利変動の過程を忠実に反映させるため，当該相続人の単独申請による被相続人を登記名義人とする所有権の保存の登記と，他の法定相続人との共同申請による遺贈による所有権の移転の登記とを同時にするとの取扱いがされている（昭和３４年９月２１日付け法務省民事甲第２０７１号民事局長回答）。試案第６の２(1)（注４）では，表題部所有者が死亡した場合の相続登記の申請の義務付けについても引き続き検討することとしているところ，試案第６の３(1)のとおり，相続人が受遺者である遺贈による所有権の移転の登記の申請について単独申請を認めることとした場合には，この取扱いを改め，当該相続人が単独で自己を登記名義人とする所有権の保存の登記をすることを許容することについても検討する必要がある。

(2) 法定相続分での相続登記がされた場合における登記手続の簡略化

　法定相続分での相続登記がされた場合における登記手続を簡略化するため，共同申請主義の例外として，次のような規律を設ける。

　法定相続分での相続登記がされている場合において，次に掲げる登記をするときは，更正の登記によるものとした上で，登記権利者が単独で申請することができる。

① 遺産の分割の協議又は審判若しくは調停による所有権の取得に関する登記

② 他の相続人の相続の放棄による所有権の取得に関する登記

③　特定財産承継遺言による所有権の取得に関する登記

④　相続人が受遺者である遺贈による所有権の取得に関する登記

（注１）法定相続分での相続登記がされている場合において，受遺者が行う相続人以外の第三者に対する遺贈による所有権の取得に関する登記は，共同申請により行うという現行の規律を維持する。

（注２）ただし，③及び④の登記については，登記官は，登記義務者に対し，当該登記の申請があった旨を通知するとの考え方がある。

（補足説明）

1　提案の趣旨

　　現行の不動産登記法においては，相続の開始後，遺産分割や相続放棄，特定財産承継遺言の内容に基づいて登記をする場合には，相続による所有権の移転の登記として，登記権利者が単独で申請することができる（不動産登記法第６３条第２項。なお，遺贈による所有権の移転の登記は，試案第６の３(1)の補足説明に記載のとおり，共同申請で行わなければならない。）。他方で，先に法定相続分での相続登記がされると，その後に遺産分割や相続放棄，特定財産承継遺言の内容に基づく所要の登記をする場合には，共同申請によって行わなければならず（同法第６０条），煩雑であり，かつ，登録免許税（登録免許税法第９条別表第１第１号(2)イ）が負担になっているとの指摘がある。

　　そこで，法定相続分での相続登記をすることにより発生する上記の負担（その後の遺産分割の内容等に基づく登記の申請が共同申請となることや費用等の手続的負担）を軽減するため，この場合の登記を更正の登記によるものとした上で，登記権利者が単独で申請することができるとすることが考えられる。

2　遺産分割による所有権の取得について更正の登記によるものとすることについて

　　現在の登記実務上，法定相続分での相続登記がされている不動産について，相続放棄の結果や特定財産承継遺言，遺贈に基づいて共有名義を単有名義にするためには，更正の登記によることができるとされている（更正の登記の登録免許税の額は不動産１個につき１０００円である（登録免許税法第９条別表第１第１号(14)）。）。これは，不動産登記法第２条第１６号にいう更正の登記の原因である「錯誤又は遺漏」とは，登記記録に本来されるべき記録の代わりに誤った記録がされている場合や記録されるべきでない記録が存する場合をいうところ（このように，民法上の「錯誤」（民法第９５条）とは異なる概念である。），相続の放棄をした者は初めから相続人とならなかったものとみなされ（同法第９３９条），遺言は遺言者の死亡の時からその効力を生ずる（同法第９８５条）とされていることから，相続放棄者等の持分に関する限り当該登記は誤った記録がされていたものとみることができるからであると考えられる。

　　そして，遺産分割にも遡及効があり，相続人は相続開始の時から相続財産を所有していたこととされること（民法第９０９条本文）に着目すれば，法定相続分での相続登記がされている不動産について遺産分割がされたケースについては，結果的に実体に合致しない誤った記録がされており，登記事項に「錯誤又は遺

漏」があったものとみることも可能であると考えられる（なお，「錯誤」か「遺漏」かという議論をする実益は乏しいと考えられる。）。

　以上によれば，試案第6の3(2)①のとおり，現在は持分の移転の登記によることとされている上記のケースについて更正の登記によることは理論的にも正当なものと考えられる（注）。

　他方で，その原因についてこれを「錯誤」と表示することは他の原因による更正の登記の可能性を想起させるおそれもあり，分かりやすさの観点からは相当ではなく，むしろ，その具体的な原因である「遺産分割」が原因である旨が登記記録上も明確にされることが望ましいと考えられる。そこで，理論上は「登記事項に錯誤又は遺漏があった」ことによる更正の登記に該当するとの整理の下で，登記実務上は更正の登記の原因を「遺産分割」と記録することとするのが相当であると考えられる。

（注）第三者との関係について

　　甲土地について，A及びBを登記名義人とする法定相続分での相続登記がされた後，Aが自己の持分を第三者Cに売却し，その登記をしたケースにおいて，実は甲土地についてはBの単独相続とする旨の遺産分割がされていたとしても，Cが先に自己への移転登記を経由した後には，Bはその単有とする更正の登記をすることはできない。

　　また，同様に法定相続分での相続登記がされた後，Aが自己の持分について第三者Cのために抵当権を設定し，その登記をしたケースにおいて，同様にBの単独相続とする旨の遺産分割がされていたとしても，登記上の利害関係を有する第三者であるCの承諾がない限り，Bの単有とする付記登記による更正の登記をすることはできない（不動産登記法第66条，第68条）。したがって，Cの承諾がない限り，更正の登記ではなく持分の全部移転の登記（主登記）によらざるを得ないと考えられる。

3　単独申請を許容することについて

(1)　遺産分割の場合（試案第6の3(2)①）について

　ア　現在の不動産登記実務

　　　甲土地の所有権の登記名義人であるAが死亡し，その法定相続人として子B及びCがいる事例において，B及びCの法定相続分での相続登記がされないまま，B及びCの間での甲土地をBの単独所有とする旨の遺産分割協議に基づき登記の申請をする際には，A，B及びCの戸籍謄本等，B及びCによる遺産分割協議書，当該遺産分割協議書に押印した申請人以外の相続人であるCの印鑑に係る印鑑証明書並びにBの住民票の写しを添付情報として，Bは，AからBへの相続を原因とする所有権の移転の登記を単独で申請することができる（不動産登記法第63条第2項，昭和19年10月19日付け法務省民事甲第692号民事局長通達，昭和30年4月23日付け法務省民事甲第742号民事局長通達）。

　　　これに対し，B及びCの法定相続分での相続登記がされた後に，Bが甲土地を単独で所有する旨の遺産分割協議に基づき登記の申請をする際には，CからBへの持分の全部移転の登記が共同申請によりされることとなり，登記原因証明情報として遺産分割協議書，登記義務者であるCの登記識別情報

187

（同法第２２条）及び印鑑証明書（作成後３か月以内のもの。不動産登記令第１６条第２項及び第３項）並びに登記権利者であるＢの住民票の写し等を添付情報として申請を行うこととなる。

　イ　単独申請を許容した場合の手続

　　　法定相続分での相続登記がされている不動産について遺産の分割の結果に基づいて更正の登記を単独でするときは，例えば，遺産分割協議に基づく場合であれば，登記原因証明情報として，遺産分割協議書及び当該遺産分割協議書に押印した申請人以外の相続人の印鑑証明書を提供することとなると考えられる（不動産登記令別表２５の項添付情報欄イ又は同表３０の項添付情報欄イ。昭和３０年４月２３日付け法務省民事甲第７４２号民事局長通達等参照）。

　　　前記アの事例における現行法下での取扱いと比べると，Ｃに申請書（委任状）の作成及びこれに押印した印鑑に係る作成後３月以内の印鑑証明書の提供を依頼する必要まではなくなるという違いがあるほか，Ｃの登記識別情報を提供する必要がなくなるなどの点において，申請人の負担を軽減することができる。

(2)　相続の放棄の場合（試案第６の３(2)②）について

　　　現在の不動産登記実務では，被相続人Ａが登記名義人である甲土地について，その法定相続人であるＢ及びＣの法定相続分での相続登記が経由された後に，Ｃが相続放棄をした場合には，登記原因証明情報として，家庭裁判所の証明に係る相続放棄申述受理証明書を提供するなどして，Ｂの単独所有とする錯誤による更正の登記をＢ及びＣが共同で申請をすることとなる。

　　　これに対し，法定相続分での相続登記がされている不動産について相続放棄の結果に基づいて単独で更正の登記をするときは，登記原因証明情報として，相続放棄申述受理証明書を提供することとなると考えられる（不動産登記令別表２５の項添付情報欄イ）。

　　　現行法下における取扱いと比べると，前記(1)と同様の負担軽減を図ることができる。

(3)　特定財産承継遺言の場合（試案第６の３(2)③）について

　　　現在の不動産登記実務では，法定相続分での相続登記がされた後に，特定財産承継遺言が発見された場合（甲土地の所有権の登記名義人であるＡが死亡し，Ｂ及びＣの法定相続分での相続登記がされた後に，Ｂが甲土地を単独で所有する旨の特定財産承継遺言が発見された場合）には，登記原因証明情報として遺言書（裁判所による検認が必要な場合にあっては，検認を受けたもの）を提供するなどして，Ｂの単独所有とする錯誤による更正の登記をＢ及びＣが共同で申請をすることとなる。

　　　これに対し，法定相続分での相続登記がされている不動産について特定財産承継遺言に基づいて単独で更正の登記をするときは，登記原因証明情報として，遺言書（裁判所による検認が必要な場合にあっては，検認を受けたもの）を提供することとなると考えられる（不動産登記令別表２５の項添付情報欄

188

イ）。

　　現行法下における取扱いと比べると，前記(1)と同様の負担軽減を図ることができる。

　(4)　相続人が受遺者である遺贈の場合（試案第6の3(2)④）について

　　現在の不動産登記実務では，相続人Aが登記名義人である甲土地について，その法定相続人であるB及びCの法定相続分での相続登記がされた後に，甲土地をBに遺贈する旨の遺言書が発見されたため，この遺言によりBが甲土地について自己の単独所有とするための登記を行う場合には，錯誤による更正の登記を，B及びCの共同申請により行うものとされている（昭和37年6月28日付け法務省民事甲第1717号民事局長通達参照）。

　　これに対し，法定相続分での相続登記がされている不動産について相続人が受遺者である遺贈に基づいて単独で更正の登記をするときは，登記原因証明情報として遺言書（裁判所による検認が必要な場合にあっては，検認を受けたもの）を提供することとなると考えられる（不動産登記令別表25の項添付情報欄イ）。

　　なお，この提案は，相続人が受遺者である遺贈の登記につき単独申請を許容すること（試案第6の3(1)参照）が前提となるものである。

4　相続人以外の第三者に対する遺贈（試案第6の3(2)（注1））について

　　試案第6の3(1)及び(2)④のとおり，遺贈については，相続人が受遺者である場合と，相続人以外の第三者が受遺者である場合とを区別し，相続人が受遺者である場合についてのみ単独申請を許容することが前提となっていることから，第三者に対する遺贈による所有権の取得に関する登記については共同申請によるとする現行の規律を維持することを注記している。

5　登記義務者に対する通知（試案第6の3(2)（注2））について

　　試案第6の3(2)の新たな規律を導入すると，法定相続分での相続登記がされた不動産についてする特定財産承継遺言に基づく登記の場合には，遺産分割や相続放棄の場合において遺産分割協議書や相続放棄申述受理証明書が提出されるのと異なり，持分を失うことについての登記義務者の意思（了解）を表明した書類は提出されないこととなる。

　　そこで，法定相続分での相続登記が既にされていることに鑑み，前住所通知の制度（不動産登記法第23条第2項）と同様の趣旨で，問題のあるケースであった場合に適宜の対処をする契機とするため，登記官は，登記義務者に対し，特定財産承継遺言に基づく登記の申請があった旨を通知するものとすることが考えられることから，その旨を注記している。また，相続人が受遺者である遺贈についても同様の考慮があり得る旨を注記している。

　　この点について，部会では，法定相続分での相続登記がされている場合のみならず，当該登記がされていない場合に特定財産承継遺言等に基づいて登記を申請する場合についても，同様に登記の申請があった旨を通知することが考えられないかとの指摘があった。

　　これに対しては，遺言書の検認や遺言書保管所に保管されている遺言書の遺言

189

書情報証明書の交付請求等に際しては，相続人への通知がされるから（家事事件手続規則（平成24年最高裁規則第8号）第115条，法務局における遺言書の保管等に関する法律（平成30年法律第73号）第9条第5項），重ねての通知の意義に疑問を呈する意見もあった。

4　所有不動産目録証明制度（仮称）の創設

相続人による相続登記の申請を促進する観点も踏まえ，所有不動産目録証明制度（仮称）として，次のような規律を設ける。

① 何人も，登記官に対し，手数料を納付して，自己が現在の所有権の登記名義人である不動産の目録を法務省令に定めるところにより証明した書面（以下「所有不動産目録証明書」（仮称）という。）の交付を請求することができる。

② 所有権の登記名義人について相続その他の一般承継があった場合において，相続人その他の一般承継人は，登記官に対し，手数料を納付して，当該所有権の登記名義人が現在の所有権の登記名義人である所有不動産目録証明書（仮称）の交付を請求することができる。

（注1）ただし，現在の登記記録に記録されている所有権の登記名義人の氏名又は名称及び住所は過去の一定時点のものであり，必ずしもその情報が更新されているものではないことなどから，請求された登記名義人の氏名又は名称及び住所等の情報に基づいてシステム検索を行った結果を証明する所有不動産目録証明制度（仮称）は，飽くまでこれらの情報に一致したものを目録の形式で証明するものであり，不動産の網羅性等に関しては技術的な限界があることが前提である。

（注2）①の規律を設けた場合には，登記名義人が第三者から所有不動産目録証明書（仮称）の提出を求められるとの事態が生ずるが，この可能性を踏まえた何らかの規律の要否については，引き続き検討する。

（注3）不動産の表題部所有者についても同様の規律を設けるかどうかについて，引き続き検討する。

（補足説明）

1　提案の趣旨

不動産登記法は，登記記録は一筆の土地又は一個の建物ごとに作成されるものとして（同法第2条第5号），不動産を単位とする編成，すなわち物的編成主義を採用しており，権利の主体である人を単位とする編成（人的編成主義）は採用していない。すなわち，例えば，全国の不動産から，Aという個人が所有権の登記名義人となっているものを網羅的に抽出し，このような抽出結果を公開する仕組みとはなっていない（注1）。

そのため，被相続人の死亡により相続が開始し，相続人が遺産分割協議や相続登記の申請を含む相続に関わる各種手続を行おうとする場合に，そもそも被相続人が所有していた不動産としてどのようなものがあるかについて相続人が把握しきれておらず，これを調査するところから始めなければならないことは煩雑であ

民法・不動産登記法（所有者不明土地関係）等の改正に関する中間試案の補足説明

り，結局相続登記がされないまま放置されてしまうケースがあるとの指摘がある。

　　そこで，相続登記の手続的負担を軽減して相続登記の促進を図り，所有者不明土地問題の発生を抑制するなどの観点から，所有権の登記名義人について相続が開始した場合のその相続人は，被相続人が所有権の登記名義人である不動産の一覧を知ることができるものとする新たな制度を創設することが考えられる。

　　また，このような制度を設けるのであれば，被相続人が所有権の登記名義人である不動産だけでなく，自己が所有権の登記名義人である不動産についても対象とすることが考えられることから，この双方のケースを前提に，所有不動産目録証明制度（仮称）という新たな制度の創設を提案している（注２）。

（注１）物的編成主義の下で登記所に提供された不動産に係る個人情報を，本来予定されていない人的編成主義による方法で提供すること（以下では単に「名寄せ」という。）は，当然に許容されるものではなく，法令に基づく場合を除き，個人情報の目的外利用に当たり，これを行うことができないものと考えられる（行政機関の保有する個人情報の保護に関する法律（平成１５年法律第５８号）第８条第１項参照）。また，各個人を単位として不動産登記の情報を検索することができるものとすると，個人が所有する財産や個人が負っている債務等の財産状況が明らかになることとなり，プライバシーの侵害に当たり得るとも考えられた。そこで，登記簿のコンピュータ化が行われた後においても名寄せを実施する機能は設けられていなかった。

　　もっとも，令和元年５月１７日に公布された民事執行法及び国際的な子の奪取の民事上の側面に関する条約の実施に関する法律の一部を改正する法律（令和元年法律第２号）による改正後の民事執行法では，裁判所が，執行力のある債務名義の正本を有する金銭債権の債権者等の申立てにより，債務者が所有権の登記名義人である不動産に関する情報の提供をすべき旨命じた場合には，登記所は，名寄せを行ってこの情報を裁判所に提供するとの新たな制度が設けられた（改正後の民事執行法第２０５条）。

　　これを踏まえ，登記情報システムにおいては，この制度に対応する観点から，人を単位とする情報の検索（名寄せ）をすることができるよう改修を実施することとしている。

（注２）人を単位とする不動産の一覧を証明するものとしては，市町村において備え付けられる土地名寄帳及び家屋名寄帳がある（地方税法第３８７条第１項）が，所有不動産目録証明制度は，市町村の単位に限られないものを想定している点で，土地名寄帳及び家屋名寄帳とは異なるものとなる。

２　提案の内容

　(1)　請求人の範囲

　　ア　所有権の登記名義人本人（試案第６の４①）

　　　　名寄せを行うためにはプライバシーへの配慮が重視されるべきであるところ，所有権の登記名義人本人（自然人・法人のいずれも含む。）が自己の不動産に関する財産状況を把握しておきたい，又は自己の不動産に関する財産状況を第三者に開示することによって自己の資力を証明したいなどと考えた場合に，自ら登記所から名寄せした自己の情報の提供を受けたいと希望するのであれば，プライバシーの点は問題とならないと考えられる。

そこで，所有権の登記名義人本人を請求人とすることが考えられる。

なお，所有者不明土地の発生を抑制する観点からも，生前に所有権の登記名義人が自己の所有する土地を確認し，それぞれの処分を遺言に定めておくことは有用であると考えられることから，後記イに加えて，登記名義人自身に所有不動産目録証明制度の請求権を与えることには合理性があると考えられる。

イ　相続人その他の一般承継人（試案第6の4②）

所有権の登記名義人であるＡが死亡し，その相続人であるＢが所有不動産目録証明制度を利用するケースについていえば，Ａは既に死亡しており，また，相続登記の手続等のために必要であるといった理由があることから，亡Ａのプライバシーへの配慮は不要であると考えられる。

また，登記名義人が法人である場合においても，同様に，法人の合併による移転の登記手続等の遺漏がないかを確認するために所有不動産目録証明制度を利用するニーズがあるものと考えられる。

そこで，相続人その他の一般承継人を請求人とすることが考えられる。

ウ　代理人

所有不動産目録証明書（仮称）の交付を請求することができる者としては，前記ア及びイのみならず，その代理人も広く認めることとし，具体的には，親権者，未成年後見人，成年後見人，代理権付与の審判のある保佐人及び補助人，不在者財産管理人並びに相続財産管理人や，委任による代理人を含めることが考えられる。

エ　その他

前記アからウまでのほか，例えば，遺言執行者を請求人の範囲に含めることや，破産者の財産である不動産の目録を確認することは，破産管財人の職務に含まれ，財産を清算する破産手続に資するものであると考えられることから，破産管財人を請求人の範囲に含めることなども考えられる。

他方で，登記名義人のプライバシーへの配慮を重視する観点や，債権者代位の要件の判断を登記所において厳格に行うことも困難であることから，債権者代位権の客体とはしないものとすべきであると考えられる。

(2) 所有不動産目録証明書の交付の請求情報

所有不動産目録証明書の交付の請求をするときに請求人が提供する情報としては，少なくとも所有権の登記名義人の氏名又は名称及び住所の情報が必要である。加えて，不動産登記と戸籍等との連携のため，登記所に所有権の登記名義人の生年月日の情報が申し出られるようになった後の状況を想定すれば（試案第6の1(1)及び試案第7の2(1)参照），請求人が生年月日の情報をも提供することで，より迅速かつ効率的な検索が可能となると想定される。また，法人について会社法人等番号が登記事項とされた場合には（試案第10の1参照），請求人が会社法人等番号を提供することで，法人の名称及び住所の代わりに会社法人等番号を用いた検索が可能となる。

(3) 所有不動産目録証明書の記載事項

所有不動産目録証明書の目的は，ある者が所有権の登記名義人となっている不動産の一覧を示すことにあることからすれば，その記載事項は，個々の不動産ごとに，所有者証明書に相当する事項（登記記録に記録されている現在の所有権の登記名義人の氏名又は名称及び住所並びに当該登記名義人が二人以上であるときは当該登記名義人ごとの持分。不動産登記規則（平成１７年法務省令第１８号）第１９６条第１項第４号）があれば足りると考えられる。

3　所有不動産目録証明制度の技術的な限界（試案第６の４（注１））について

　　請求人からの証明書の交付請求に基づき，登記情報システム内において対象者の名寄せの作業を行う場合には，氏名又は名称及び住所を検索キーとして登記情報の検索を行うことが想定されるが，現在の登記記録に記録されている所有権の登記名義人の氏名又は名称及び住所は，過去の一定時点のものであり，最初の登記申請時点から必ずしもその情報が更新されているものではないことから，例えば，Ａの最新の氏名及び住所で検索をしても，Ａの旧住所での登記が残存している不動産が存在する場合には，検索結果として抽出されないこととなる。そこで，正確な検索のためには，Ａの旧住所をも検索キーとして追加した上で検索を行う必要がある。また，登記記録の文字情報には外字が多く含まれていることや，かつては紙の帳簿であったものを磁気ディスクの登記簿に改製する作業が行われた際に，コンピュータによる取扱いに適合しない登記簿は引き続き紙の帳簿により事務処理を行うこととされたため，磁気ディスクの登記簿への改製作業を行っていないいわゆる「改製不適合物件」が存在することなどから，所有不動産目録証明制度は，そもそも，飽くまで登記記録の電子データ上，検索キーに一致した者が存することについての証明であって，対象者が真に所有権者であることを証明するものではないし，請求された対象者が登記名義人となっている不動産を完全に網羅して証明するものではないと考えられることなどについては留意が必要となる。

4　第三者から所有不動産目録証明書の提出を求められる事態（試案第６の４（注２））について

　　このような証明制度を創設した場合には，第三者から請求権者が所有不動産目録証明書の提出を強く求められ，提出に応じざるを得ない事態が生ずることもあり得る。

　　このような事態をできるだけ避ける観点からは，所有不動産目録証明書の交付を登記名義人が死亡しているケース（試案第６の４②）に限定することが考えられるが，自己の有する不動産を確認したいといった一般的なニーズや，将来の相続発生に備えて自分が登記名義人となっている不動産を確認しておきたいといったニーズに対応することができないこととなる。

　　また，そもそも，所有不動産の登記情報は個々的には既に一般的に公開されている情報であることから，過度に厳格にその保護を図る必要はないと考えられる。以上を踏まえ，登記名義人が死亡する前であっても，この証明書の請求を認めることを提案しているが，このような可能性を踏まえた何らかの規律の要否については，引き続き検討する必要があると考えられる。

5　表題部所有者（試案第6の4（注3））について

　試案第6の4では，所有不動産目録証明制度の対象を，登記記録の権利部に記録された所有権の登記名義人とすることを前提としているが，これだけでなく，表題部に記録された表題部所有者についても対象とするかどうかについても検討することが考えられる。

　他方で，試案第6の4の仕組みの構築及び運用には相当のコストを要することから，費用対効果も踏まえつつ実現可能な制度設計について慎重に検討する必要がある。

第7　登記名義人の氏名又は名称及び住所の情報の更新を図るための仕組み

1　氏名又は名称及び住所の変更の登記の申請の義務付け

　氏名又は名称及び住所の変更の登記の申請に関し，次のような規律を設けることについて，引き続き検討する。

　不動産の所有権の登記名義人の氏名若しくは名称又は住所について変更が生じた場合には，当該登記名義人は，一定の期間内に，氏名若しくは名称又は住所の変更の登記を申請しなければならない。

（注1）この義務がある者が正当な理由がないのに一定の期間内にその申請をしなかったときに過料の制裁を設けるかどうかについては，これを設けるとの考え方と設けないとの考え方がある。

（注2）不動産の表題部所有者についても同様の規律を設けるかどうかについて，引き続き検討する。

（補足説明）

1　提案の趣旨

　現行の不動産登記法においては，登記名義人の氏名若しくは名称又は住所（以下「住所等」という。）について変更があった場合であっても，当該登記名義人に，住所等についての変更の登記（同法第64条第1項等）の申請は義務付けられていない（なお，表題部所有者についても，変更の登記の申請は義務付けられていない（同法第31条参照）。）。

　また，実際上，所有権の登記名義人が自然人である場合には，登記記録上の住所等の変更をしなくとも，通常その登記名義人が特段の不利益を被ることは多くないと考えられていること（注）や，特に比較的頻繁に変更が起こり得る住所についてはその変更の都度変更の登記をすることに手間がかかることなどから，売買等により所有権を第三者に移転しようとする段階になって初めて住所等の変更の登記をする例が多いものと思われる。

　しかし，登記名義人の住所等について変更が生じているにもかかわらず，その変更の登記が申請されないまま放置されると所有者の所在を容易に把握することができなくなる事態が生ずるため，（前注）に記載したとおり，所有者不明土地が生ずる大きな原因の一つとなっている。

　また，所有権の登記名義人が法人である場合には，商号又は名称や本店又は主

たる事務所の所在場所に変更が生じたときは，商業・法人登記における変更の登記については登記申請が義務付けられていることや，法人の財産を適切に管理する観点等から，不動産登記における名称又は住所の変更の登記についても一定程度は行われていると考えられるが，実際上，変更の登記がされていないケースも少なからず存在する。

　そこで，所有者不明土地の発生を抑制し，不動産登記情報の更新を図る観点から，所有権の登記名義人に対し，住所等の変更の登記を義務付けることが考えられる。

（注）もっとも，現行法の下でも，次のとおり，住所等の変更の登記をしていないことにより，不利益を生ずることがあり得る。例えば，所有権の移転の登記の申請人が登記識別情報の提供をすることができない場合において，当該登記申請日が登記義務者の住所についてされた最後の変更の登記から３月以内であるときは，登記官は，当該登記義務者の登記記録上の前の住所に宛てて，当該申請があった旨を通知することとされている（不動産登記法第２３条第２項，不動産登記規則第７１条第２項第２号）。これは，登記申請に先立ち，所有者本人が知らない間に住民基本台帳上の住所移転の手続をし，移転後の住所地の市区町村長から不正に交付を受けた印鑑登録証明書を悪用した成りすましによる申請をし，移転先の住所で事前通知（不動産登記法第２３条第１項）を受領するという不正事件が見られたため，このような不正事件を防止するために導入された制度であるが，所有者が登記記録上の住所を旧住所のままとしていた場合には，この前住所通知を受領することができないため，不正事件を防ぐための手立ての一つが発動しないという事態を生ずる可能性がある。また，筆界特定の申請があったときの関係人への通知は，基本的には登記記録上の関係人の住所宛てにされるため，旧住所のままであった場合には，この通知を受領できない可能性がある。

２　提案の内容

（1）義務付けの必要性，根拠等

　　部会では，登記名義人が死亡しているのに相続登記がされていない場合と，住所等の変更の登記がされていない場合とでは問題状況が異なっており，常に最新の住所等が公示されている必要性が高いといえるどうかについては疑問もあるとの意見もあった。

　　もっとも，住所の変更の登記がされていないことは，従来から所有者不明土地問題の主要な要因の一つとして指摘されてきており，また，（前注）記載のとおり，都市部の人口集中地区においては相続登記がされていない割合よりも住所の変更の登記がされていない割合の方が多数を占めており，所有者不明土地問題の解決のためには当該情報の更新を図ることも重要であると考えられる（注）。

　　住所等の変更の登記がされていないことにより登記記録の情報からは所有者に連絡がつかない場合には，相続登記が未了である場合と同様に，様々な支障が生ずるおそれがある。例えば，その土地が崖崩れのおそれのある土地であり，隣地の所有者が崖崩れを防止するための措置を講じようとしても所有者に連絡することができず，その所有者の所在を自ら費用や時間をかけて調査しなければならないというケースが生ずる。また，その土地の周囲で公共事業を実

施しようとする地方公共団体において，当該土地の所有者と交渉を行うために
その所在を調査しなければならなくなるケースなどが考えられる。

　このような事態を避け，所有者の探索作業を社会全体として合理化するため
には，登記記録上の住所等の情報を最新のものとしておく必要性は高いといえ
る。

　他方で，現状，所有者本人においては，住所等の変更の登記をしておかなく
とも通常は大きな不利益を被ることは多くなく，住所等の変更の登記をするイ
ンセンティブが働きにくいことから，登記記録上の氏名等の情報の更新を図る
ため，土地及び建物の所有権の登記名義人について，住所等について変更があ
った場合には，住所等の変更の登記を申請しなければならないものとして登記
の申請を義務付けることが考えられる。

　さらに，登記申請を義務付けるとしても，登記名義人本人が自ら申請を行う
負担を実質的に軽減する方策（試案第7の2参照）を併せて講ずることができ
れば，登記申請の義務付けが国民に過度な負担を課すことにはならないとも考
えられる。

　そこで，住所等の変更の登記の申請の義務付けについて引き続き検討するこ
とを提案している。

(注) 住所の変更については，登記記録上の住所地の市区町村に対して住民票の除票等の閲
覧を申請することで，把握が可能であり，登記記録上の住所が古いままであったとしても
大きな支障はないとの指摘もある。しかし，住民票の除票等は不動産登記と異なり，誰で
もアクセスが可能なものとはなっていないことに留意する必要がある。また，住所が転々
と移転しているケースなどでは，住所の調査にも相当のコストを要することになるものと
考えられる。

(2) 義務の内容

　ア　対象となる権利及び財産の種別

　　登記申請義務の対象となる権利については，相続登記と同様に（試案第6
　の2(1)参照），まずは所有権に限り，かつ，対象財産は土地及び建物とする
　ことが考えられる。

　イ　義務を履行すべき期間

　　登記名義人の住所等についてその変更の登記の申請を義務付ける期間として
　は，相続登記と比べれば，手続的な面ではより簡易なものであることを考慮
　したとしても，変更事由が生じた時から著しく短期間とすることもバランス
　を失すると考えられることから，申請をすべき「一定の期間」は，例えば，
　短くとも変更事由が生じた時から「1年」などとすることが考えられる。

　ウ　その他

　　住所等の変更の登記の申請を義務化する場合には，これらの情報を秘匿す
　る正当な理由のある者（例えば，住所を秘匿したいDV被害者等が考えられ
　る。）をどのように保護するかも検討する必要があり，この点は，試案第7の
　3において検討する。

3　過料の制裁（試案第7の1（注1））について

部会では，義務違反の効果として過料の制裁を設けることについては積極的な意見と消極的な意見とがあった（注）。

住所の変更は比較的頻繁に行われ得るものであり，個人情報である住所等の情報が変更される都度，過料の制裁を背景として正当な理由がない限り全て登記記録上に公示しなければならないとすることは行き過ぎであるとの考え方があり得る。この考え方による場合には，所有者の特定に関して生ずる法律上又は事実上の不利益（現行法下における前記1（注）に記載した不利益のほか，登記記録上の住所に宛てて通知等を発すれば足りる旨の規定を設けた場合（試案第6の2(4)参照）におけるその規定に基づく不利益があり得る。）を背景に義務の履行を事実上促すものと整理することが考えられる。

他方で，過料の制裁を科さないとすることに対しては，義務違反の直接的な法的効果がないのにもかかわらず義務付けの規定を設けても意義に乏しいのではないかという指摘が考えられる。このような考え方からは，「一定の期間」をある程度の長期間とすることに加え，仮に過料の制裁を設けたとしても，当該制裁を科されない「正当な理由」について個人情報保護の要請を加味することで，個人情報保護の要請とのバランスをとることが考えられる。

そこで，試案第7の1（注1）では，過料の制裁規定の要否については，引き続き検討することとしている。

（注）住所変更に関して過料の制裁が定められている例として，次のものがある。
・会社法（平成17年法律第86号）第976条第1号（代表取締役の住所の変更の登記）過料100万円以下
・一般社団法人及び一般財団法人に関する法律（平成18年法律第48号）第342条第1号（代表理事の住所の変更の登記）　過料100万円以下
・住民基本台帳法第52条第2項（転入等の届出）　過料5万円以下

4　表題部所有者（試案第7の1（注2））について

試案第7の1では，住所等の変更の登記申請の義務付けの対象を，登記記録の権利部に記録された所有権の登記名義人とすることを前提としているが（前記2(2)ア参照），表題部に記録された表題部所有者についても対象とすることが考えられる。

他方で，特に表題部所有者が自ら申請を行う負担を実質的に軽減する方策（試案第7の2参照）を構築する場合には，その構築及び運用には相当のコストを要することから，費用対効果も踏まえつつ実現可能な制度設計について慎重に検討する必要がある。

2　登記所が他の公的機関から氏名又は名称及び住所の変更情報を入手し，不動産登記に反映させるための仕組み

不動産登記所が住民基本台帳ネットワークシステム又は商業・法人登記のシステムから所有権の登記名義人の氏名又は名称及び住所の変更の情報を取得し，これを不動産登記に反映させるため，次のような仕組みを設けることについて，特に登記名義人が自然人である場合については個人情報保護の観点や住

民基本台帳制度の趣旨等にも留意しつつ，引き続き検討する。

(1) 登記名義人が自然人である場合

① 所有権の登記名義人は，登記官に対し，自己が所有権の登記名義人となっている不動産について，氏名，住所及び生年月日の情報を申し出るものとし（注1），当該申出のあった情報のうち，生年月日の情報は登記記録上に公示せず，登記所内部において保持するデータとして扱う。

② 登記官は，定期的に，上記①で申出のあった情報に基づいて住民基本台帳ネットワークシステムに照会を行い，当該登記名義人の氏名及び住所の情報の提供を受けることができるものとする。

③ 登記官は，住民基本台帳ネットワークシステムを通じて得た氏名及び住所の情報が登記記録に記録された情報と異なることが判明した場合には，当該登記名義人に対して変更後の情報に基づき氏名又は住所の変更の登記を行うことについて確認をとるなどした上で，氏名又は住所の変更の登記を行う。

(2) 登記名義人が法人である場合

① 所有権の登記名義人が会社法人等番号（商業登記法第7条に規定する会社法人等番号をいう。）を有する法人であるときは，当該法人の会社法人等番号を新たな登記事項として公示する（注2）。

② 登記官は，商業・法人登記のシステムから法人の名称又は住所の情報の変更があったことの通知を受けた場合には，変更された情報に基づき，名称又は住所の変更の登記を職権で行うことができるものとする。

（注1）上記の新たな仕組みに係る規定の施行後においては，新たに所有権の登記名義人となる者は，その登記申請の際に，氏名，住所及び生年月日の情報の申出を必ず行うものとする。当該規定の施行前に既に所有権の登記名義人となっている者については，氏名，住所及び生年月日の情報に加え，自己が所有権の登記名義人となっている不動産の情報の申出を任意に行うことができるものとする。

（注2）上記の新たな仕組みに係る規定の施行後においては，新たに所有権の登記名義人となる者は，その登記申請の際に，会社法人等番号を必ず申請情報として提供するものとする。当該規定の施行前に既に所有権の登記名義人となっている者については，会社法人等番号に加え，自己が所有権の登記名義人となっている不動産の情報の申出を任意に行うことができるものとする。

（注3）不動産の表題部所有者についても同様の仕組みを設けるかどうかについて，引き続き検討する。

（補足説明）

1 提案の趣旨

住所等の変更については，一般にこれを登記に反映させておくインセンティブが働きにくいものであり，かつ，その手続の手間を軽減する必要があると考えられる。

そこで，不動産登記所の登記官が住基ネット又は商業・法人登記のシステムか

ら所有権の登記名義人の氏名又は名称及び住所の変更の情報を取得し，これを不動産登記に反映させる方策について引き続き検討することを提案している。

2　登記名義人が自然人である場合（試案第7の2(1)及び（注1））について
(1)　氏名及び住所の情報を取得するための連携先システム

　　自然人の氏名及び住所の情報を取得する連携先システムとしては，住基ネットが考えられる（注）。

　　（注）個人情報保護の観点から住民基本台帳を閲覧することができる事由を限定している住民基本台帳制度の趣旨を踏まえれば，個人情報を何人も閲覧可能な状態として公示することを前提とする行政事務において住基ネットの本人確認情報を利用することは，その趣旨に反しないような制度として構築することが必要であることに留意する必要がある。

(2)　情報取得及び不動産登記への反映の仕組み（試案第7の2(1)①から③まで）

　　試案第7の2(1)①及び②では，所有権の登記名義人が，紐付けのために氏名，住所及び生年月日の情報を申し出ることとし，その上で，その検索キーを用いて登記所が連携先システムから情報を取得することとしている。また，この紐付けのための申出は，新たな登記申請に際して行うことが想定されるほか，登記名義人からの自発的な申出によることも可能にすることを想定している（試案第7の2(1)（注1）参照）。以上については，死亡情報の取得の場面において，連携先システムを住基ネットと想定した場合と同様である（試案第6の1(1)参照）。

　　その上で，試案第7の2(1)③では，変更後の情報に基づき変更の登記を行うに当たっては，登記名義人本人への確認等を経ることを想定している。なお，その確認等の方法やその後の変更の登記の方法等については，個人情報保護の観点や住民基本台帳制度の趣旨等も踏まえて引き続き検討することとしている。

3　登記名義人が法人である場合（試案第7の2(2)及び（注2））について
(1)　名称及び住所の情報を取得するための連携先システム

　　法人については，新たな不動産登記申請がされる際には基本的に会社法人等番号の提供を求めることとしてその会社法人等番号を不動産登記の情報としても保持し（なお，会社法人等番号を新たな登記事項とすることについては，試案第10の1参照），住所等の変更の情報を商業・法人登記のシステムにおいて確認するために利用することが考えられる。

　　この紐付けのための会社法人等番号の取得は，新たな登記申請に際して行うことが想定されるほか，法人からの自発的な申出によることも可能とすることを想定している（試案第7の2(2)（注2）参照）。

(2)　住所等の情報の公示等について

　　前記(1)のように不動産登記記録上の登記名義人と商業・法人登記簿上の法人とを紐付けることができれば，その法人の名称又は住所に変更が生じたことが商業・法人登記において登記された場合に，変更された情報が商業・法人登記のシステムから不動産登記のシステムへ通知される仕組みを整備し，変更された情報を取得した登記官が職権で名称又は住所の変更の登記を行うこととする

ことが考えられる。

　法人は，法人として存在し，事業活動を行っている以上，住所等の情報に変更が生じたときはこれを公示するために商業・法人登記の申請が義務付けられていることからすれば，不動産登記記録においても当然に住所等の情報が変更される必要があると考えられるからである。

　また，前記(1)のとおり登記名義人の申請又は申出を待って紐付けを行うことを前提とすれば，その変更された情報の正確性にはほとんど問題がないと思われることから，職権による変更の登記に当たり，登記名義人への事前・事後の通知等は特段要しないものとすることが考えられる。

4　表題部所有者（試案第7の2（注3））について

　試案第7の2では，住所等の変更情報を取得する対象とする者を，登記記録の権利部に記録された所有権の登記名義人とすることを前提としているが，表題部に記録された表題部所有者についても対象とすることが考えられる。

　他方で，この仕組みの構築及び運用には相当のコストを要することから，費用対効果も踏まえつつ実現可能な制度設計について慎重に検討する必要がある。

3　被害者保護のための住所情報の公開の見直し

　登記名義人等の住所が明らかとなることにより当該登記名義人等に対して加害行為がされるおそれがあるものとして法務省令で定める場合には，当該登記名義人等の申出により，その住所を公開しないことができるとする規律を設ける。

（補足説明）

1　提案の趣旨

　現行の不動産登記法では，登記記録に登記名義人等の氏名及び住所が記録され（同法第59条第4号等），登記事項証明書等の交付を請求することにより，何人でもこれらの情報を知ることができるとされている（同法第119条第1項）。また，申請情報及びその添付情報その他の登記簿の附属書類（不動産登記令第21条第1項で定める図面を除く。）についても，利害関係を有する部分に限られるものの，閲覧の対象とされている（不動産登記法第121条第2項）。

　もっとも，登記名義人等がDV被害者等である場合に，登記事項証明書や附属書類等からその現住所が加害者に知られてしまうと，その生命・身体等に対して害を加えられるおそれが生ずる。

　そこで，現在の登記実務においては，被害者情報の保護の観点から，DV被害者等の被支援措置者について，一定の場合に，現住所への住所の変更の登記を不要とする取扱い（平成25年12月12日付け法務省民二第809号民事局民事第二課長通知）や，前住所又は前々住所を登記権利者の住所として申請することを許容する取扱い（平成27年3月31日付け法務省民二第196号民事局民事第二課長通知），登記申請書等に記載されている被支援措置者の住所の閲覧制限の取扱い（平成27年3月31日付け法務省民二第198号民事局民事第二課長

通知）がされているところである。

　しかし，これらの取扱いは運用上のものに止まっており，相続登記を始めとする不動産登記情報を最新のものとする各種方策を講ずるに当たっては，被害者保護の観点から住所を公開しないことを許容する必要が高まると考えられる。そこで，これらの取扱いについて必要な見直しをした上で，法制上の措置を講ずることが相当であると考えられる。

2　制度化に当たって検討すべき事項
　(1)　対象者の範囲
　　　前記各通知における対象者は，①配偶者からの暴力の防止及び被害者の保護等に関する法律（平成13年法律第31号）第1条第2項に規定する被害者，②ストーカー行為等の規制等に関する法律（平成12年法律第81号）第7条に規定するストーカー行為等の相手方，③児童虐待の防止等に関する法律（平成12年法律第82号）第2条に規定する児童虐待を受けた児童に限られている。

　　　もっとも，これらに限られず，犯罪被害者であり，現住所を第三者に知られると加害者等から報復のおそれがある場合にも，住所を秘匿する必要性が高いと考えられる。そこで，対象者については，ＤＶ被害者等の被支援措置者のほか，このような犯罪被害者を含めることが考えられる（会社法制（企業統治等関係）の見直しに関する諮問第104号に対する答申に係る附帯決議第2項参照）。

　　　(参考)　法制審議会第183回会議（平成31年2月14日開催）における会社法制（企業統治等関係）の見直しに関する諮問第104号に対する答申に係る附帯決議（抜粋）

　　「2　株式会社の代表者の住所が記載された登記事項証明書に関する規律については，これまでの議論及び当該登記事項証明書の利用に係る現状等に照らし，法務省令において，以下のような規律を設ける必要がある。
　　　(1)　株式会社の代表者から，自己が配偶者からの暴力の防止及び被害者の保護等に関する法律第1条第2項に規定する被害者その他の特定の法律に規定する被害者等であり，更なる被害を受けるおそれがあることを理由として，その住所を登記事項証明書に表示しない措置を講ずることを求める旨の申出があった場合において，当該申出を相当と認めるときは，登記官は，当該代表者の住所を登記事項証明書に表示しない措置を講ずることができるものとする。
　　　(2)　電気通信回線による登記情報の提供に関する法律に基づく登記情報の提供においては，株式会社の代表者の住所に関する情報を提供しないものとする。」

　(2)　現住所を非公開とする方法
　ア　現住所を非公開とする具体的な方法としては住所に代わる連絡先を登記事項証明書上に記載する方法（飽くまでも住所に代わる連絡先は「住所」として表示される。）が想定されている。ここでいう「住所に代わる連絡先」としては，例えば，登記名義人の親族・知人の住所のほか，委任を受けた弁護士事務所，被害者支援団体等の住所も考えられるが，そのような適切な連絡先がない場合もあり得ることから，法務局の住所を住所に代わる連絡先とすることが考

えられる（当然ながら，この場合には，法務局を通じて登記名義人に対して必要な連絡をすることが想定されているものである。）。

　　なお，部会では，法務局の住所を住所に代わる連絡先として登記事項証明書に記載した場合であっても，その住所を検索することで法務局の住所が記録されていることが分かるため，結局は，ＤＶ等の被害者であることが分かってしまうのではないかとの指摘もあった。確かに住所を調査することで当該住所が法務局であることが判明し，特例的な取扱いの対象者であることが判明することにはなるが（なお，住所に代わる連絡先として「○○法務局」との記載まではしない運用を想定している。），登記事項証明書の記載を見ただけでは判明しないことから，住所は非公開である旨の表示をする方法よりは被害者への配慮の点で優れていると考えられる。

イ　なお，このような方法によって現住所を非公開とする場合であっても，登記事項としては現在の住所であることは変わらないから，不動産登記としては登記名義人の現在の住所情報も保持するものである。また，担保権を設定しようとする場面では，本人が，金融機関に対して当該不動産を所有していることを証明する必要が生ずるが，登記名義人等の現住所が登記事項証明書に記載されていない場合にはこれを証明することが困難となるといった弊害もあり得るから，登記名義人本人に対しては登記名義人等の現住所を記載した証明書を交付するといった仕組みを創設することも検討する必要があるものと考えられる。

(3) 秘匿する期間

　　秘匿の期間としては，これを求める申出がされてから一定期間（例えば１年）を有効期間とし，その後は延長が可能なものとする制度とすることも考えられるが，本人から延長の手続を取る必要があることとすると手続を失念してしまうおそれも小さくないと考えられる。

　　そこで，非公開の措置を取り下げる旨の申出が登記名義人からされない限り，非公開の措置を継続することとした上で，実務上の取扱いとしては，非公開の措置を続けるかどうかを法務局が定期的に登記名義人に確認し，その際に，この措置を続ける必要性が失われている場合には，この措置の取下げを検討するように促すことなどが考えられる。

(4) 本人への通知等

　　相続登記等の申請の義務化を踏まえて，個別の規定において，不動産登記簿に記録されている所有権の登記名義人等の住所に宛てて通知等を発すれば足りるといったルールが設けられる場合には，対象者の住所が非公開とされていることをもって，不利益を被ることがないように配慮する必要がある。

　　上記(2)アの方法により住所に代えて登記名義人等と連絡をとることが可能な連絡先が登記事項証明書に記載されていれば，当該連絡先に通知をすれば登記名義人等に到達するものと考えられる。これに対し，適切な連絡先がなく，法務局を連絡先とした場合には，登記所を通じて登記名義人等に法定の通知等が到達する仕組みを創設することが必要になる。

(5) 訴訟等への対応

対象者の現在の住所が不動産登記簿上公開されない場合であっても、対象者を被告とする登記関係訴訟等の提起等が困難になることがないように配慮する必要があるが、裁判所が、個別の訴訟手続等において、登記名義人等の住所を明らかにすることが必要であると認めて、登記所に対して住所を回答するように調査嘱託をした場合には、登記所は把握している登記名義人の現住所を回答するという運用を行うことが考えられる。

(6) 申出書等の閲覧

申出書には登記名義人等の現住所が記載されており、住民票の写し等も添付書面とされるため、これらの書類の閲覧を制限する必要があるが、附属書類の閲覧制度の見直し（試案第10の3）において併せて検討している。

第8　相続以外の登記原因による所有権の移転の登記の申請の義務付け

不動産について第6の2(1)の①から③までの場合以外の原因による所有権の移転が生じた場合に、その当事者に対し、必要となる登記の申請を公法上義務付ける規律は、設けない（注）。

（注）第6の2(1)の①から③までの場合以外の原因による所有権の移転が生じた場合に、その当事者は、正当な理由がある場合を除き、遅滞なく、必要な登記を申請するよう努めなければならないとする規律を設けるとの別案がある。

（補足説明）

1　問題の所在

所有者不明土地が発生する原因として、相続による所有権の移転の登記がされていないことや住所等の変更の登記がされていないこと等に比べると割合的には極めて少ないが、売買・交換等による所有権の移転の登記がされていないこともある。

そこで、所有者不明土地の発生を防止する方策の一つとして、相続の場合に限らず、相続以外の原因（売買等）により所有権の移転が生じた場合には、当事者に対し、必要となる登記の申請を公法上義務付けることが考えられる。

2　義務付けの必要性

(1) まず、売買を始めとする契約に基づいて所有権の移転が生じた場合は、相続の場面と異なり、当事者間の契約に基づき所有権の移転の登記を備えさせる私法上の義務が発生し、対抗要件主義（民法第177条）の下で、所有権を取得した者は権利を保全するため、また、所有権を喪失する者はその責任や負担を免れるために、当事者において必要な登記申請をするのが通常であると考えられる。

(2) 次に、契約以外の事由のうち、例えば、取得時効によって所有権の移転が生じた場合は、時効取得者は、時効完成後の第三者に対しては、登記なくして所有権の取得を対抗することができないと解されている（最判昭和33年8月28日民集12巻12号1936頁等）ことから、時効取得者には、権利保全をするために登記申請をするインセンティブが一定程度存するものと考えられ

る。しかし、取得時効により所有権を失う者は、取得時効の成否自体を争う場合が多く、積極的に登記申請に協力するインセンティブが働かないのが通常であり、時効取得者は、訴訟を提起して勝訴判決を得て単独で登記申請をすることになるものと考えられる。

(3) また、取消しや解除の場合についても、同様に、取消しや解除の意思表示をした者には権利保全のために所有権の移転の登記の抹消登記を申請する必要性がある一方、相手方には積極的に登記申請をするインセンティブが働かないケースも存するものと考えられる。

このように、契約関係にない二当事者間において所有権の移転が生じるようなケースを想定すると、一方当事者には登記申請をするインセンティブが働くものの、他方当事者には登記申請をするインセンティブが働かない場面が少なくないと想定され、共同申請によって登記申請義務を履行することは困難な場合が多いと考えられる。そのため、このような場面で、当事者に対して必要な登記の申請を公法上義務付けても、実効的ではないと考えられる。

また、売買の当事者間において、所有権の移転時期についての特約をすることも可能であるが、例えば、登記申請がされた時点で所有権が移転する旨の特約が締結されたケースについては、登記申請がされるまでは所有権が移転しないため、公法上の登記申請義務がいつまでも発生しないことになりかねないという問題も生じ得る。

(4) 以上の点を踏まえ、試案第8では、不動産について試案第6の2(1)の①から③までの場合以外の原因による所有権の移転が生じた場合に、その当事者に対し、必要となる登記の申請を公法上義務付ける規律は、設けないことを提案している。

3 別案（注）について

これに対し、土地所有者は土地の適切な利用・管理に関する責務を負うものであり、特に、所有者が不動産登記手続を適時に行う責務を負うとの観点は、必ずしも相続の場面に限られないとの指摘もあり得るが、具体的な法的義務を発生させてもその実効的な履行が求め難いケースもあるとの指摘を踏まえ、別案として、試案第6の2(1)の①から③までの場合以外の原因による所有権の移転が生じた場合には、その当事者は、正当な理由がある場合を除き、遅滞なく、必要な登記を申請するよう努めなければならないものとする規律を設ける案があり得る（注）。そこで、これを試案第8の（注）に記載している。

（注）なお、別案に対しては、土地基本法の見直しにより（前記試案第6の2(1)の補足説明1参照）、所有者の責務として登記手続など権利関係の明確化及び土地の境界の明確化に努めることが明文化された場合には、これと同内容となる別案の規律を設ける必要はないのではないかとの指摘があった。

第9 登記義務者の所在が知れない場合等における登記手続の簡略化

1 登記義務者の所在が知れない場合の一定の登記の抹消手続の簡略化

不動産登記法第70条第1項及び第2項に関し、登記された存続期間の満了

している権利（注１）に関する登記又は買戻しの期間を経過している買戻しの特約の登記については，相当な調査が行われたと認められるものとして法務省令で定める方法により調査を行ってもなお登記義務者の所在が知れないため登記義務者と共同してこれらの権利に関する登記の抹消を申請することができないときは，公示催告及び除権決定の手続を経ることにより，登記権利者が単独で登記の抹消を申請することができるとすることについて，引き続き検討する。

> （注１）地上権，永小作権，賃借権及び採石権がある。このほか，存続期間の定めが登記事項とされているものとしては，質権及び配偶者居住権があり，これらについても同様の方策を講ずることも検討課題となり得る。
>
> （注２）買戻しの特約の登記に関しては，民法第５８０条第１項の規定する買戻しの期間を経過したときは，登記権利者は単独で当該登記の抹消を申請することができるとの規律を設けるとの別案がある。

（補足説明）

1 提案の趣旨

現行の不動産登記法第７０条第１項及び第２項は，「登記義務者の所在が知れない」場合（注）に，登記権利者が単独で登記の抹消を申請することができる方法の一つとして，公示催告の申立てを行い，除権決定を得て登記の抹消を申請する方法を規定している。公示催告の申立ての要件としての「登記義務者の所在が知れない」ことの認定は，一般的に公示送達の要件（民事訴訟法第１１０条）に準じて行われるところ，実務的には，例えば登記義務者が自然人である場合については，不在住証明書や不在籍証明書，転居先不明等の理由により還付された登記記録上の住所宛ての郵便物，住所地の近隣者からの聴取結果等を含めた調査報告書等の提出が必要とされているものと考えられる。

このように，現地の調査報告書等のように情報の収集に相当な手間を要するものが必要である上，公示催告手続自体に一定の時間を要することなどから，訴訟に比してその手続的負担が特に軽いとはいい難く，この方法は必ずしも利用されていないのが実情である。

そこで，訴訟手続と比較して手続的負担をより軽いものとし，不動産登記法第７０条第１項及び第２項の手続を利用しやすくする観点から，公示催告の申立ての要件のうち，公示送達の要件に準じて認定されている「登記義務者の所在が知れない」との要件を見直すことが考えられる。

> （注）不動産登記法第７０条第１項の「登記義務者の所在が知れない」場合とは，登記義務者の所在（住所又は居所よりも広い意味であり，勤務先等が判明していれば所在が知れないとはいえない。）が知れない（生死不明）ケース，登記義務者が死亡したことは判明しているもののその相続関係が知れないケース，登記義務者が死亡し，相続人の全部又は一部の者の所在が知れないケースが含まれると解されている。

2 提案の内容

不動産登記法第７０条第１項及び第２項が定める公示催告及び除権決定の手続

は，そもそも登記されている権利が実体法上不存在又は消滅しているにもかかわらず，登記義務者の所在が知れないために共同して登記の抹消をすることができない場合において，形骸化した登記の抹消を単独で申請するために設けられたものであるが，既判力まで生じるものでないことからすれば，「登記義務者の所在が知れない」との要件について，過度に厳格な立証を求める必要はないと考えられる。

そこで，現行の規律においては公示送達の要件に準じて認定されている「登記義務者の所在が知れない」との要件を改め，この手続を利用する前提として必要になる調査方法を合理的なものに限定する趣旨で，「相当な調査が行われたと認められるものとして法務省令で定める方法により調査を行ってもなお登記義務者の所在が知れない」ことを要件とすることが考えられる（注１）。

具体的には，まず，登記記録上の登記義務者の氏名及び住所を手がかりとして，当該住所における住民票の登録の有無，当該住所を本籍地とする戸籍や戸籍の附票の有無を調査し，その際，登記義務者が死亡していることが判明した場合にはその相続人の住民票や戸籍等の有無を確認することなどが考えられる。調査の結果，登記義務者（その相続人も含む。）の所在が判明しない場合には，「調査を行ってもなお登記義務者の所在が知れない」ことを証明するために不在住証明書や不在籍証明書を提出することが考えられる。また，このような証明書の提出が困難な場合には，登記記録上の住所に宛てた郵便物が不送達であったことを証する書面や警察官が登記義務者の所在を調査した結果を記載した書面等を提出することが考えられる。

他方で，このような公的な書類に基づく調査を超えて，登記記録上の住所等を訪れて，周辺住民への聴き取りをするなどの現地調査をすることまでは要しないとすることが考えられる。

次に，登記義務者が法人である場合については，そもそも法人について所在不明を観念できるかどうかについては解釈上争いがあり得るものの，登記記録上に表示された法人の所在地に法人の事務所等が存在せず，かつ，事務所の移転の有無等も知れず，代表者の住所等も知れないときには法人の所在不明に当たるとして適用を肯定するのが一般的であると考えられる。

これを前提とすると，登記義務者である法人の登記簿が閉鎖され，その閉鎖登記簿も保存されていないような場合については，もはやそれ以上は調査等をすることもできないことから，調査を尽くしたということができ，「調査を行ってもなお登記義務者の所在が知れない」に該当するものと整理することができる。なお，このケースにおいては，登記簿が廃棄されたことを証する書面を提出することとなる。

他方で，新たな規律の下において，当該法人の登記簿が存在しているものの，その代表者（清算人を含む。以下同じ。）の存否，生死等が知れないケースについては，新たな代表者を選定・選任することができる場合（会社法第４７８条第２項，第３４６条第２項等参照）であっても，その選定・選任は不要とすることが考えられる（注２）。

これを前提とすると，法人については，法人の本店等の住所に法人が存在していないことに加え，登記されている法人の代表者についてその全員が死亡していること，あるいはその生死，所在が不明であることについて，公的書類により確認することが考えられる。

(注1) 法定された一定の調査方法を尽くしても不明であることを法律の要件とする立法例として，所有者不明土地の利用の円滑化等に関する特別措置法がある（同法第2条，同法施行令第1条参照）。

(注2) 現行の規律の下においては，例えば，法人が解散し，清算業務を行っているが，単に清算人の生死や所在が不明であるときや，清算人が全員死亡している場合にも新たな清算人を選任し，その清算人との間で登記手続を行うべきであるとの解釈論もある。

3　対象となる権利（試案第9の1（注1））について

　前記2のとおり，要件の立証の程度を実質的に軽減することにより，現在の規律よりも登記の抹消が容易に行われるようになることの影響に鑑み，このような新たな規律の下で登記の抹消をすることができるのは，権利の消滅が強く推認される類型の権利，すなわち，買戻しの期間を経過している買戻しの特約の登記のほか，存続期間の登記がされる権利（地上権，永小作権，賃借権及び採石権）であって存続期間が満了しているものに関する登記の場合に限定するのが相当であると考えられる。

　このほか，存続期間の定めが登記事項とされているものとしては，不動産についての質権（不動産登記法第95条第1項第1号）及び配偶者居住権（民法及び家事事件手続法の一部を改正する法律（平成30年法律第72号）による改正後の不動産登記法第81条の2第1号）があり，これらについても同様の方策を講ずることも検討課題となり得ることから，その旨を注記している（注）。

(注) 担保権である質権については，不動産登記法第70条第3項の手続の対象にもなっていることから，更に簡略化を図るべきかどうかは検討を要するものと考えられる。また，令和2年4月1日から施行される民法の改正によって新たに設けられる配偶者居住権についても，同様に，新たな規律の対象とするかどうかを検討する必要があると考えられる。

4　買戻しの特約の登記（試案第9の1（注2））について

　買戻しの特約の登記については，買戻しの期間は10年を超えることができないとされていることから（民法第580条），買戻期間の上限である10年を経過したときは，公示催告等の手続を経なくとも，登記権利者が単独で当該登記の抹消を申請することができるとの規律を設けることも考えられる。そこで，その旨の別案があることを注記している。なお，この別案以外にも，不動産登記制度においては共同申請が原則であることに鑑み，登記義務者が所在不明であることは要件とすべきであるとの考え方もあり得る。

2　法人としての実質を喪失している法人を登記名義人とする担保権に関する登記の抹消手続の簡略化

　法人としての実質を喪失している法人を登記名義人とする担保権に関する登記の抹消手続を簡略化する方策として，次のような規律を設ける（不動産登記法

第７０条参照）。

　登記権利者は，解散した法人である登記義務者と共同して先取特権，質権又は抵当権に関する登記の抹消を申請することができない場合（相当な調査が行われたと認められるものとして法務省令で定める方法により調査を行ってもなお当該法人の清算人の所在が知れない場合に限る。）において，被担保債権の弁済期から３０年を経過し，かつ，当該法人が解散した日から３０年を経過したときは，不動産登記法第６０条の規定にかかわらず，単独でそれらの権利に関する登記の抹消を申請することができる。

（補足説明）
1　提案の趣旨
　　不動産登記の実務上，被担保債権が弁済等により消滅しても担保権の登記が抹消されず，登記がされてから長い年月を経た担保権の登記が残存していることがあり，これが不動産の円滑な取引を阻害する要因の一つとなっているとの指摘がある。
　　このような担保権の登記を抹消する方法の一つとして，不動産登記法第７０条第３項後段においては，登記義務者の所在が知れないため登記義務者と共同して権利（先取特権，質権又は抵当権）に関する登記の抹消を申請することができない場合において，被担保債権の弁済期から２０年を経過し，かつ，その期間を経過した後に当該被担保債権，その利息及び債務不履行により生じた損害の全額に相当する金銭が供託されたときは，登記権利者は単独で当該担保権に関する登記の抹消を申請することができるとしている。これは，①被担保債権の弁済期から長期間担保権を行使しない担保権者については一般的に担保権行使の意思がないと推認され，その登記における保護の必要性が減少していること，②登記記録上の被担保債権等の全額が供託された場合には，実体法上弁済の効力を有する供託ということができる蓋然性が高いことから，担保権が登記手続上は被担保債権の弁済により消滅したと擬制する効果を法律上与えたものであるとされている。
　　登記から相当長期間を経たものの中には，貨幣価値が現在までの間に大きく変動しているため，被担保債権が数十円，数百円程度と現在の貨幣価値からは少額であるケースも存在し，そのようなケースにおいては上記の供託要件を満たすことは容易であるが，今後はそのようなケースは少なくなることが予想される。
　　そこで，同項後段の規定を参考にしつつ，これとは別に，担保権の登記名義人である法人について，法人としての実質を喪失していると積極的に認定することができるケースを念頭に，担保権の登記の抹消の単独申請に係る根拠規定を新設することが考えられる。
2　提案の内容
　(1)　登記義務者が解散した法人であること
　　　不動産登記法第７０条第３項後段においては，法人である登記義務者の「所在が知れない」について，法人の所在不明を観念することができるかどうかについては争いもあるものの，例えば，商業・法人登記簿に当該法人について記録

がなく，かつ，閉鎖した登記簿も保存期間が経過して保存されていないため，その存在を確認することができない場合などに限定されている（昭和６３年７月１日付け法務省民三第３４９９号民事局第三課長依命通知）。

これに対し，法人としての実質を喪失し，登記手続への協力を得ることが困難となっている場面を念頭に置き，ここで要件として掲げている「解散した法人」には，①通常の法人解散の手続を経て解散したものだけでなく，②休眠会社又は休眠法人として解散したものとみなされたもの（会社法第４７２条第１項，一般社団法人及び一般財団法人に関する法律第１４９条第１項，第２０３条第１項）や，③法人に関する根拠法の廃止等に伴い解散することとされた法人（注）も含まれる。

（注）例えば，農業団体法（昭和１８年法律第４６号）に基づき設立され，同法が農業協同組合法の制定に伴う農業団体の整理等に関する法律（昭和２２年法律第１３３号）の規定により廃止されたことにより解散することとされた農業会等が考えられる。

(2) 相当の長期間の経過

債権の原則的な消滅時効期間は権利を行使することができる時から１０年（民法第１６７条第２項，民法の一部を改正する法律（平成２９年法律第４４号）による民法の改正後にあっては民法第１６６条第１項第２号）であり，時効の中断（民法の一部を改正する法律（平成２９年法律第４４号）による民法の改正後にあっては完成猶予又は更新。民法第１４７条等）があり得ることや，より長期の時効期間の定めがある債権があり得ることなどを考慮しても，被担保債権の弁済期（注１）から，例えば３０年を経過しているのであれば，当該被担保債権が消滅している可能性が相当に高く，登記の抹消を認めることも許容され得ると考えられる。

また，解散した法人は，解散により清算手続を行う必要が生じているものであることから，解散した日を起算点として，通常清算手続を終えるのに必要であると考えられる期間を超える一定程度の長期間が経過すれば，もはや実質的に解散した法人としての活動も行われなくなっており，担保権行使の意思がないものと推認され，その登記における保護の必要性が相当に減少していると考えられる。このような期間としては，例えば，上記の被担保債権の弁済期からの期間との平仄も考慮して，３０年とすることが考えられる（注２）。

（注１）ここでいう「弁済期」を確認する方法としては，不動産登記法第７０条第３項後段の弁済期から２０年の経過の要件を判断する際に用いられている方法が参考となると考えられる（昭和６３年７月１日付け法務省民三第３４９９号民事局第三課長依命通知参照）。

（注２）なお，商業・法人登記簿に当該法人について記録がなく，かつ，閉鎖登記簿が廃棄されているため，その存在を確認することができないことがあるが，このような場合には，通常，解散した日から３０年を経過していると取り扱うことになるものと考えられる。

(3) 清算人の所在が知れないこと

前記(1)及び(2)の要件を形式的に満たすケースであっても，例外的に，商

209

業・法人登記簿に記録された代表者である清算人が生存しており，その所在も判明することがあり得る。このような事例については，当該清算人と共同して登記の抹消の申請をすることが可能であることに鑑み，ここで新たに設ける特例の適用はないものとするのが相当であると考えられる。

　なお，清算人の生死や所在を調査する方法としては，相当な調査が行われたと認められるものとして法務省令で定める方法とし，清算人が登記された住所に居住していないことを証する不在住証明書や，当該住所を本籍とする戸籍がないことを証する不在籍証明書等の公的な書類を調査するなどする方法で足りるものとすることが考えられる。

第10　その他の見直し事項

1　登記名義人の特定に係る登記事項の見直し

　　所有権の登記名義人（注）の特定に係る登記事項として，新たに会社法人等番号を追加することとし，その他に新たに登記事項を追加することについては引き続き検討する。

　　（注）所有権の登記名義人以外の登記名義人や，表題部所有者，担保権の登記における債務者，信託の登記における委託者，受託者及び受益者等を含めるかどうかについては，引き続き検討する。

（補足説明）
1　問題の所在
（1）現行の不動産登記法は，登記名義人等を特定する事項として，自然人の場合には氏名及び住所，法人の場合には名称及び住所を登記事項としている（不動産登記法第59条第4号等）。
（2）もっとも，不動産登記簿から登記名義人等の特定をより正確に行うとの観点などから，登記名義人等の特定のための情報として，登記名義人等の氏名又は名称及び住所に加えて，登記名義人等の特定に係る新たな情報を登記事項とすることが考えられる。
2　試案第10の1及び（注）について
（1）自然人について
　　部会では，自然人の登記名義人等の特定に係る登記事項として，氏名及び住所に加えて，①生年月日，②性別，③本籍又は④国籍を追加することについて，検討が行われている。
　　しかし，①生年月日，②性別，③本籍及び④国籍のいずれについても，個人情報保護の観点から公開される登記事項としてこれらの情報を追加することに慎重な意見が多数を占めたことから，自然人については新たな登記事項を追加する具体的な提案はされていない（ただし，①生年月日については，所有者を把握するための情報としてこれを公示することが有用であるとの意見もあった。）。
　　また，公開されない登記事項と整理してこれらの情報を登記所が保有するこ

210

とについても，個人情報保護の観点から，これらの情報を登記所において収集・保有することの必要性等を明確にする必要があるとの意見が複数あり，①生年月日，②性別及び③本籍については登記事項とすることはせず，登記所が他の公的機関から所有権の登記名義人の死亡情報等を取得するための仕組み（試案第6の1）や所有権の登記名義人の氏名及び住所の変更の情報を取得して不動産登記に反映させるための仕組み（試案第7の2），所有不動産目録証明制度（試案第6の4）を実現するために必要な範囲内において，登記所内部において保持する情報と位置付けることを提案している。

他方で，④国籍については，部会において，所有者を特定し，探索する観点からは，国籍よりも，登記名義人の現在の住所や連絡先をより実効的に把握することができる方策を検討する方が重要であるといった指摘があったことから，国籍を登記事項とすることはせず，外国に住所を有する登記名義人の所在を把握するための方策（試案第10の2）において，連絡先を登記事項とすることや外国に住所を有する者が不動産登記の申請をする際の住所証明情報の厳格化について提案している。

このほか，登記名義人が自然人である場合に登記名義人の特定に係る登記事項として新たな情報を追加することについては，他の論点における議論等も踏まえつつ，引き続き検討することとしている。

(2) 法人について

法人については，名称及び住所に加え，会社法人等番号（商業登記法第7条）を登記名義人等の特定に係る登記事項として追加することが考えられる。これにより，特定の登記名義人等と，商業・法人登記の特定の法人とを紐付けることが容易になるし，会社法人等番号は，一般に公開されているものであることから，これを公開することに支障はないと考えられる。

なお，現在の不動産登記制度において，会社法人等番号は，登記申請の際の添付情報として提供するものとされている（不動産登記令第7条第1項第1号イ）が，会社法人等番号を登記事項として追加する場合には，申請情報として提供することとなり，同時に法人の代表者の資格を証する情報等に代わるものとして添付情報としての性質も併有することになると考えられる。

以上に対し，会社法人等番号がない法人（健康保険組合，土地改良区，認可地縁団体等）もあるが，これらの法人については，会社法人等番号に代えて，例えば法人の種類（例えば，認可地縁団体である旨）等を登記事項とすることにより，当該法人に関する台帳へのアクセスを容易にする方策も考えられるが，引き続き検討する（注）。

(注) 所有権の登記名義人の特定に係る登記事項として新たに会社法人等番号等を追加する場合に，更に，所有権の登記名義人以外の各種の登記名義人，表題部所有者，担保権の登記における債務者，信託の登記における委託者，受託者及び受益者等についても，会社法人等番号等を登記事項として追加するかどうかについては，その必要性や意義も踏まえて，引き続き検討が必要であることから，試案第10の1（注）では，その旨を注記している。

2　外国に住所を有する登記名義人の所在を把握するための方策
　　①　外国に住所を有する所有権の登記名義人は，不動産登記法第５９条第４号に
　　　規定する事項のほか，その日本国内における連絡先（注）を登記することがで
　　　きるとすることについて，引き続き検討する。
　　②　外国に住所を有する外国人（法人を含む。）が所有権の登記名義人となろ
　　　うとする場合に必要となる住所証明情報を外国政府等の発行したものに限定
　　　するなどの見直しを行うことについて，引き続き検討する。
　（注）連絡先として第三者の氏名又は名称及び住所を登記する場合には，当該第三者の承諾
　　　があることを要件とし，また，当該第三者は国内に住所を有するものであることとする。

（補足説明）
1　提案の趣旨
　　近時，国際化の進展の下で，我が国において不動産を所有しているものの国外
　に居住している者が増加していることや，日本の不動産を投資等の目的で外国に
　居住する外国人が購入するケースが増えるなどしていることなどに起因して，登
　記名義人が外国に居住するケースが増えてきていると指摘されており，そのよう
　なケースについては，登記名義人の所在の把握に困難を伴うことがあるとの指摘
　がされている。
　　そこで，外国に住所を有する登記名義人の所在を把握するための方策として，
　①外国に住所を有する所有権の登記名義人の連絡先を登記することを可能とする
　こと（試案第10の2①）や，外国に住所を有する外国人が不動産登記の申請をす
　る際の添付情報を見直すこと（試案第10の2②）が考えられる。
2　外国に住所を有する所有権の登記名義人の連絡先の登記（試案第 10 の2①及び
　（注））について
　(1)　現在の取扱い
　　　現在の不動産登記法は，所有権の登記名義人が外国に住所を有する場合であ
　　っても，国内に住所を有する場合と同様に，その氏名又は名称及び住所のみを
　　登記事項としている（同法第５９条第４号）。
　　　そのため，現在の不動産登記制度下において，外国に住所を有する所有権の
　　登記名義人と連絡を取る手段としては，当該住所まで直接赴く方法のほか，当
　　該住所に宛てて国際郵便等により書面を送付する方法によることが多いと思わ
　　れるが，相当の時間を要する。また，当該登記名義人が住所を移転していた場
　　合には，住所の公示制度が整備された国でない限り，登記名義人が住所の変更
　　の登記をしていなければ，新住所の調査は困難であり，日本国内に住所を有し
　　ている場合と比べて，連絡を取ることが困難な状況が生まれやすいと考えられ
　　る。
　(2)　連絡先の登記
　　　そこで，外国に住所を有する登記名義人については，住所に加えて，連絡を
　　取ることができる日本国内における連絡先も併せて登記することを可能にする
　　ことが考えられる。なお，これは登記名義人の登記上の住所に宛てた各種の法

定の通知等が登記名義人に到達することにつながるものであるため，登記名義
人の便宜を図る効果もあると考えられる（試案第7の1の補足説明参照）。

　　なお，ここで登記される連絡先は，飽くまで補助的・便宜的なものであり，登
記名義人の氏名又は名称及び住所も原則どおり登記事項として記録されることを
前提としている。そのため，登記事項証明書においては，被害者保護のための住
所情報の公開の見直し（試案第7の3）とは異なり，登記名義人の氏名又は名称
及び住所並びに連絡先の双方を記録することを予定している。

（3）連絡先の登記の具体的な内容

　　日本国内における連絡先としては，例えば，日本国内における代理人の氏名
又は名称及び住所や，日本国内における事務所の所在場所を記録することが考
えられる（注）。

（注）地方税法上，固定資産税の納税義務者が，国外に居住するなど，納税義務を負う市町
　　村内に住所等を有しない場合には，納税に関する一切の事項を処理させるため，原則とし
　　て，納税管理人を定めることとされている（同法第355条）。部会においては，この固
　　定資産税の納税管理人に不動産登記における連絡先の役割を兼ねさせることは実際上便宜
　　であるとも考えられるから，納税管理人が連絡先として登記されることもあり得るのでは
　　ないかとの指摘があった。

（4）連絡先として登記される第三者の承諾等（試案第10の2（注））について

　　連絡先として第三者を登記した場合には，当該連絡先として登記された第三者
の氏名又は名称及び住所が公示されるほか，当該第三者に対して所有権の登記名
義人宛ての連絡がされることになる。そのため，あらかじめ当該第三者の承諾が
あることを要件とすることが相当であることから，その旨を注記している。

（5）連絡先の登記の義務付け

　　外国に住所を有する登記名義人については，その所在の把握をしやすくする
観点から，連絡先の登記を法律上義務付けることも考えられる。もっとも，連
絡先の登記をしない場合には，住所の変更の登記を怠ると，所在不明となって
登記名義人に不利益が生じやすくなるものであり，自己の権利を守るために住
所の変更の登記又は連絡先の登記をするインセンティブが働くといえる。そこ
で，連絡先の登記について法律上義務付けることまでは不要であるとの考え方
もあり得る。

3　外国に住所を有する外国人が不動産登記の申請をする際の添付情報の見直し（試
　案第10の2②）について

（1）問題の所在

　　現行の不動産登記法は，国内に住所を有するか外国に住所を有するかにかか
わらず，登記名義人の住所を登記事項としている（不動産登記法第59条第4
号）。

　　所有権の登記名義人となる者については，正確な住所を登記するとともに虚
無人名義の登記を防止するため，登記申請時に，添付情報として，その住所を
証する市町村長，登記官その他の公務員が職務上作成した情報（公務員が職務
上作成した情報がない場合にあっては，これに代わるべき情報）を提供する必

要がある（不動産登記令別表２８の項添付情報欄ニ，同２９の項添付情報欄ハ，同３０の項添付情報欄ロ）。

　特に外国に住所を有する者については，

①外国に住所を有する日本人の場合には住所地を管轄する在外公館から発給された在留証明書等を，

②外国に住所を有する外国人の場合には同国の官公署の証明に係る書面又は同国の公証人の証明に係る書面等を，

それぞれ，提供することとされている（①につき昭和３３年１月２２日付け法務省民事甲第２０５号民事局長心得回答，②につき昭和４０年６月１８日付け法務省民事甲第１０９６号民事局長回答参照）。

　このうち，①外国に住所を有する日本人の場合には住所地を管轄する在外公館から発給された在留証明書についても住所は正確であると考えられ，かつ，その者が実在することを証明するに足りるものと考えられる。

　これに対し，②外国に住所を有する外国人の場合には同国の官公署の証明に係る書面又は同国の公証人の証明に係る書面等を提供する必要があるが，これらは登記先例による実務上の取扱いにとどまり，実際にどのような書面が必要であるか，またその正確性がどの程度のものであるかについては必ずしも明確でない部分があり，運用上の幅が広くなっているとの指摘もある。

(2) 外国に住所を有する外国人が不動産登記の申請をする際の住所証明情報の見直し

　そこで，正確な住所を登記するとともに虚無人名義の登記を防止するために，所有権の登記名義人となる者が外国に住所を有する外国人である場合に，必要となる住所証明情報について，法令上限定を付すことが考えられる。

　例えば，登記名義人の氏名及び住所を証する情報としては，日本国政府の承認した外国政府又は権限ある国際機関の発行した書類その他これに類するもので，自然人の場合にあってはその氏名，住所及び生年月日の記載があるものに，法人の場合にあってはその名称及び本店又は主たる事務所の所在地の記載があるものに限定することが考えられる（犯罪による収益の移転防止に関する法律施行規則（平成２０年内閣府・総務省・法務省・財務省・厚生労働省・農林水産省・経済産業省・国土交通省令第１号）第７条第４号参照）。

　ただし，このような取扱いにした場合には，外国の公証人による証明という簡便な方策を認めないこととなるため，不動産登記をするコストを増大させるという側面がある。

　なお，不動産登記の申請をする際の添付情報の内容等については，不動産登記法第２６条により政令に委任され，不動産登記令等において規定されているが，具体的な添付情報の内容も含め，引き続き検討することとしている。

3　附属書類の閲覧制度の見直し

　登記簿の附属書類（不動産登記法第１２１条第１項に規定する政令で定める図面を除く。以下同じ。）の閲覧制度に関し，閲覧の可否の基準を合理化する

観点等から，次のような規律を設けることにつき，引き続き検討する。
　①　何人も，登記官に対し，手数料を納付して，自己を申請人とする登記に係る登記簿の附属書類の閲覧を請求することができる。
　②　特定の不動産の登記簿の附属書類を利用する正当な理由がある者は，登記官に対し，手数料を納付して，当該附属書類のうち必要であると認められる部分に限り，閲覧を請求することができる。
（注）登記簿の附属書類のうち，不動産登記法第１２１条第１項に規定する政令で定める図面（土地所在図，地積測量図等）については，何人も閲覧の請求をすることができるとする現行法の規律を維持するものとする。

（補足説明）
1　提案の趣旨
　現行の不動産登記法では，登記記録に記録されている事項を証明した登記事項証明書については，何人も手数料を納付して交付を請求することができるとされているが（同法第１１９条第１項），登記簿の附属書類のうち図面以外のものについては，請求人が利害関係を有する部分に限るとされている（同法第１２１条第２項）。
　もっとも，この「利害関係」が具体的にどのような範囲のものを指すのかについては，法律の趣旨目的を踏まえた解釈に委ねられており，実務においては，事例ごとに登記官が個別に判断することとなっている。
　所有者不明土地問題との関係で考えると，登記記録を見ても直ちに所有者又はその所在が判明しない場合等には，附属書類を閲覧して所有者探索のための端緒を見つけることが考えられる。他方で，附属書類として保存されているものの中には，個人情報として保護されるべき情報が含まれ得ることからすれば，安易に閲覧が認められることは問題である。
　そこで，近時，上記のような多角的観点からの考慮が必要になってきていると考えられることも踏まえ，閲覧の可否の基準を合理化することが考えられる。
2　自己を申請人とする登記に係る登記簿の附属書類（試案第10の3①）について
　不動産登記法第１２１条第２項ただし書が附属書類のうち図面以外のものについて請求人が利害関係を有する部分に限って閲覧を認めている理由としては，附属書類に含まれる個人情報を保護する必要があることなどが考えられる。
　しかし，このような観点からは，自己が登記の申請人となっている登記に関しては，附属書類として保存されている書類を閲覧に供したとしても個人情報保護の趣旨に反することはないと考えられ，このようなケースについては閲覧をすることができる附属書類の範囲を限定しないことが適切であると考えられる。
　なお，申請人が複数名存在するケースであっても，共同して申請している以上，自己以外の申請人が登記申請のために提供した書類も申請時に確認することができるものであると考えられるし，実際上，その書類について確認の必要性は高いと考えられることから，必ずしも請求人自身が提供した書類ではなかったとしても，当該登記申請に係る書類であれば，閲覧を認めるのが適切であると考えられ

る。

3 登記簿の附属書類を利用する正当な理由がある場合（試案第 10 の3②）について

(1) 「特定の不動産の登記簿の附属書類を利用する正当な理由がある者」について

そもそも登記簿の附属書類の閲覧制度は，登記簿に不動産の客観的状況と権利関係を記録し，これを一般に公開することによって不動産取引の安全と円滑に資するという目的のため，登記簿を公開するに当たっては，その参考となる資料についても公開することが望ましいとの考え方に基づき，登記簿の公示機能を補完する観点から設けられたものである。

そうすると，請求人は，少なくとも当該不動産について何らかの関係を有し，そのために当該不動産の登記簿の附属書類を閲覧することに理由があると考えられる者とするのが自然であると考えられる。

このような観点からは，当該不動産の登記簿の附属書類を利用する正当な理由（注1）があることを要件とすることが考えられる。

例えば，①当該不動産の隣地の所有者が，過去に行われた分筆の登記の際の隣地との境界標や筆界の確認の方法等について確認したいというケースや，②被相続人Aから相続人Bへの相続登記がされている不動産がある場合に，他の相続人Cが当該相続登記の内容に疑義があると考えるケース，③当該不動産を購入しようとしている者が附属書類の閲覧につき登記名義人から承諾を得た上で，過去の所有権の移転の経緯等について確認しようとするケースなどは，当該不動産の登記簿の附属書類を利用する正当な理由があるということができると考えられる。

他方で，④抵当権の登記名義人Dが，債務者である所有権の登記名義人Eと連絡がつかないために同人やその親族の所在を探索する目的で，前主FからEへの所有権の移転の登記の際に添付された住民票の写し（配偶者や本籍の情報が記載されている可能性がある。）を確認したいと考えたケースにおいて，容易に閲覧を認めることは，住民票の写し等の請求をすることができる者を限定している住民基本台帳法の趣旨に反することにもなりかねず，本来は直接住民票の写しの請求をすることが望ましいと考えられる。

したがって，住民票や戸籍など本来的な交付請求等によるアクセスの手段が定められているものについては，基本的にはその制度に基づく交付請求等によるべきであり，登記簿の附属書類を利用する正当な理由はないと整理することができるものと考えられる（注2）。

加えて，試案第7の3（被害者保護のための住所情報の公開の見直し）に係る規律との関係では，ＤＶ被害者等である登記名義人等の住所が記載された申出書や添付情報等の閲覧を制限する必要があるが，平成２７年３月３１日付け法務省民二第１９８号民事局民事第二課長通知（試案第7の3の補足説明1参照）の趣旨も踏まえ，本人以外の者については，登記名義人等の住所の情報を利用することにつき基本的に正当な理由がないものと整理することになるもの

と考えられる。

（注1）不動産登記法第１２１条第２項ただし書は，「利害関係」の有無を閲覧の可否の基準としているが，この「利害関係」が具体的にどのような範囲のものを指すのか，例えばその利害関係の対象（当該不動産との利害関係であるか，当該登記であるか，当該書類であるかなど）等についても必ずしも明確でない。同じ「利害関係」という文言を基準としている訴訟記録の閲覧等に関する民事訴訟法第９１条第２項から第４項までにおいては，「利害関係」は一般に法律上の利害関係を指すものと解されているところ，前記(1)の①から③までのように閲覧を許容することが相当と考えられるケースに照らし，閲覧が認められるのが法律上の利害関係がある場合に限られるとすることは狭きにすぎると考えられる。

他方で，立法時以来，この「利害関係」は疎明しなくてもよいほどに広いものと解され，実務上も弾力的に運用されてきていたこと（昭和３９年１２月１２日付け法務省民事三発１０２３号民事局第三課長通知参照）に照らすと，この文言を維持したまま，上記のように限定的に解釈をすることには困難も伴うものと考えられる。

そこで，閲覧が認められる範囲が過度に厳格に解釈されて閲覧制度の趣旨が損なわれることを避けつつ，適切な範囲のものに限定して解釈することができるよう，その要件を改めることを提案している。

（注2）もっとも，古い除籍が風水害等で失われたといったケースや，住民票の除票の保存期間が経過し，その交付を受けることが物理的に不可能であるといったケースでは，本来的な手段により情報を入手することが困難なため，附属書類として保存されている戸籍謄本等や住民票の写しを閲覧する必要性は高まるといえる。そこで，このようなケースについては，例外的に取り扱うことも考えられる。

(2) 「附属書類のうち必要であると認められる部分」について

附属書類には，例えば，申請書，嘱託書，委任状，印鑑証明書，戸除籍謄本，住民票の写し，資格者代理人作成の本人確認情報，法人の登記事項証明書，相続関係説明図，法定相続情報一覧図の写し，遺言書，遺産分割協議書，相続放棄申述受理証明書，売買契約書等の各種契約書，裁判書，和解・調停調書，不動産登記規則第９３条ただし書に規定されている不動産の調査に関する報告書，立会証明書，固定資産評価証明書等の様々なものが含まれている。

典型的な事例については，その一般的な取扱いについて通達・通知等で更に運用上の指針を示すことになるものと考えられる。

4 図面の閲覧請求（試案第10の3（注））について

不動産登記法第１２１条第２項において，登記簿の附属書類のうち政令で定める図面（土地所在図，地積測量図，地役権図面，建物図面及び各階平面図（不動産登記令第２１条第１項））は，何人も閲覧の請求をすることができるとされており，その対象は請求人が利害関係を有する部分には限定されていない。この規律について特に見直しを行う必要性は認められないことから，現行の規律を維持することを注記している。

「民法・不動産登記法（所有者不明土地関係）等の
改正に関する中間試案」の解説

2020年3月26日　第1刷発行

　編　者　月刊登記情報編集室
　発行者　加　藤　一　浩

〒160-8520　東京都新宿区南元町19
発　行　所　一般社団法人 金融財政事情研究会
企画・制作・販売　株式会社きんざい
編 集 室　TEL 03(3355)1713　FAX 03(3355)3763
販売受付　TEL 03(3358)2891　FAX 03(3358)0037
URL https://www.kinzai.jp/

印刷：奥村印刷株式会社

・本書の内容の一部あるいは全部を無断で複写・複製・転訳載すること、および
　磁気または光記録媒体、コンピュータネットワーク上等へ入力することは、法
　律で認められた場合を除き、著作者および出版社の権利の侵害となります。
・落丁・乱丁本はお取替えいたします。定価は裏表紙に表示してあります。

ISBN978-4-322-13539-8